이 책에 쏟아진 찬사

사업 아이디어를 구상할 때 생각에 몰두하다 보면 어느 순간 답이 보이기 시작하는 것을 종종 경험합니다. 이러한 경험 때문에 나는 늘 사원들에게도 핵심 업무에 집중하고 몰입하기를 권장합니다. 그래야만 창의적인 아이디어로 탁월한 성과를 내는 성공체험을 할 수 있기 때문입니다. 이 책은 내가 평소에 믿고 실천하고 있는 몰입에 대하여 체계적으로 기술하고 있어 공감하는 바가 매우 큽니다. 이전 책에 비해 풍부해진 사례와 한층 깊어진 몰입 원리에 대한 연구는 집중과 몰입을 통해 탁월한 성과를 창출하고자 하는 사람들에게 큰 도움이 될 것입니다.

김반석 _ (주)LG화학 대표이사 부회장

황농문 교수는 역시 몰입 전문가다. 끊임없이 몰입에 몰입해서 몰입에 관한 그만의 독특한 철학과 이론과 실천의 패러다임을 이 책에 구축해놓고 있다. 몰입에 관한 그간의 다양한 주장과 이론에 때로는 흠뻑 젖기도 하고, 때론 날카로운 비판의 화살을 날리기도 하면서, 황농문 교수는 자신의 고유한 필요성에 의해서 몰입의 실천적 프로그램을 형성하고 그의 학생들과 더불어 몰입효과를 실험한다. 몰입에 대한 책이 우리나라에도 많이 출판되어 어느 책을 읽어야 할지 선택이 어려울 정도지만, 황농문 교수의 이 책은 분명한 차별성이 있다. 다른 책들이 몰입의 중요성에 대해 주로 언급하거나 몰입을 하는 사람의 특징을 밝혀내는 데 그치고 있거나, 몰입을 위한 실천 프로그램의 제시로 만족하고 있는 데 비해 황농문 교수의 이 책은 몰입에 대한 철학과 이론과 실천의 삼박자 구조를 갖고 펼치면서 이 세 요소를 일관된 패러다임의 틀 위에 정치시키고, 하나하나 균형 있게 설명하는 것이 특징이다. 몰입에 관한 종합적이고 균형 잡힌 '거대 이론 Grand theory'의 가능성이 엿보이기도 하는 것은 바로 이번 책 속에 함축된 몰입 패러다임의 포괄성과 섬세함 때문이다. 이 책은 황농문 교수가 그간의 학술적, 실천적 성과를 잘 묶어서 몰입에 대해 더 많이 알고자 하는 많은 이들에게 몰입의 종결자로 던져준 귀한 선물 같다.

문용린 _ 서울대 교육학과 교수, 긍정심리학회장, 한국교육학회장, 전 교육부장관

이 책에서 황농문 교수는 자기 능력의 한계를 발휘하고 그 한계를 넓혀가는 인생을 설계해야만 비로소 자아실현을 하고 후회 없는 삶, 성공적인 삶을 살 수 있다고 강조한다. 그리고 몰입이야말로 이를 실현시킬 수 있는 가장 효과적인 방법이라고 설파한다. 자신의 꿈을 갖고 이를 이루어내는 것, 실패와 좌절을 딛고 일어서는 것, 자기 직분과 사명을 다하는 것 모두 몰입이라는 특별한 장치를 통해 실현해낼 수 있을 것이다. 『몰입』을 읽고 자신의 숨은 잠재력을 일깨우며 인생을 바꾸는 자기 혁명 방법을 깨우쳤다면 이제 『몰입, 두 번째 이야기』를 읽고 자신의 한계를 발휘하며 인생의 완성도를 높여나갈 차례다.

박명재 _ CHA 의과학대학교 총장, 전 행정자치부 장관

황농문 교수는 몰입을 햇빛으로 종이를 태우는 원리에 비유해 설명한다. 즉, 돋보기로 햇빛을 한 곳으로 모으면 종이도 태울 수 있듯이 생각하는 대상의 범위를 좁혀 몰입 강도를 높이면 어려운 문제도 쉽게 해결 할 수 있다는 것이다. 그렇다면 몰입은 또 다른 말로 '선택과 집중'이라고 표현할 수 있다. 그런데 자기가 좋아하는 일만을 선택해서 할 수 있다면 쉽게 집중하고 행복을 느낄 수 있겠지만 현실은 그렇지 못하다. 그래서 이 책은 해야만 하는 일에 몰입하면서도 행복을 찾을 수 있는 길을 제시하고 있다. 학생뿐만 아니라 직장인·주부·CEO, 그 누구를 막론하고 자신이 하고 있는 일을 즐길 수 있게 될 것이다.

서상기 _ 국회의원

내 안에 숨은 한계를 100% 발휘하게 하는 책

나는 황농문 교수가 말하는 몰입적 사고의 효율성에 그 누구보다 동감한다. 왜냐하면 황농문 교수가 우리 회사의 연구진들과 현장을 실사하고 원인을 규명해 지난 20년 동안 해결 못한 고질적인 난제를 단기간에 해결하는 과정을 지켜보았기 때문이다. 이를 통해 산업현장에서도 몰입적 사고를 하면 어떠한 문제든 해결할 수 있다는 믿음이 생겼다. 최근 또 다른 난제를 의뢰하여 빠른 해결을 기대하고 있다. 과학적인 사실을 근거로 몰입의 원리를 더욱 깊이 설명하고 있는 이 책은 개인이나 기업이 문제를 해결해나가는 데 굉장히 유용하다. 특히 권말부록의 몰입을 활용한 문제해결 방법론이 산업현장의 문제들을 해결하는 데 커다란 도움이 될 것이라 믿는다.

이수일 _ (주)동부제철 대표이사 부회장

몰입은 최적의 상태인 동시에 그 상태로 가기 위한 최선의 방법이다. 따라서 몰입은 진정한 삶의 방식이라고 할 수 있다. 본래 몰입은 명문 시카고 대학교에서 사회학, 심리학, 인류학, 생물학, 통계학이 함께 융합된 인간발달학과의 칙센트미하이 교수 연구실에서 잉태되었다. 황농문 교수는 이러한 세계 최고의 다학문적 전통을 확장시키며 이어가고 있다. 이 책에서는 몰입을 뇌과학적 시각에서 체계적으로 해석하고 마지막 경계선이라고 할 수 있는 영적 영역에까지 확대해서 해석했다. 또한 방대한 분야에서 사례를 발굴하였기에 이 책에 제시된 실천 사항들은 굉장히 구체적이고 현실적이다.

조벽 _ 전 미시간공과대학교 교수, 현 동국대학교 석좌교수

누군가의 글에서 진정성이 느껴지면 그 사람의 생각은 신뢰할 만하다. 이 책이 그렇다. 목숨을 걸고 썼다는 표현이 적절해 보인다. 읽는 내내 황농문 교수의 강한 몰입, 깊은 사고, 집요한 글쓰기의 흔적을 발견할 수 있었다. '보통 사람은 아니구나!' 내가 내린 결론이다. 이 책은 몰입에 대한 명확한 이해를 돕는 것에 그치지 않고 연구자, 교사, 교수, 학생, 기업인, 그리고 깊이 있는 인생을 꿈꾸는 모든 이에게 몰입에 이르는 구체적인 가르침을 제공한다. 뿐만 아니라 부부 관계나 연인 관계, 직장에서의 몰입에 대한 조언까지 담고 있어 몰입에 대한 모든 궁금증을 해결해줄 것이다. 이 책을 읽는 동안 경험한 짧지만 강렬했던 몰입의 즐거움은 결코 나만의 것은 아니라고 확신한다.

최인철 _ 서울대학교 심리학과 교수, 서울대학교 심리과학연구소장

언론사 밥그릇 이십여 년. 직업적으로 자주 접하는 성공한 사람들이 가진 공통점 딱 한 가지만 꼽으라면? 단언컨대 집중력, 몰입이다. 보통 소년 황농문. 그가 대한민국 최고 명문대의 학자로 우뚝 설 수 있었던 비밀(?)을 오랜 시간 그를 지켜봐 온 나는 안다. 몰입이다. 그가 두드러진 연구 성과를 올릴 때마다 나는 결코 놀라지 않았다. 그가 마침내 몰입이란 비밀의 방을 속속들이 공개했다. 황농문 교수는 책 속에서 자신의 실천적 경험들을 신경과학(neuro-science), 엔트로피 등 다양한 과학적 지식과 이론을 통해 재해석하며 몰입에 관한 보다 종합적이고 논리적인 이론 체계를 구축해간다. 자기 안의 천재를 끄집어내는 방법, 이 독특한 자기계발서가 바로 그 단서를 준다. 책 마지막 장을 덮는 순간, 달라질 당신 삶의 색채를 기대해보라.

홍현종 _ 서울경제신문 부국장, 서울경제TV 해설위원

_____ 님께

몰입은 우리가 쓰레기통에 던져 놓았던
먼지 낀 시간들을 순도 100%의 황금빛 삶으로
바꾸어 놓을 것입니다.

_____ 드림

THINK HARDER!

인생의 완성도를 높이는 자기 혁명

몰입
두 번째 이야기

황농문 지음

알에이치코리아

PROLOGUE

최고의 삶을 선사하는 두뇌활용법

내가 이 책에서 소개하는 몰입은 단 1초도 다른 생각을 하지 않고 오로지 풀리지 않는 문제에 대한 생각만 하는 극단적인 시도를 지속한 끝에 펼쳐지는 새로운 정신세계에 관한 것이다. 불교의 수행 방식인 화두선의 삼매와 상당히 유사한 이 상태에서는 지극히 행복한 감정을 느끼며, 평상시에는 떠오르지 않던 기적과 같은 영감이나 아이디어가 샘솟듯이 떠오른다. "미치면 못할 것이 없다"라는 말처럼 몰입하면 해결 못할 문제가 없다. 중요한 것은 이러한 상태를 누구나 의도적인 노력으로 만들 수 있다는 것이다. 몰입은 문제해결이나 아이디어를 얻기 위해, 그리고 행복한 삶을 살기 위해 실천 가능한 '두뇌활용법'이다.

몰입을 통해 최상의 삶을 반복해서 체험하게 되면 몰입을 하지 않더라도 행복하고 경쟁력 있고 후회 없는 삶의 방향을 깨닫게 된다. 그러한 삶은 평소의 삶과 몰입을 통한 최상의 삶을 연결하는 일직선상에 놓여 있는데, 몰입하는 정도에 따라 약한 몰입, 중간 몰입, 강한 몰입의 삶으로 나뉜다.

개인적 체험을 소개한 『몰입』이 출간된 뒤 몰입을 체험했다는 다양한 사람들을 접할 수 있었다. 한 영화감독은 시나리오를 쓸 때 배우의 얼굴, 배경, 음악, 대사 등을 동시에 생각해야 하기 때문에 몰입을 하지 않을 수 없다고 했다. 여러 연구원이나 교수들은 박사과정 혹은 박사후 과정 시절에 풀리지 않은 문제에 대해 일주일 이상 자나 깨나 생각하다가 기적과 같은 아이디어들이 떠오른 경험이 있었는데, 그때의 상황이 내가 이야기하는 몰입과 상당히 유사했다고 하였다. 한 과학고등학교 학생은 어려운 수학 문제를 하나 풀기 시작했는데 풀고 나니까 자신도 모르게 사흘이 지났더라고 했다. 또한 대기업의 임원들과 CEO들 중 상당수가 몰입의 경험을 갖고 있었다.

나는 몰입이 다양한 상황에 적용되는 것이라면 보다 많은 사람들이 활용할 수 있도록 조금 더 체계화할 필요가 있다는 생각이 들었다. 몰입을 체계화하기 위해서는 창의적인 업적을 이룬 사람들이 왜 한결같이 몰입을 했는지와 왜 위기상황이 되면 자연적으로 몰입이 되는지, 능동적인 몰입을 하려면 어떻게 해야 하는지를 알아야 한다. 또한 슬로우 싱킹을 하는 것이 왜 몰입에 유리한지, 선잠을 자고 나면 왜 몰입도가 불연속적으로 올라가는지, 몰입상태에서는 왜 기적과 같은 아이디어가 쏟아지고, 지극한 희열을 느끼고, 종교적 감정을 느끼는지 이해해야 한다.

몰입은 의식이 산만하지 않은 고도로 질서정연한 상태로, 분명 뇌에서 일어나는 변화다. 의식의 엔트로피가 낮은 상태인 것이다. 따라서 몰입에 대한 이해는 뇌과학과 엔트로피 법칙으로 접근되어야 한다.

엔트로피 법칙은 내가 전공하는 분야와 관련이 있어서 몰입에 엔트로피 법칙을 적용하는 데에는 큰 문제가 없었다. 나는 연구에서의 문제뿐 아니라 삶의 거의 모든 문제를 엔트로피 법칙으로 접근하는 습관이 있었기 때문에 이 또한 많은 도움이 되었다. 그러나 아직까지 뇌과학 분야의 연구는 현재진행형이기 때문에 몰입의 모든 현상을 설명하기에는 충분하지 않다. 그럼에도 불구하고 현재까지 알려진 뇌과학 지식을 잘 응용하면 몰입의 많은 부분들을 설명할 수 있다.

예를 들면 몰입 초기의 잡념을 줄이는 가바, 몰입 중기의 문제 해결과 관련된 장기기억을 인출하는 아세틸콜린, 몰입 상태에서 생각의 끈을 지속시키고 몰입의 즐거움을 주는 도파민 등의 역할로 몰입도를 올리는 과정의 변화를 설명할 수 있다. 또 다른 예로 몰입 상태에서 그토록 높은 빈도로 창의적인 아이디어가 떠오르는 원리는 잠든 상태의 뇌를 활용하기 때문인데, 이는 꿈을 꾸는 렘REM수면 중에 아세틸콜린의 분비가 최대가 된다는 뇌과학적 지식으로 설명할 수 있다.

몰입적 사고는 창의성을 요하는 업무, 특히 미지의 문제를 해결하거나 새롭고 창의적인 아이디어를 얻고자 할 때 유리하다. 이 책이 몰입에 대해 더 깊이 있게 알고 싶어하고 활용하고자 하는 사람들에게 조금이나마 도움이 되었으면 한다. 지금 당장은 편할지 모르지만 시간이 지나면 아무것도 남지 않는 삶을 살아가기보다는 몰입을 통해 한 번밖에 없는 삶의 기회에서 자신의 날개를 푸른 하늘에 마음껏 펼치며 살았으면 한다.

하루하루 기적과 같은 아이디어가 쏟아져 나와 감격하고, 또 그것이 몇 달간 혹은 몇 년간 누적되어 하나의 작품으로 완성되고, 그렇게 자신이 이룬 일들에 진정으로 가슴 벅찬 감동을 느끼는 삶을 산다면 먼 훗날 삶을 뒤돌아볼 때 한 치의 후회도 남지 않을 것이다. 치열한 삶을 살아가는 모든 사람들에게 이 책을 바친다.

황농문

차례

PROLOGUE
최고의 삶을 선사하는 두뇌활용법 __4

1장 | 어떻게 살 것인가?

인생의 깊이를 더하는 몇 가지 질문 __14
해야 할 일을 즐기는 행복한 삶 __25
능력의 한계를 발휘하고 그 한계를 넓혀가는 삶 __31
가장 축복받은 삶 __40

2장 | 몰입을 알면 인생이 잘 풀린다

한계 돌파를 이끄는 몰입의 힘 __44
연속된 시간을 확보하라 __49
몰입도를 손쉽게 올리는 방법 __57

3장 | 목표 달성을 이끄는 몰입 효과

외적 위기상황과 내적 위기감 __68

목표를 정하면 자동으로 몸이 향한다 __77

목표 설정이 가져오는 놀라운 효과 __83

궁극의 최선이란? __92

잘못된 몰입 __96

4장 | 천천히 생각하기: 슬로우 싱킹

힘 빼고 천천히 생각하기 __100

천천히 생각하기 노하우 __105

천천히 생각하기의 긍정적 효과 __118

잠자는 동안에도 생각은 계속된다 __126

5장 | 몰입과 영성의 친밀한 관계

몰입은 종교를 닮았다 __144

뇌과학으로 본 영성 __154

6장 | 아이디어를 위한 몰입

위대한 기업가들의 공통점 __166

몰입과 아이디어의 관계 __180

몰입도 100퍼센트에서 느끼는 몰입의 참맛 —188

왜 몰입 상태에서 지적 능력이 고양될까? —195

7장 | '몰입'에 대해 자주 하는 질문들

바쁜 직장인들, 어떻게 몰입할까? —200

해결해야 할 문제가 많을 땐? —207

수험공부 할 때에는 어떻게 몰입할까? —209

몰입을 하면 인간관계에 문제는 없을까? —215

8장 | 몰입과 생각하기 지도 사례

학위 과정에서의 몰입과 생각하기 —218

회의식 미팅과 토론식 미팅 —232

9장 | 몰입과 엔트로피, 그리고 뇌과학

엔트로피 법칙으로 본 삶 —240

엔트로피 법칙과 시냅스 —256

나를 움직이게 하는 힘 —260

의식과 몰입 —280

신념의 뇌과학 —287

10장 | 몰입으로 인생에 '행복엔진'을 달아라

절망도 희망으로 바꾸는 의식의 힘 —300

행복한 삶을 부르는 의도적인 몰입 —303

부정적 생각에서 벗어나 가치 있는 생각을 하라 —314

규칙적인 운동은 쾌감을 준다 —317

몰입과 행복의 밀접한 관계 —329

주 —332

EPILOGUE
능력의 한계를 발휘하고 한계를 넓혀가는 삶 —338

부록 | 몰입을 활용한 문제해결 방법론 —344

1장

.

어떻게 살 것인가?

인생의 깊이를 더하는
몇 가지 질문

> "우리가 보낸 하루하루를 모두 더하였을 때
> 그것이 형체 없는 안개로 사라지느냐,
> 아니면 예술 작품에 버금가는 모습으로 형상화되느냐는
> 바로 우리가 어떤 일을 선택하고
> 그 일을 어떤 방식으로 하는가에 달려 있다."
> — 미하이 칙센트미하이

몰입에 대한 이야기를 시작하기 전에 먼저 삶에서 중요한 몇 가지 문제들에 대해 생각하는 시간을 가져보자. 그 과정에서 몰입이 인생에 얼마나 지대한 영향을 미치는지 이해할 수 있을 것이다. 나는 삶의 중요한 문제들에 대한 답을 찾다가 몰입을 체험하기도 했지만, 보다 명확한 답을 찾은 것은 몰입 중에 얻은 깨달음을 통해서였다.

이 장에서는 삶의 중요한 문제들과 관련하여 몇 가지 질문을 던질 것이다. 가치 있는 삶을 살기 위해 한 번은 꼭 짚고 넘어가야 하는 문제들인 만큼 충분한 시간을 갖고 생각하기 바란다.

그에 앞서 긍정심리학과 몰입 분야의 석학인 칙센트미하이 교

수의 연구 과정을 살펴보자. 그는 원래 창의성에 관심을 갖고 이에 관한 연구를 했다. 이때 과연 어떤 요인이 창의성을 발휘하도록 하는지 알아내기 위해 다양한 분야에서 창의적인 업적을 이룬 사람들과 인터뷰를 했다. 그 결과 그들에게서 한 가지 공통점을 발견했는데, 그것은 바로 그들이 자신의 일을 할 때 몰입을 한다는 사실이었다.

이때부터 칙센트미하이 교수는 몰입이라는 현상에 관심을 갖고 집중적으로 연구하기 시작해 관련 이론들을 확립했다. 이 과정에서 창의적인 업적을 낸 사람들은 공통적으로 위기감에 의한 수동적인 몰입이 아닌 능동적인 몰입을 한다는 사실을 알아냈다. 더 나아가 이들이 능동적으로 몰입을 하는 이유에도 공통점이 있다는 것을 발견했다. 첫 번째 질문은 다음과 같다.

왜 이들은 능동적으로 몰입했을까?

만약 당신이 능동적으로 몰입을 하지 못하는 사람이라면, 어쩌면 '몰입의 동기'가 부족하기 때문일 수도 있다. 이런 사람일수록 창의적인 업적을 낸 이들이 능동적으로 몰입하는 이유를 이해하는 것이 중요하다.

무엇이 뉴턴으로 하여금 내내 만유인력에 대한 생각만 하도록 하고, 아인슈타인으로 하여금 몇 달이고 몇 년이고 생각하고 또 생각하게 했을까? 무엇이 문학가나 예술가들로 하여금 생활고를 무릅쓰면서까지 보다 나은 작품을 완성하기 위해 그토록 안간힘을 쓰게 했을까? 분명한 것은 이들이 먹고살기 위해, 혹은 생존을 위해 이러한 노력을 한 것이 아니라는 점이다.

그렇다면 왜 그들은 생존에 필요한 것 이상의 노력을 했을까? 능동적으로 몰입한 이유는 분명 최선을 유도하는 자신만의 무언가가 있었기 때문이다. 자기 자신으로 하여금 다른 모든 것을 포기하고 자신의 삶을 던지게 하는 것이 있다면 그것이 무엇일지 생각해보자.

삶에서 다른 어떤 것보다도 더 강력하게 최선을 유도하는 공통적인 요인은 과연 무엇일까? 이 질문의 답은 스티브 잡스가 스탠포드대학교 졸업식에서 한 다음 축사의 일부에서 찾을 수 있다.

열일곱 살 때 이런 경구를 읽은 적이 있습니다. "하루하루를 인생의 마지막 날처럼 산다면, 언젠가는 바른 길에 서 있을 것이다." 이 글에 감명받은 저는 그 후 지난 33년 동안 매일 아침 거울을 보면서 자신에게 묻곤 했습니다. 오늘이 내 인생의 마지막 날이라면, 지금 하려고 하는 일을 할 것인가? '아니요!'라는 답이 계속 나온다면, 다른 것을 해야 한다는 걸 깨달았습니다. 인생의 중요한 순간마다 '곧 죽을지도 모른다'는 사실을 명심하는 것이 저에게는 가장 중요한 도구가 됩니다. 왜냐고요? 외부의 기대, 각종 자부심과 자만심, 수치스러움과 실패에 대한 두려움들은 '죽음'을 직면해서는 모두 떨어져나가고, 오직 진실로 중요한 것들만이 남기 때문입니다.

칙센트미하이 교수에 의하면 위대한 업적을 남긴 사람들이 능동적으로 몰입할 수 있었던 공통적인 이유는 바로 '삶의 한시성' 혹은 '죽음에 대한 두려움' 때문이었다고 한다. 옛날 수사들은 일부러 책상 위에 해골을 올려놓고 글을 썼다고 한다. 자신이 죽은 뒤에 읽혀도 한 점 부끄럼 없는 글을 쓰기 위해 매 순간 죽음을 의식했던 것이다.

독일의 소설가 토마스 만은 "죽음이 없었다면 이 지구상에는 시인이 매우 귀했을 것"이라고 말했다. 인간이 예술을 창조하는 여러 이유 중 하나는 죽음의 공포와 관련이 있다. 미켈란젤로는 "죽음이 그의 끝을 가지고 조각하지 않았다면 내 안에 아무런 사상이 없었다"고 말했다. 예술을 창조하는 동기는 여러 충동들이 한데 모여 생겨나는데, 그중 하나는 바로 자신이 죽은 뒤에도 오래도록 살아남을 무언가를 창조하고자 하는 욕구다.

죽음을 의식하지 않을 때는 생존 자체만을 위한 삶에 그치지만 죽음을 의식하면 후회 없는 삶을 추구하게 된다. 그 두 가지 삶은 큰 차이가 있다. 생존을 위한 삶은 필요한 만큼의 노력을 하는 데 그치지만, 후회 없는 삶은 최대한의 노력을 하게 한다. 생존을 위한 삶은 수동적인 삶에 머물지만, 후회 없는 삶은 능동적이고 적극적인 삶으로 이끈다. 그 차이는 시간이 갈수록 커진다.

레너드 쉴레인은 그의 책 『자연의 선택, 지나 사피엔스』[1]에서 인류는 두뇌가 발달했기 때문에 죽음을 인식하기 시작했고, 죽음에 대한 통찰이 인류의 창조적 폭발 creative explosion[2]에 불을 댕겼다고 밝혔다. 결국 죽음에 관한 통찰이 인류의 문명을 낳은 셈이다. 그렇다면 문명은 죽음이라는 공포의 도전을 받은 인간이 이를 극복하고자 하는 과정에서 당장 생존에 필요한 노력 이상을 추구하면서 만들어진 것이라고 볼 수 있다. 그리고 이것이 인간을 동물의 상태에서 벗어날 수 있도록 한 주된 요인이다. 이는 죽음을 망각한 생활은 동물의 상태에 가깝다는 톨스토이의 통찰과 일맥상통한다.

죽음에 관한 통찰은 평소에 잊기 쉬운 삶의 한시성에 대한 의식의 비중을 높여준다. 죽음이 시시각각으로 다가옴을 의식하면 하루하루가 더없이 소중하게 느껴진다. 그러면 '이 소중한 하루하루를 어떻게 살 것인가?'라는 문제가 삶의 중심에 자리 잡게 된다.

어떻게 살 것인가?

누구나 살아가면서 종종 어떻게 살 것인가에 대해 생각하는 시간을 갖는다. 삶에서 빼놓을 수 없는 중요한 문제이기 때문이다. 나 역시 이 문제에 대해 오랜 시간 심각하게 고민해왔다. 한 번밖에 없는 인생을 어떻게 살아야 나중에 후회가 없을지 도무지 알 수 없었다. 나는 종교적인 성향을 가진 사람은 아니지만 이 물음에 대한 답을 절실하게 원하다 보니 나도 모르게 절대자를 찾게 되었다. 만약 전지전능한 절대자가 정말로 존재한다면 제발 내 앞에 나타나 "이렇게 살아라. 그러면 죽을 때 후회하지 않을 것이다"라고 말해주길 그야말로 간절히 바랐다. 그렇게만 된다면 설령 그 길이 아무리 험난하다 해도 기필코 가리라 마음먹었다.

'어떻게 살 것인가?'에 대한 명확한 답을 찾기는 쉽지 않지만, 시간 날 때마다 고민할 가치가 있다. 그래서 자신의 내면 깊은 곳에서 확신할 수 있는 명확한 답을 찾을 필요가 있다. 왜냐하면 이 문제에 대해 명확한 답을 찾은 사람과 그렇지 않은 사람은 삶에 대한 자세나 사는 방식에서 분명 커다란 차이를 보이기 때문이다.

어떻게 살 것인지에 대해 명확한 답을 찾지 못하면 한마디로 '어정쩡한 삶'을 살게 된다. 어떻게 살아야 할지 모르는데 어떻게 확신에 찬 삶을 살 수 있겠는가? 그저 주변에서 좋다고 하면 이것저것 따라 하면서 우유부단하고 방향성 없는 삶을 살 뿐이다. 마치 인생이라는 항해를 하는데 등대가 없는 것과 같다. 파도가 치면 이리 밀리고, 바람이 불면 저리 쏠린다. 나름대로 열심히 살고 바쁘게 보내기는 하는데 시간이 지나면 남는 게 없다. 나이가 든 뒤에 '이렇게 사는 게 아니었는데!' 하고 뒤늦게 후회해도 이미 지나간 세월을 돌이킬 수는 없는 일이다.

반대로 '어떻게 살 것인가?'라는 질문과 마주해서 오랜 시간 고민한 끝에 확실한 답을 얻으면 인생이라는 항해에서 방향을 잡아줄 등대를 만난 것과 같다. 옆에서 누가 뭐라고 하든 흔들리지 않고 자신이 가고자 하는 길을 묵묵히 갈 수 있다. 때때로 파도가 치고 바람이 불면 뒤로 밀리기도 하지만, 잠잠해지면 다시 등대를 향해 나아간다. 그리고 시간이 지날수록 자신이 추구하는 삶의 완성도가 높아져서 결국 찬란한 빛을 발하게 된다.

사람은 본능적으로 안이한 삶을 추구하기 때문에 별 생각 없이 지내다 보면 의미 없는 삶에 매몰되기 쉽다. 그러나 삶의 한시성을 염두에 두고 '어떻게 살 것인가?'라는 질문에 대해 지속적으로 고민한다면 끊임없이 자신의 삶을 돌아보게 되고, 나태한 삶을 경계하게 된다. 설사 확실한 답을 얻지 못한다 해도 '적어도 이렇게 사는 것은 아니다'라는 생각을 하게 되고, 지금의 안이한 삶에서 벗어나 더 나은 삶을 살기 위해 치열하게 노력하게 된다.

세속적인 삶의 함정

물질적이고 세속적인 것들만 추구하면서 바쁘게 살다 보면 진정한 삶의 본질을 간과하기 쉽다. 그리고 점점 삶에서 진실로 중요한 것과 그렇지 않은 것을 가려내기가 어려워진다. '어떻게 살 것인가?'의 답을 찾기 위한 방편으로 세속적인 것들이 모두 해결되었다고 가정해보자. 가령 충분히 많은 돈을 벌고 꿈에 그리던 이상형과 결혼해서 아이도 낳고, 또 이 아이들이 건강하고 똑똑하게 자라 주위 사람들의 부러움을 한 몸에 받으며 살고 있다고 하자. 그러면 인생의 모든 문제가 해결되었다고 볼 수 있을까? 그렇다고 해서 하루하루가 천국 같고 더할 나위 없이 좋기만 할까?

필요한 것만 채우는 것이 삶의 전부는 아니다. 물질적이고 세속적인 바람들을 이루었다는 것은 살아가는 데 불편함이 어느 정도 해소되었다는 것을 의미할 뿐 삶의 본질적인 문제가 해결된 것은 아니다. 즉, 물질적이고 세속적인 문제의 해결은 삶의 필요조건이지 충분조건은 아닌 것이다.

숙명적인 죽음에 저항할 수 있는 방법은 무엇인가?

사람은 누구나 머지않은 미래에 반드시 죽는다. 그런데 억울한 것은 서서히 다가오는 죽음에 대항해 우리가 할 수 있는 일이 하나도 없다는 것이다. 아무리 발버둥 쳐도 죽음을 향해 흐르는 시간을 멈출 수가 없다. 특별히 잘못한 것도 없는데 누구나 언젠가는 죽어야 한다. 이것은 누구에게 하소연할 수도 없는 문제다. 인간은 모두 죽음 앞에 무력한 것이다.

서서히 다가오는, 혹은 갑자기 닥친 죽음에 맞서 싸울 수 있는 방법은 없지만 주어진 삶을 어떻게 사느냐는 자기 자신에게 달려 있다. 따라서 이 질문에 대한 답은 살아도 산 것 같지 않은 삶, 그래서 죽음과 크게 다르지 않은 삶을 사는 것이 아니라 죽음과 가장 반대되는, 가장 삶다운 삶을 사는 것이다. 그렇다면 과연 어떻게 살아야 가장 삶다운 삶을 살고 인생의 말년에 후회하지 않을 것인가?

인생의 말년에 후회한다면 그 이유는 무엇일까?

이 질문에 대한 명확한 답을 찾지 못한 채 살아가다 보면 인생의 말년에 후회할 일이 생길지도 모른다. 그때 가서 아무리 쓰라린 후회를 해도 소용없다. 더 이상 만회할 기회가 없기 때문이다. 지금이라도 늦지 않았으니 인생의 말년에 후회한다면 그 이유는 무엇일지 생각해봐야 한다. 그래야만 후회 없는 삶을 살 수 있다.

후회와 좌절의 차이

가슴을 쓰리게 하는 감정 중에 후회와 좌절이 있는데, 이 두 감정은 분명 차이가 있다. 좌절은 열심히 노력했지만 좋지 않은 결과를 얻었을 때 생기는 감정이다. 그리고 후회는 노력만 하면 충분히 잘할 수 있었는데 그렇게 하지 않아서 마음에 들지 않는 결과가 나왔거나 그 결과로 인해 불이익을 받았을 때 생기는 감정이다. 한마디로 좌절은 결과, 후회는 과정에 치중하는 것이다.

좌절이 잦아지면 '노력해도 소용없다'는 고정관념이 생겨 결국 노력 자체를 하지 않게 된다. 노력에 대한 보상이 없기 때문이다. 그런데 세상사를 가만히 살펴보면 과정은 자신의 영향력 안에 있지만 결과는 자신의 영향력을 벗어나는 경우가 많다. 영향력을 벗어난 것에 대해서는 큰 의미를 둘 필요가 없다. 좌절은 백해무익하므로 어떠한 상황에서도 좌절하지 않는 능력을 키우는 데 중점을 둬야 한다. 그래야만 실패를 견디는 능력이 생기고 도전정신이 생긴다.

반면 과정에 치중하는 후회의 감정은 최선을 다하도록 유도하기 때문에 유익하다. 따라서 후회의 감정은 이왕이면 어릴 때부터 많이 경험해서 발달시킬수록 좋다. 왜냐하면 어린 시절 후회의 쓰라림을 경험해보지 않은 사람은 살아가면서 후회할 짓을 많이 하게 되기 때문이다. 어른이 된 후 후회할 일을 저지르게 되면 삶에 치명적일 수 있다. 예를 들어 후회할 결혼이나 후회할 이혼을 하는 경우가 있다. 또 직장에서 사소한 일에 사표를 집어던지고 나중에 '내가 왜 그 좋은 직장을 그만두었을까?'라고 후회할 수도 있다.

죽음보다 더 두려운 후회의 감정

그렇다면 후회의 감정은 어떻게 발달시킬 수 있을까? 후회는 최선을 다하려고 결심했는데 그것을 실천하지 못했을 때 생긴다. 따라서 매일 아침 두 주먹을 불끈 쥐고 '오늘 하루 최선을 다해야지!'라고 결심을 해야 한다. 그런데 최선을 실천하기가 좀처럼 쉽지 않으므로 하루를 마감하면서 십중팔구 후회를 하게 된다. 중요한 것은 아침에 최선을 다하려는 굳은 결심을 하지 않으면 나중에 후회의 감정도 생기지 않는다는 것이다.

최선에 대한 굳은 결의를 자주 하다 보면 후회의 감정이 발달하고 후회의 쓰라림이 커진다. 그러다 보면 점차 후회의 감정을 무서워하게 되고 세상에서 가장 무서운 것이 후회라는 것을 알게 된다. 그러면 후회할 일을 좀처럼 하지 않게 된다. 그리고 후회하지 않는 삶을 사는 것이 세상에서 가장 중요한 문제가 된다.

후회는 결심한 목표를 달성하지 못한 것에 대한 내적인 처벌이기도 하지만, 시간이 경과한 후 뒤늦게 깨닫는 강한 아쉬움도 포함한다. 후회라는 것은 지나간 과거를 대상으로 하기 때문에 다시 돌이킬 수 없다는 점에서 심각한 문제다. 죽음보다 더 두려운 것이 있다면 그것은 별 생각 없이 살다가 죽음을 앞두고 지난날을 후회하는 상황일 것이다.

후회는 무엇을 했다거나 그렇지 못했다거나 하는 것과 상관이 없다. 국회의원, 장관, 혹은 대통령을 했다고 해서 인생의 말년에 후회를 하지 않는 것은 아니다. 후회는 결과의 문제가 아니라 과정의 문제이기 때문이다. 자기 능력의 한계를 넘지 못한 것에 대해 후회하는 경우는 없다. 만약 자신의 모든 능력을 마음껏 발휘하면서 살았다면 인생의 마지막 날에 후회할 이유는 없을 것이다. 자기 능력의 5퍼센트도 채 사용하지 못하고 세상을 떠나기 때문에 후회를 하는 것이다. 장작이 겨우 5퍼센트만 타고 나머지는 태우지도 못한 채 폐기된다면 너무 아깝지 않은가?

해야 할 일을 즐기는 행복한 삶

'어떻게 살아야 할 것인가?' 이 질문에 대해 생각하다 보면 항상 떠오르는 답이 하나 있다. 바로 행복하게 살아야 한다는 것이다. 지극히 당연한 이야기지만 한 번밖에 없는 삶을 불행하게 사는 것은 너무나 억울한 일이다. 행복한 삶을 사는 것이야말로 인생에서 가장 기본적인 목표가 되어야 한다. 나는 오랜 기간 몰입을 체험하면서 행복하게 살 수 있는 방법을 터득한 듯한 느낌을 받았다. 마치 남들이 풀지 못한 행복의 방정식을 푼 듯한 기분이었다.

사실 내가 깨달은 행복의 비법은 그리 특별한 것이 아니다. 그것은 바로 '내가 좋아하는 일을 함으로써 행복을 추구하지 말고, 내가 해야 할 일을 좋아함으로써 행복을 추구하라'는 것이다. 이는 이미 오래전 미국의 사상가 랄프 왈도 에머슨이 한 이야기와도 일맥상통한다. 이 말의 의미를 깊이 음미해볼 필요가 있다. 사람들은 흔히 "행복해지려면 정말로 좋아하는 일을 하라"고 조언한다. 그러나 현실적으로 자신이 좋아하는 일만 할 수 있는 여건이 되는 사람은 극히 드물다. 설령 좋아하는 일을 하면서 행복을 추구한다 해도 이를 통해 누릴 수 있는 행복은 매우 제한적이다. 오히려 자기가 좋아하는 일만 하면서 행복을 추구하다 보면 삶이 점점 더 힘들어지는 경우가 많다.

반면 해야 할 일을 좋아하고 그 일을 하면서 행복을 찾는다면 누릴 수 있는 행복은 무제한이 된다. 이는 자신의 역량을 키워주고 더욱 성공적인 삶으로 이끈다. 삶이 곧 천국이 되는 것이다.

어떻게 하면 해야 할 일을 즐길 수 있을까?

해야 할 일을 즐길 줄 아는 것은 매우 중요하다. 물론 그것은 하루아침에 되는 것이 아니라 어릴 때부터 훈련을 해야 한다. 유대인의 교육 방식 중에 '배움은 꿀처럼 달다는 것을 반복해서 체험시킨다'는 것이 있는데, 이는 유대인 지도자인 랍비들이 삶에 대한 깊은 통찰을 통해서 정립한 교육 철학이다. 어릴 때부터 공부를 즐길 수 있도록 가르치는 교육 방식은 성적이나 효율성뿐만 아니라 어른이 된 후 행복하고 성공적인 삶을 사는 데에도 매우 중요하다.

 어려서부터 재미있게 공부해온 아이가 어른이 되어 회사에 취직을 했다고 하자. 어떤 업무가 주어지든 그는 일단 '어떻게 하면 이 일을 재미있고 멋지게 해낼 수 있을까?'부터 궁리할 것이다. 마치 요리사가 '어떻게 하면 똑같은 재료로 보다 맛있는 요리를 만들 수 있을까?' 고민하는 것과 같다.

 다음 글은 칙센트미하이의 『몰입의 즐거움』에 소개된 제트엔진을 발명한 프랭크 위틀의 이야기다.[3]

 난 문제를 푸는 게 너무 좋다. 고장 난 식기세척기건 말을 안 듣는 자동차건 신경 구조건 간에 말이다. 지금은 머리카락 세포의 구조를 연구하고 있는데 아주 흥미진진하다. 나는 문제의 유형을 따지지 않는다. 문제를 푼다는 것 자체가 즐겁다. 문제를 푸는 것처럼 재미난 일이 또 있을까? 인생에서 이처럼 흥미진진한 일이 또 있을까?

 그처럼만 살 수 있다면 분명 행복하고도 성공적인 삶을 살 수 있을 것이다. 취미활동이라고 해서 모두 즐겁기만 한 것은 아니다. 한여름, 햇볕이 쨍쨍 내리쬐는 운동장에서 땀을 뻘뻘 흘리며 테니스를 치는 것은 결코 쉬운 일이 아니다. 만약 찌는 듯한 더위에 강제로 테니스를 치게 된다면 그야말로 지옥이 따로 없을 것이다. 그런데 간혹 땡볕에서 혼신을 다해 테니스를 즐기는 사람들을 볼 수 있다. 그들이 그토록 고통스러운 땡볕에서도 테니스를 즐길 수 있는 이유는 누가 시켜서 하는 것이 아니라 스스로 원해서 하기 때문이다.

해야 할 일을 즐겁게 하기 위해 가장 중요한 것은 그 행위가 수동적이 아니고 능동적이어야 한다는 것이다. 이러한 관점에서 항상 자기 자신을 돌아볼 필요가 있다. 내가 현재 공부나 업무를 수동적으로 하고 있지는 않은가? 내가 일에 쫓기고 있지는 않은가? 만약 수동적인 상황이라면 의도적인 노력으로 보다 능동적인 상황을 만들어야 한다. 쫓기는 상황이면 쫓는 상황으로 전환해야 한다. 이러한 방향으로 조금만 노력해도 큰 효과를 볼 수 있다.

바쁘게 일을 하다가도 할 일이 없어지면 금세 무료함을 느끼고 TV를 보거나 컴퓨터 게임 등을 하는 사람이 있다. 이처럼 시간의 여유가 생길 때 무료함을 느끼는 것은 시험을 보지 않으면 스스로 공부를 하지 않으며, 누군가 강제로 시키지 않으면 자발적으로 업무를 수행하지 않는다는 것을 의미한다. 즉, 강제적인 상황이 되어야만 비로소 공부나 업무를 하게 되는 것이다. 자유 시간이 주어졌을 때 심심하다고 생각하는 사람은 구조적으로 수동적일 수밖에 없다.

어떻게 하면 능동적이 될까?

이 질문은 아주 중요한 만큼 조금 어렵더라도 과학법칙을 빌려

체계적으로 짚고 넘어갈 필요가 있다. 아인슈타인이 모든 법칙의 제1법칙이라고 말한 '엔트로피 법칙'[4]에 대한 설명은 아주 다양한데, 그중 하나가 '어떤 일이 일어나려면 반드시 그것을 일으키는 구동력*driving force*[5]이 있어야 한다'는 것이다. 예를 들어 물이 위에서 아래로 흐르는 것은 위치에너지의 차이 때문인데, 바로 그 차이가 물이 아래로 흐르게 하는 구동력이다. 말하자면 구동력은 어떤 일을 일으키는 요인이라고 할 수 있다.

엔트로피 법칙은 자연현상뿐 아니라 우리 눈앞에 펼쳐지는 그 어떤 현상에도 적용 가능하다. 우리의 모든 행위에도 엔트로피 법칙을 적용할 수 있는데, 어떤 일을 할 때 그 일을 하게끔 하는 동기 부여 또는 이유가 바로 구동력이 된다.[6] 집안이 저절로 어지럽혀질 수는 있지만, 저절로 정돈되는 경우는 없다. 반드시 누군가 정돈하려는 노력을 해야 한다. 마찬가지로 의식이 저절로 산만해질 수는 있지만 저절로 집중되는 경우는 없다. 반드시 집중하기 위한 노력을 해야 한다.

구동력이 무엇이냐에 따라 그 사람의 행위가 수동적이거나 능동적이 된다. 예를 들어 공부를 하는 이유가 단지 시험을 잘 보기 위해서라면 그 행위는 수동적이라고 볼 수 있다. 마찬가지로 그저 월급을 받기 위해 주어진 업무를 수행한다면 수동적인 행위에 불과하다. 그 행위를 하지 않으면 불이익을 받는다는 위기감 때문에 움직이는 행위는 수동적인 것이다. 만약 자신이 당장 주어진 일만 하고 그 이상의 노력은 하고 있지 않다면 수동적인 삶을 살고 있다고 보면 된다. 자발적으로 일을 하기 위해서는 사람을 능동적으로 만드는 구동력이 반드시 필요하다.

능력의 한계를 발휘하고
그 한계를 넓혀가는 삶

"우리가 취할 수 있는 최선의 전략은
칠십 평생이 우리가 우주를 경험할 수 있는
유일무이한 기회라고 생각하고,
그 시간을 최대한 활용하는 것이다."

– 파스칼

'어떻게 살 것인가?', '어떻게 사는 것이 죽음과 가장 반대되는 삶인가?', '어떻게 살아야 후회 없는 삶을 살 수 있는가?'에 대한 공통적인 답은 '능력의 한계를 발휘하고 그 한계를 넓혀가는 삶을 사는 것'이다. 즉, '자아실현'을 하는 삶이다. 생존만을 위한 삶은 최소의 구동력을 유도하지만 자아실현을 하는 삶은 최대의 구동력을 이끌어낸다. 물론 자아실현을 하는 삶은 생존을 위한 삶과 역행해서는 안 되고, 현재의 삶을 더 발전시키고 행복하게 하는 방향으로 나아가야 한다.

자아실현은 삶에서 행복보다도 더 궁극적인 문제다. 행복도 일종의 결핍 욕구이기 때문에 어느 정도 충족이 되면 추구하는 정도가 현저히 낮아진다. 배가 고픈 사람은 늘 먹을 것을 추구하지만 배가 고프지 않으면 먹는 문제가 삶에서 차지하는 비중이 현저히 줄어든다. 마찬가지로 행복하지 않은 사람은 늘 행복을 추구하지만, 행복을 통제할 수 있으면 더 이상 행복을 삶의 궁극적인 목표로 삼지 않는다. 마음만 먹으면 언제든지 행복할 수 있는데 이를 굳이 인생의 목표로 삼을 이유가 없기 때문이다. 따라서 행복을 통제할 수 있을 때 삶에 대한 자신감이 생기고 비로소 삶에서 정말로 중요한 것들을 추구할 수 있다.

'능력의 한계를 발휘하고 그 한계를 넓혀가는 삶'을 실천하는 방법을 조금 더 구체적으로 접근해보자. 가능하면 혼신의 힘을 다해 노력한 결과의 가치가 높을수록, 소위 부가가치가 높을수록 좋다. 그런 것들은 대체로 창의성을 요한다. 누구나 할 수 있는 일은 쉬운 만큼 희소성이 떨어지는 데 반해, 아무도 해결하지 못하는 일은 높은 창의성을 요구하지만 그만큼 희소성도 높다. 즉, 머리를 써야 희소성도 높이고 경쟁력도 높일 수 있는 것이다.

능력의 한계를 발휘한다는 것은 결국 두뇌가동률을 최대로 올린다는 것을 의미한다. 사실 인간의 뇌는 슈퍼컴퓨터 이상의 성능을 가지고 있어 무한한 창의성을 발휘할 수 있다. 그런데 우리는 이 슈퍼컴퓨터를 활용하거나 성능을 향상시키려는 노력을 좀처럼 하지 않는다.

어떻게 지적 능력을 100퍼센트 발휘할 수 있을까?

자신의 지적 능력을 100퍼센트 발휘하면서 사는 법을 모르면 실천하기는 더욱 어렵다. 두뇌를 창의적으로 사용하는 법을 모른다는 것은, 다시 말하면 인생을 발전시키는 법을 모른다는 것을 의미한다. 자신의 두뇌를 최대로 활용할 줄 아는 것은 후회 없는 삶, 그리고 가치 있는 삶을 추구하는 데 있어 대단히 중요하다.

자신의 지적 능력을 거의 100퍼센트에 가깝게 발휘했던 사람들로 뉴턴과 아인슈타인을 꼽을 수 있다. 뉴턴이 만유인력의 법칙을 발견하기까지 내내 그 생각만 했다는 것은 역으로 그 문제를 오랫동안 풀지 못했다는 것을 의미한다. 아인슈타인 또한 몇 달이고 몇 년이고 생각하고 또 생각했다는 것은 오랫동안 문제를 못 풀었다는 것을 의미한다. 이들은 삶의 대부분을 이러한 상태에서 보냈는데, 이것이 바로 창조를 잉태하는 모습이고 지적 능력을 100퍼센트 발휘하는 모습이다. 즉, 뉴턴과 아인슈타인처럼 답이 보이지 않아도 포기하지 않고 계속해서 문제를 풀기 위해 생각하는 것이 지적 능력을 100퍼센트 발휘하는 방법이다.

만약 처음부터 답이 뻔히 보이는 쉬운 문제를 해결하려고 한다면 우리의 두뇌는 10~20퍼센트 정도만 가동될 것이다. 그러다 문제가 조금 더 어려워지면 두뇌 가동률은 40~50퍼센트로 올라갈 것이고, 문제가 더 어려워지면 80~90퍼센트로 올라갈 것이다. 문제가 주어졌을 때 바로 답이 보이면 자신의 능력을 100퍼센트 발휘할 기회를 잃고 만다. 능력을 100퍼센트 발휘하려면 주어진 문제의 난이도가 자신의 능력을 넘어서야 한다.

자신의 능력을 넘어선 문제임에도 불구하고 포기하지 않고 계속 생각하면 우리 뇌는 보다 더 날카롭게 생각하려 노력한다. 그래야 문제가 풀리기 때문이다. 이러한 노력을 지속하면 머리가 좋아진다. 여기서 주목해야 할 사실은 두뇌는 선천적으로 타고나는 것이 아니라 후천적인 노력에 의하여 얼마든지 발달할 수 있다는 것이다.

흔히 아인슈타인을 '20세기의 천재'라고 말하지만 정작 아인슈타인 자신은 다음과 같이 말한다.

나는 머리가 좋은 것이 아니다. 문제가 있을 때 다른 사람보다 좀 더 오래 생각할 뿐이다. 어려운 문제에 부딪힐 때도 많았지만 다행히 신은 나에게 민감한 코와 노새 같은 끈기를 주셨다.

지적 능력의 한계를 발휘하는 것은 후회 없는 삶뿐만 아니라 성공적인 삶을 위해서도 필요하다. 어려운 문제에 도전하지 않으면 조금 더 날카롭게 생각할 기회를 잃고 만다. 그러면 머리는 점점 더 무뎌진다. 아무리 힘들어도 포기하지 않고 꾸준히 노력한 끝에 문제를 풀어내는 것이 바로 '자신의 지적 능력의 한계를 발휘하고 그 한계를 넓혀가는 삶'을 사는 것이다.

시간을 어떻게 보내느냐에 따라 자신의 가치를 더 올릴 수도 있고 떨어뜨릴 수도 있다. 자신을 필요로 하는 곳이 점점 많아져 여기저기서 스카우트 제의가 쏟아지는 사람이 될 수도 있고, 자신이 다니는 회사에서조차 필요 없다고 정리해고되는 사람이 될 수도 있다. 일단 지능이 우수해지면 문제해결능력 또한 점점 더 향상되어 나의 가치가 올라갈 뿐 아니라 내가 몸담은 직장에도 기여를 많이 하게 된다. 문제해결을 위한 생각을 많이 할수록 나도 좋고 직장도 좋기 때문에 서로 윈윈*win-win* 하는 것이다.

1만 시간의 법칙

● 오른쪽 페이지의 〈그림 1〉은 생각하는 정도에 따라 시간이 지나면서 문제해결능력이 증가 혹은 감소하는 것을 보여준다. 생각을 좀처럼 하지 않으면서 살아가면 1번 직선처럼 머리가 점점 둔해져서 문제해결력이 떨어진다. 나름대로 생각을 하면서 살아가면 2번 직선처럼 머리가 점점 더 날카로워져 문제해결력이 증가한다. 생각을 더 많이 하면 3번 직선처럼 기울기는 더 가팔라진다.

뉴턴처럼 내내 그 생각만 하거나 아인슈타인처럼 몇 달이고 몇 년이고 생각하고 또 생각하면 4번 직선처럼 문제해결능력이 매우 가파르게 올라간다. 이런 식으로 계속 생각하면 나중에는 어떻게

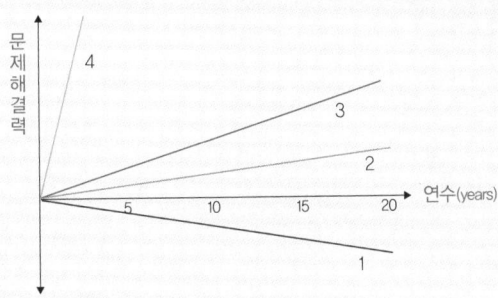

| 그림 1 | 생각하는 정도에 따른 문제해결력의 시간 변화

될까? 말 그대로 천재가 된다. 즉, 뉴턴이나 아인슈타인 역시 선천적으로 우수한 머리를 가지고 태어난 것이 아니라 끊임없이 생각한 결과 천재가 된 것이다. 이러한 사실은 미국의 유명한 천재연구자 윈 웽거Win Wenger 박사와 앤더스 에릭슨Anders Ericsson 박사의 주장이 뒷받침해준다.

다음은 윈 웽거 박사의 이야기다.[7]

천재는 보통 사람과 다른 게 없다. 다만 몰입함으로써 자신에게 숨어 있는 재능을 인지하는 보통 사람일 뿐이다. 몰입하고 또 몰입하면 어떤 문제도 풀리기 마련이고, 그런 과정을 되풀이함으로써 결국 자신도 모르게 천재가 되는 것이다.

에릭슨 박사는 독일 베를린의 한 음악아카데미 바이올리니스트들이 어릴 때부터 연습한 시간을 누적한 결과와 실력의 관계를 조

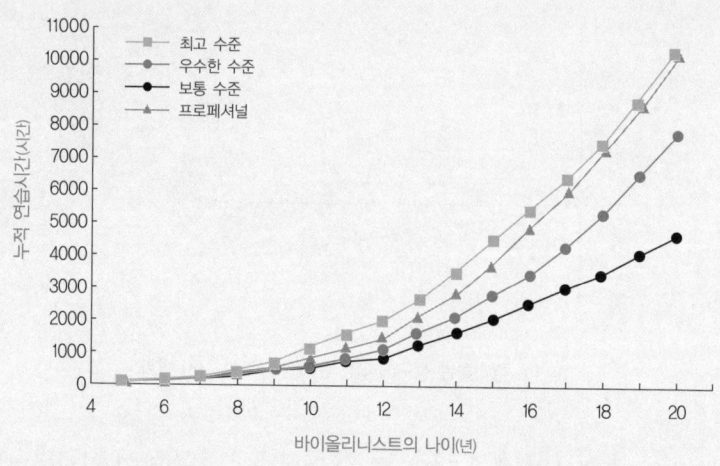

| 그림 2 | 바이올리니스트의 누적 연습시간과 실력의 관계

사하여 〈그림 2〉와 같은 결과를 얻었다. 20대 초반 바이올리니스트 중에서 최고 수준은 누적 연습시간이 1만 시간이었고, 우수한 수준은 7500시간, 보통 수준은 5000시간이었다. 연습시간과 실력이 거의 완전한 상관관계를 이룬다는 것을 입증해 보인 것이다. 이러한 결과를 바탕으로 에릭슨 박사는 어떤 분야의 진정한 전문가가 되려면 1만 시간을 투자해야 한다는 소위 '1만 시간의 법칙'을 주장했다. 이 법칙은 말콤 글래드웰의 『아웃라이어』에 소개되어 널리 알려졌다.[8]

에릭슨 박사는 철저히 조사한 자료에 근거하여 모차르트가 후천적인 천재임을 증명한 것으로도 유명하다. 모차르트의 아버지는 모차르트가 2세 때부터 음악을 시켰다고 한다. 그리고 3세 때부터는 바이올린을 연습시켰다고 한다. 서양 나이로 2세는 우리나이로 대략 4세다. 그러면 모차르트가 1만 시간의 연습을 한 나이는 몇 살일까? 모차르트 아버지는 모차르트가 2세 때부터 매주 35시간씩 연습을 시켜 8세 때 이미 1만 시간이 되었다고 한다. 사람들이 모차르트를 음악의 신동이라고 부를 때 그는 이미 1만 시간의 연습을 한 정상급 베테랑이 되어 있었던 것이다.

가장 축복받은 삶

가장 축복받은 삶이란 자신이 진정으로 좋아하는 일을 하면서 능력의 한계를 발휘하고 이 한계를 넓혀가는 삶이라고 할 수 있다. 그런데 많은 사람들이 '진정으로 좋아하는 일'의 의미를 잘 모른 채 살아간다. "살아가면서 자신이 꼭 하고 싶은 진정으로 좋아하는 일이 무엇이냐?"고 물으면 의외로 선뜻 대답하는 사람이 별로 없다.

각 분야의 세계 정상에 있는 사람들이라고 해서 태어나면서부터 그 일을 진정으로 좋아한 것은 아니다. 누구나 처음에는 혹독한 훈련 중에 숱한 눈물을 흘리고, 포기하려 하고, 회의를 느끼고 방황한다. 이러한 장벽을 넘어 삶의 다른 모든 것을 포기하고 오로지 그것만을 위하여 혼신의 힘을 다할 때, 그래서 그것이 바로 자신의 삶이라고 느껴질 때 자신의 일에 강한 애착이 생긴다. 자신이 노력하는 과정이 마치 아이를 잉태하는 것처럼 느껴지고 그 결과는 자신의 분신처럼 느껴진다. 그제야 비로소 자신의 일이 소중하고 심지어 신성하게 느껴진다. 자기 일에 대한 소명의식은 바로 이러한 과정을 통해 형성된다. 이처럼 '진정으로 좋아하는 일'은 스스로 노력해서 만들어가는 것이다. 몰입은 자신의 일을 좋아할 수 있게 만들어주는 효과적인 방법이다.

몰입을 통한 축복받은 삶

간혹 축복받은 삶을, 부모로부터 많은 유산을 물려받아 물질적으로 풍요롭고 안락한 삶을 사는 것이라고 생각하는 사람도 있다. 그렇게 단지 불편하지 않은 삶을 사는 것만으로 축복받았다고 할 수 있을까? 그렇게 살면 인생의 마지막 순간에 아무런 후회가 없을까? 절대 그렇지 않다.

축복받은 삶은 내가 가진 능력을 마음껏 발휘해서 뒤돌아보면 한 치의 후회가 없는 삶이다. 자신의 능력으로는 도저히 불가능해 보이는 목표에 도전하고 마침내 그것을 성취했을 때 희열을 느끼면서 발전하는, 하루하루 감동하는 삶이다.

물론 도전을 하다 보면 필연적으로 실패와 좌절도 경험하기 마런이다. 그러나 뼈아픈 실패를 경험하다 보면 삶의 깊이가 더해져 나날이 성장하고 성숙해가는 자신을 발견할 수 있다. 그 결과 다른 사람의 인생에도 좋은 영향을 미치고, 인생의 마지막 날에 "한 치의 후회도 없는 가장 삶다운 삶, 최선의 삶을 살았다"고 자신 있게 이야기할 수 있게 된다. 나는 몰입을 통해 그런 삶을 경험했다.

최선의 삶을 산 사람은 죽음을 두려움 없이 자신 있게 맞이할 수 있다. 더 나아가 죽음을 오히려 영원한 안식처로 느낄 수도 있다. 다음 시는 이러한 상황을 잘 묘사해준다.

> 별들이 빛나는 드넓은 하늘 아래,
> 묘를 파서 나를 눕혀주오.
> 즐겁게 살았고 또 기꺼이 죽노니,
> 나 주저 않고 누우리.
>
> 그대가 나를 위해 새겨줄 묘비명은
> 여기 그가 누워 있노라. 그토록 갈망하던 곳에
> 선원이 집으로 돌아왔네, 거친 항해에서
> 사냥꾼이 집으로 돌아왔네, 거친 들판에서
> – 로버트 루이스 스티븐슨의 「진혼곡」

2장

몰입을 알면 인생이 잘 풀린다

한계 돌파를 이끄는 몰입의 힘

> "모두 잠든 고요한 새벽,
> 이 광활한 우주에
> 이 문제와
> 이것을 생각하는 나,
> 오직 두 가지만 존재한다."

몰입은 한마디로 여러 가지 활동에 분산된 관심과 에너지를 중요한 한곳에 모아서 집중하는 것이다. 가장 흔하게 몰입을 경험하는 경우는 학교에서 시험을 볼 때다. 특히 수학시험을 볼 때 시험지를 받아 들고 열심히 풀다 보면 어느새 종료 시간이 다 되어 당황했던 경험이 누구나 있을 것이다. 시험지를 받아 든 순간부터 제출할 때까지 문제를 푸는 데 몰입한 나머지 시간의 흐름을 인식하지 못하는 것이다. 이처럼 우리는 중대한 순간 혹은 위기 상황에 몰입을 경험한다.

몰입을 가장 쉽게 경험하는 경우는 죽음에 직면했을 때다. 이런 상황은 전쟁터에서 자주 발생하므로 전투를 하는 동안 병사들이 몰입을 쉽게 경험하리라는 추측을 해볼 수 있다. 다음은 어느 전쟁 다큐멘터리에서 소개된 한 병사의 이야기다.

> 총탄이 빗발치는 전투 속에서
> 조국도 잊고, 부모도 잊고, 전우도 잊고,
> 오로지 적과 나만을 생각할 때 비로소 나는 군인이 된다.

프로선수들도 경기 중에 고도의 몰입을 경험하는데, 스포츠에서의 몰입을 '더존*the zone*'이라고 부른다. 축구 황제 펠레는 한 인터뷰에서 축구 경기에 완전히 몰입했던 순간을 다음과 같이 이야기했다.[9]

> 한참을 뛰었는데도 온몸이 고요하게 변하는 걸 느꼈어요. 황홀경이라고 할까? 공을 몰고 상대팀 어느 선수가, 아니 그 팀의 모든 선수들이 한꺼번에 방어해도 뚫고 나갈 수 있다는 확신이 드는 거예요.

세계적인 카레이서 아일톤 세나도 1988년 그랑프리 경주에서 우승한 후 다음과 같이 이야기했다.[10]

> 경주 도중 갑자기 남들을 앞서나가기 시작했어요. 내 의지가 아니라 본능에 따라 무의식적으로 운전하고 있는 느낌이었죠. 분명히 내 한계를 넘어섰는데도 전혀 힘이 안 들었어요.

몰입은 과학이나 기술 분야뿐 아니라 창의적 능력을 발휘해야 하는 모든 분야에서 그 위력을 발휘한다. 로버트 루트번스타인의 『생각의 탄생』[11]에 소개된 내용을 보면 세계적인 성악가 루치아노 파바로티도 피아노 앞에서 노래를 부르는 것보다 머릿속으로 음악을 생각하는 경우가 더 많았다고 한다. 프랑스의 조각가 루이스 부르주아도 다음과 같은 이야기를 했다.

나는 오랫동안 깊이 생각했다. 그러고 나서 내가 말해야 할 것이 무엇이며, 또 그것을 어떻게 번역할 것인가를 고민했다.

스페인의 천재 화가 파블로 피카소도 이와 비슷한 이야기를 했다.

당신들은 보고 있어도 보고 있지 않다. 그저 보지만 말고 생각하라. 표면적인 것 배후에 숨어 있는 놀라운 속성을 찾으라.

그런가 하면 스포츠 분야의 코치들은 어떻게 훈련을 시켜야 선수들의 기량을 올릴 수 있을지에 대한 생각에 몰입한다. 다음은 2005년 10월 31일자 한겨레 신문에 〈금메달 비결 '검 휘두른 건 손 아닌 머리'〉라는 제목으로 실린 기사의 일부다.

천재란 강렬한 인내자다. 단 하나밖에 없는 최선의 방법을 생각하고 또 생각한다. 결코 중도에서 생각을 멈추지 않는다."(이성우 펜싱

여자플뢰레 국가대표팀 코치) 생각하는 펜싱. 바로 그것이었다. 10월 14일 독일 라이프치히에서 날아온 낭보. 한국 여자플뢰레팀의 세계대회 단체전 금메달 쾌거의 배경에는 바로 '싱킹(thinking)'이 있었다.

이처럼 문제를 설정하고 계속 생각하다 보면 평소에 보이지 않던 것들이 보이기 시작하는데, 이것이 몰입적 사고가 위력을 발휘하는 이유다.

몰입도와 몰입강도

뇌과학의 관점에서 보면 어떤 활동에 대한 몰입도가 높다는 것은 그 활동과 관련해 활성화된 시냅스[12]의 수가 많다는 것을 의미한다. 주어진 활동에 숙련될수록 시냅스가 많아지므로 숙련도가 높아지면 몰입도 또한 높일 수 있다.

집중하고자 하는 주제에 대한 생각이 의식에서 차지하는 비중을 백분율로 나타내면 산만한 상태에서 이 생각 저 생각이 아무런 방향 없이 떠오르는 상태를 몰입도 0퍼센트라고 했을 때, 목표로 하는 활동에 의식이 100퍼센트 점유되어 있는 상태를 몰입도 100퍼센트라고 할 수 있다. 이것을 측정 가능한 방식으로 정의하면 100분의 시간 동안 의식이 순전히 그 생각으로만 점유된 시간의 합이

70분이라고 했을 때 몰입도를 70퍼센트라고 할 수 있다.

어떤 주제에 대해 생각할 때 그 범위는 아주 넓을 수도 있고, 아주 좁은 영역으로 한정될 수도 있다. 여기서 몰입강도의 개념을 도입할 필요가 있다. 몰입강도란 몰입도를 생각하는 주제의 범위로 나눈 값이다. 따라서 몰입강도는 몰입도에 비례하고, 생각하는 주제의 범위에 반비례한다. 한마디로 생각하는 주제의 범위가 좁아질수록 몰입강도는 더욱 높아진다.

몰입의 효과를 보려면 몰입도를 올리는 것도 중요하지만, 몰입강도를 올리는 것이 더 중요하다. 돋보기로 햇빛을 모으면 종이를 태울 수 있는데, 이때 햇빛을 모으는 초점의 면적이 좁을수록 효과가 강력하다. 몰입하는 대상의 범위를 좁혀서 몰입강도를 올리는 것은 이 초점의 면적을 줄이는 것과 같다. 즉, 몰입하는 대상이 적을수록 문제를 해결할 확률이 더욱 올라가는 것이다.

가령 시험공부 할 때를 한번 생각해보자. 하루에 여러 과목을 공부하면 어지간해서는 몰입강도를 올리기 어렵다. 몰입강도를 올리려면 일정 기간 동안 한 과목만 집중적으로 공부해야 한다. 고시공부를 하는 사람들이 보통 이런 방식을 택한다. 한 과목을 끝낼 때까지 몇 개월 동안 그 과목에만 매달리는 것이다. 직장에서 업무를 할 때도 마찬가지다. 여러 가지 업무를 동시에 하는 것보다 한 가지 업무를 집중적으로 하는 편이 몰입강도도 올리고 몰입의 효과도 볼 수 있는 방법이다.

연속된 시간을
확보하라

> "대부분의 사람들은 산책이나 독서, 회사 일이나
> 전화통화 등 항상 무언가를 하고 있다.
> 나와 다른 사람들의 유일한 차이는
> 그들은 많은 일을 하고, 나는 한 가지만 한다는 것이다."
> – 토머스 에디슨

세계적인 경영학자 피터 드러커는 "효과적인 지식근로자는 자기가 맡은 일보다 사용할 수 있는 시간을 먼저 고려한다"고 말했다.[13] 그런 다음 자신이 통제할 수 있는 시간을 묶어서 방해받지 않는 연속된 시간을 확보한다는 것이다. 어떤 일을 할 때 높은 몰입도를 유지하기 위해서는 다른 것에 방해받지 않는 연속된 시간을 확보하는 것이 무엇보다 중요하다. 이와 같이 한 번에 한 가지 일에만 매달릴 수 있는 시간을 확보하는 것은 몰입의 개념을 업무나 학습에 적용할 때 핵심적인 조건이다.

그러면 왜 몰입도가 올라가야 효과적일까? 몰입도를 올린다는 것은 주어진 문제에 대한 의식의 비중을 높이는 것을 말한다. 이를 우리 뇌의 시냅스를 통해 살펴보자.

시냅스는 컴퓨터의 기능을 가지고 있는 동시에 감정을 만드는 역할을 한다. 가령 야구를 할 때 몰입도가 낮으면 시냅스가 적게 활성화되어 마치 성능이 낮은 컴퓨터로 계산을 하는 것과 같다. 따라서 투수가 던진 공의 속도와 방향에 대한 계산 결과가 불완전하고 부정확할 수밖에 없다. 공이 자신도 모르는 사이에 금방 지나가버린다. 적은 양의 시냅스가 작동하기 때문에 자극이 적게 발생해 재미도 별로 없고 지루하게만 느껴질 뿐이다.

반면 몰입도가 높아 보다 많은 양의 시냅스가 활성화되면 성능이 좋은 컴퓨터로 계산을 하는 것과 마찬가지로 결과도 보다 완전하고 정확해진다. 투수가 던진 공이 천천히 오는 것처럼 느껴지고, 야구공이 축구공만큼이나 크게 보인다. 그래서 야구방망이로 공을 정확하게 맞힐 수 있다. 많은 양의 시냅스가 작용하여 자극이 커지기 때문에 성공을 하면 엄청난 희열을 느끼고, 실패를 하면 커다란 아쉬움을 느끼며 야구를 즐기게 된다.

작가가 글을 쓸 때도 마찬가지다. 관련된 시냅스가 활성화되어야 적절한 표현, 소재, 아이디어, 구성 등이 필요할 때 즉시 떠오른다. 예술가들이 창작활동을 할 때도 관련 시냅스가 활성화되어야 기량이 올라간다. 난이도가 높은 문제를 해결하고 아이디어를 내려고 할 때도 마찬가지다. 관련 시냅스가 활성화되어 있다는 것은 관련 내용이 의식과 의식 근처에 있어 의식에서 차지하는 비중이 높다는 것을 의미한다.

장기기억과 작업기억

우리가 어릴 때부터 습득한 모든 지식과 경험의 정보는 장기기억[14]이라고 하는 어마어마한 크기의 데이터베이스에 저장되어 있다. 우리가 발휘하는 모든 능력이나 기량은 전부 장기기억의 데이터베이스에서 인출된 것이다.

물론 장기기억에 저장되어 있다고 해서 어느 때고 필요한 기억들을 끄집어낼 수 있는 것은 아니다. 필요한 장기기억들을 의식과 의식 근처로 끌어올릴 때 비로소 기량을 올릴 수 있다. 문제는 그때그때 필요한 정보를 인출해서 사용하기가 쉽지 않다는 것이다. 어떤 정보는 아무리 끄집어내려고 애써도 인출이 안 되기도 하고, 또 어떤 정보는 인출하는 데 상당한 시간과 노력을 필요로 하기도 한다. 예를 들어 길을 가다가 우연히 학창시절 같은 반이었던 동창을 만났는데 이름이 기억나지 않는 경우가 있다. 이는 장기기억에는 분명히 저장되어 있지만 인출이 안 되는 것이다.

필요로 하는 정보를 장기기억에서 의식과 의식 가까운 곳으로 끌어올려 바로 사용할 수 있는 상태로 만드는 것이 몰입도를 올리는 과정이라고 할 수 있다. 어떤 정보가 의식과 의식 근처에 있어서 언제든지 사용할 수 있는 기억을 작업기억[15]이라 하는데, 그 용량은 대단히 작다. 장기기억을 큰 호수에 비유한다면 작업기억은 조그만 물웅덩이에 비유할 수 있다. 컴퓨터에 비유하면 장기기억은 하드디스크, 작업기억은 캐시메모리 *cache memory*에 해당한다.

한마디로 장기기억은 잠재능력, 작업기억은 순간의 능력이라고 할 수 있다.

인간이 동물과 달리 언어구사 능력을 갖고 있는 이유는 작업기억의 용량이 상대적으로 크기 때문이다. 우리가 의식하지 않아도 자연스럽게 말을 이어갈 수 있는 이유는 관련된 정보들이 자동적으로 의식의 근처로 떠오르기 때문이다.

몰입에도 진입장벽이 있다

몰입도를 높이는 것은 마치 가파른 산을 오르는 것처럼 힘들고 괴롭다. 특히 창작활동의 경우 높은 몰입도를 요구하기 때문에 화가들도 몰입도가 낮은 상태에서는 그림에 손을 댈 수가 없다고 한다. 일상에서 창작의 세계로 들어가기까지는 대기권을 통과하는 것과 같은 진통을 겪게 된다.

다음은 양자역학 분야의 세계적인 석학 프리만 다이슨이 몰입의 진입장벽에 대해 한 이야기다.[16]

글쎄요, 일종의 투쟁이라고나 할까요. 시작한다는 것은 엄청나게 힘듭니다. 첫 페이지를 쓰기 위해 일주일 동안 죽어라고 매달리기도 하죠. 정말 피와 눈물과 땀이라고밖에 달리 표현할 길이 없군요. 무언가 훌륭한 결과가 나오리라는 희망을 갖고 자신을 계속해서 밀어

붙여야 하고, 자연스러운 몰입이 시작될 때까지 견뎌야 합니다. 나 자신을 밀어붙이고 강요하지 않으면 아무 일도 일어나지 않을지도 모릅니다. 일단 몰입에 들어가면 좋은 시간을 가질 수 있지만 거기 도착하기 위해서는 높은 장벽을 넘어가야 합니다. 그전까지는 그저 순수한 고통일 따름입니다.

이처럼 일단 몰입도가 올라가면 그 다음부터는 높은 산에 올라가 산등성이를 타는 것처럼 일이 쉬워진다. 그런데 만약 힘들게 몰입도를 올리고 있는 와중에 방해요소가 나타나면 올라가던 몰입도가 다시 내려가게 된다. 이는 힘들게 산에 오르다가 다시 내려가는 것과 같다. 그러면 내려간 지점부터 다시 올라가야 하기 때문에 산의 정상에 오르기가 더욱 힘들어진다.

방해요소가 많으면 아무리 발버둥을 쳐도 몰입도를 올리기 힘들다. 마치 정상 정복을 목표로 산에 오르내리기를 반복하는 것과 같다. 이런 상황이 만성이 되면 일을 제대로 하는 것도 아니고, 그렇다고 아예 안 하는 것도 아닌 최악의 상태에 빠진다. 일을 한다고 앉아 있기는 하는데 이렇다 할 성과가 없는 것이다. 이런 상태에 있는 사람은 자신의 일을 좀처럼 즐기지 못하고 다른 곳에서 재미를 찾게 된다. 높은 몰입도를 추구하려면 '하려면 제대로 하고 그렇지 않으면 그만두겠다'는 마음으로 확실한 태도를 취하는 것이 좋다.

몰입도와 일의 효율성

몰입도는 눈으로 확인할 수 없기 때문에 객관적으로 측정하기가 쉽지 않다. 그래프를 통해 시간에 따른 몰입도를 살펴보자.

〈그림 3〉에서는 8시간의 하루 일과시간 동안 낮은 몰입도, 중간 몰입도, 높은 몰입도를 동일하게 유지하는 세 가지 경우를 보여준다. 이때 시간에 따른 몰입도의 기울기가 클수록 가파른 산을 오르는 것처럼 힘든 상태를 나타낸다. 몰입도가 높은 상태를 만들려면 힘든 시간을 가장 오랫동안 견뎌야 하는 것이다.

반면 낮은 몰입도는 상대적으로 쉽게 형성되므로 처음에 조금만 힘든 시간을 보내면 된다. 몰입도의 축과 시간의 축에 의하여 만들어지는 면적이 업무의 양과 질을 고려한 기량을 나타낸다고 하면 당연히 높은 몰입도를 유지할 때 업무의 기량도 높아진다. 뿐만 아니라 몰입도가 높은 만큼 일에 대한 흥미도 더 커진다.

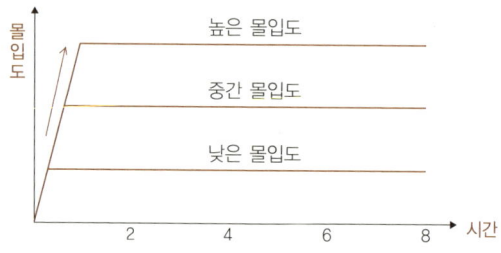

| 그림 3 | 동일한 몰입도를 유지하는 경우

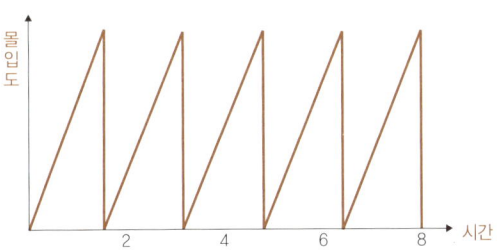

| 그림 4 | 몰입도가 오르내리기를 반복하는 경우

〈그림 4〉는 하루 일과 동안 잦은 방해로 몰입도가 오르내리기를 반복하는 경우를 나타낸다. 반면 〈그림 5〉는 하루 일과 시간 동안 높은 몰입도를 방해받지 않고 계속 그 상태를 유지하는 경우를 나타낸다. 〈그림 5〉의 경우 진입장벽을 넘어 몰입도를 올리는 괴로운 과정을 처음에 한 번만 겪으면 되지만, 〈그림 4〉의 경우에는 무려 다섯 번이나 이 과정을 되풀이하게 된다. 그렇게 되면 하루의 상당 시간을 괴로움 속에 보내게 되고 일이 지긋지긋하게 느껴진다. 이는 하루에 산을 다섯 번씩 오르내렸지만 막상 정상에서 보내는 시간은 없는 것과 같다. 일은 하고 있지만 높은 기량을 발휘하며 즐길 수 있는 시간은 거의 없는 것이다.

종종 지루함을 덜기 위해 하던 일을 잠시 미뤄두고 다른 일을 하거나, 영어 단어를 외우다가 수학 문제를 푸는 식으로 하던 일을 수시로 바꾸는 경우가 있는데, 이러한 행동은 몰입도를 떨어뜨리므로 주의해야 한다. 물론 높은 몰입도를 요구하지 않는 일이라

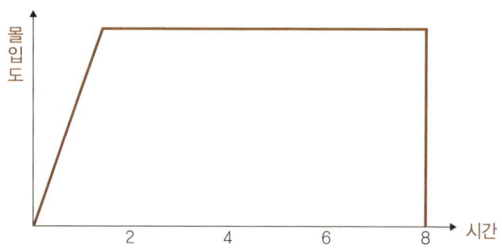

| 그림 5 | 높은 몰입도를 유지하는 경우

면 그런 식으로 바꿔가며 해도 큰 상관이 없다. 그러나 높은 몰입도가 필요한 일이라면 한 번에 몰아서 끊김 없이 지속적으로 해야지, 시간을 쪼개서 조금씩 나눠서 하는 것은 대단히 비효율적이다.

예를 들어 같은 한 시간이라도 연속된 60분과 10분, 20분씩 쪼갠 시간은 질적으로 차이가 있다. 연속되는 60분 동안에는 몰입도를 올릴 수 있어 난이도가 높더라도 의미 있고 희소가치가 있는 일을 할 수 있지만, 10분이나 20분 단위로 부스러기처럼 잘게 쪼갠 시간 동안에는 몰입도를 올릴 수 없기 때문에 충분히 생각해야 하는 일은 불가능하고 단순한 일을 하는 게 고작이다. 따라서 유용하게 쓸 수 있는 연속적인 시간이 잘게 쪼개져 흐지부지 소모되지 않도록 시간 관리에 특별한 주의를 기울여야 한다.

몰입도를
손쉽게 올리는 방법

감기에 걸리면 괴롭다. 그런데 감기라는 질병에 대해 잘 몰랐던 옛날에는 지금보다 훨씬 더 괴로운 시간을 보냈을 것이다. 가벼운 감기일지라도 어떻게 해야 그 증상이 호전되는지 모르고, 언제 그 병이 나을지도 모르는 암담한 상황이었을 테니까. 심지어 '이러다 죽는 것 아닌가!' 하는 생각까지 들었을지도 모른다. 이유를 모르는 괴로움에 시달리다 보면 우울증에 걸릴 수도 있고 삶에 대한 회의를 느낄 수도 있다. 아주 큰 문제를 일으킬 수도 있는 불안한 상태가 되는 것이다.

하지만 누구나 감기에 대해 잘 이해하고 있는 요즘 세상에 감기로 인해 우울증에 걸리거나 인생에 회의를 느낄 사람은 없다. 그저 얼마간 힘들 것을 예상하고, 감기의 증상이 완화되도록 약을 먹거나 쉬는 등 옛날보다 훨씬 더 효율적이고 현명하게 대처한다. 이와 마찬가지로 몰입도의 개념을 잘 이해하면 보다 효율적이고 현명하게 업무나 학습에 대처할 수 있다.

괴로운 최선과 즐거운 최선

몰입도에 따라 기량과 성과뿐 아니라 심리상태도 크게 변화한다. 몰입도가 낮을 때는 자신감이 없고 걱정이나 근심 등 각종 불안감이 엄습하고, 해결할 수 없는 문제를 가지고 괜히 고생만 하고 아까운 시간만 허비하고 있다는 생각이 든다. 반대로 몰입도가 올라가면 이러한 부정적 감정이 감소하고 의욕과 자신감이 생기기 시작한다. 그리고 자신도 모르게 근심이나 걱정이 사라진다. 따라서 동일하게 최선을 다하더라도 몰입도가 낮을 때는 기량이 낮아 성과가 나타나지 않기 때문에 '괴로운 최선'이 되고, 몰입도가 중간이 되면 '견딜 만한 최선'이 되고, 몰입도가 높을 때는 높은 기량이 발휘되어 성과도 높고 즐거운 자극이 반복되기 때문에 '즐거운 최선'이 된다.

학생 시절 시험공부를 할 때 몰입도가 높아지는 경험을 한 번쯤 해봤을 것이다. 공부에 몰입이 되지 않을 때에는 하기도 싫고, 공부를 해도 내용이 머릿속에 잘 들어오지 않을뿐더러 근심과 걱정이 떠나지 않는다. 이 귀중한 시간에 시험에 나오지 않을 부분을 쓸데없이 공부하는 것은 아닌지 의심이 들거나 지금 하는 노력이 어쩌면 헛수고로 돌아갈 수도 있다는 생각이 들면서 사기가 극도로 저하된다. 이처럼 몰입도가 낮은 상태에서 높은 상태로 끌어올리려고 노력할 때는 온갖 부정적인 감정이 지배하게 된다. 그러다가 시험날이 코앞으로 다가오면 '이러다가 큰일나겠다!'는 위기감이 엄습하면서 자신도 모르게 몰입의 장벽을 넘게 된다.

몰입의 장벽을 극복하면 공부하는 내용도 머릿속에 쏙쏙 들어오고, 공부가 힘들기보다는 오히려 재미있게 느껴질 뿐 아니라 자신도 모르게 근심이나 걱정이 의식에서 사라진다. 이러한 변화는 몰입도가 올라가면서 나타나는 전형적인 현상으로 몰입도가 올라가면서 우리 뇌에 도파민과 같은 긍정적 화학물질의 분비가 촉진되기 때문에 발생한다.

몰입도가 낮을 때에는 노력을 해도 기량이 발휘되지 않고 목표로 했던 계획이 제대로 이루어지지 않는 것이 당연하다. 그러므로 자신을 탓하거나 괜한 짜증을 낼 필요 없다. 자신이 정신을 차리지 않아서가 아니라 단지 몰입도가 낮아서 그런 것뿐이다. 오히려 몰입도가 낮은 상태에서 바둥거리면서 고생하는 자신을 위로하고 마음을 편히 갖기 위해 노력해야 한다. 이러한 노력을 지속하다 보면 몰입도는 반드시 올라가게 되어 있고, 결국에는 편안한 마음으로 기량을 발휘할 수 있게 된다. 이러한 사실을 인지하고 올바른 방식과 방향으로 몰입하기 위해 노력해야 한다.

몰입에 필요한 준비단계

시험을 앞둔 아이들이 공부가 손에 잡히지 않아 힘든 시간을 보내는 것을 자주 볼 수 있다. 어서 공부를 해야 하는데, 시작도 못하고 안절부절못한다. 그러면서 괜히 냉장고를 열어보기도 하고 TV를 보거나 인터넷을 하는 등 자꾸 딴짓을 한다. 몰입도가 낮아 공부에 집중이 안 되기 때문에 이런 행동들을 하는 것이다. 이때 아이들은 자신이 몰입도를 올리기 힘들어서 무의식적으로 공부를 피하고 있다는 사실을 깨닫지 못한다. 몰입도를 올려야 공부도 잘 되고 공부하는 것도 덜 힘든데 그 사실을 모르는 것이다. 이런 경우 내가 우리 아이에게 썼던 방법을 소개한다.

학교 시험이 일주일 앞으로 다가왔는데 아이가 공부를 시작하지 못하고 안절부절못하는 모습이 보였다. 내가 물었다. "공부가 잘 안 되니?" 아이가 대답했다. "공부하는 것이 지긋지긋해요." 나는 이렇게 이야기해주었다. "공부가 재미없는 것이 아니고, 지금 너의 몰입도가 낮아서 그래. 몰입도만 올리면 공부 자체는 힘들지 않고 오히려 재미있게 할 수 있어. 누구나 몰입의 장벽을 넘을 때는 산에 올라가는 것처럼 힘이 들게 마련이야. 그러니 힘들더라도 꾹 참고 한 시간 정도 엉덩이를 책상 앞 의자에서 떼지 말고 아주 쉬운 공부부터 시작해봐라." 그러자 아이는 책상 앞에 앉아서 공부를 하기 시작했다. 이것은 아이가 스스로 한 것이 아니라 내가 시킨 것이라서 어느 정도는 강제적인 것이었다.

처음에는 아이가 짜증을 내기도 하고 힘들어하는 기색이 표정과 행동에서 역력히 나타났다. 그러다 공부를 시작한 지 한 시간 정도 지나자 발동이 걸렸는지 차분하게 앉아서 공부를 했다. 이때 아이에게 다시 물었다. "지금은 어떠니? 아직도 공부하기가 힘드니?" 그러자 조금 전까지만 해도 아주 힘들어하던 아이가 "지금은 할 만해요"라고 대답했다. 그리고 표정도 많이 밝아진 것을 알 수 있었다. 나는 "조금 전에 네가 힘들었던 이유는 공부에 대한 몰입도가 낮았기 때문이었어. 지금은 몰입도가 어느 정도 올라갔기 때문에 상대적으로 공부하기가 쉬운 거야"라고 일러주었다.

이처럼 아이에게 몰입도의 원리를 이해시키면, 아이는 공부 자체가 재미없는 게 아니라 몰입도가 낮은 상태에서 높은 몰입도를 요구하는 공부를 할 때 힘이 들고 재미가 없다는 것을 이해하게 된다. 아이가 스스로 몰입도가 낮은 상태에서 몰입도를 올리는 과정을 반복적으로 의식하게 되면 몰입도의 원리를 더욱 명확히 이해하게 되고, 스스로 몰입도를 통제하기도 한층 쉬워진다.

공부나 업무는 몰입도만 올리면 힘을 들이지 않고도 충분히 할 수 있다. 대개 학습에 대한 몰입도를 올리기 위해서는 워밍업을 하듯이 아주 쉬운 것부터 시작해서 대략 30분~1시간 정도를 견디면 된다. 이때 몰입도를 올리기 위해서는 어느 정도 힘든 시간을 보내야 한다는 사실을 인식해야 한다. 자신의 기량을 올리기 위해 바동거릴 때 비로소 몰입도가 올라간다. 다시 말해 힘들고 지루하게 여겨지는 시간은 몰입도를 올리기 위한 필요조건인 것이다.

월요병을 앓는 이유

직장인이나 학생들은 흔히 월요병이라는 것을 앓는다. 주중에는 몰입도가 높았다가도 주말에 가족과 함께 시간을 보내거나 취미활동을 하다 보면 몰입도가 바닥으로 떨어지게 된다. 그런 상태에서 월요일에 출근을 하면 일이 영 손에 잡히지 않는다. 몰입도가 몹시 떨어진 상태라서 업무 효율은 극히 낮고 심하면 아예 업무를 진행하지 못하는 경우까지 있다. 해야 할 일은 산더미같이 쌓여 있는데 일이 손에 잡히지 않아서 괴로운 시간을 보내게 된다. 심한 경우 자신의 업무뿐만 아니라 삶 자체에 심각한 회의까지 느끼게 된다.

괴로운 시간을 보낸다는 것은 업무 몰입도를 올리기 위해 안간힘을 쓴다는 것을 의미한다. 그런데 그 과정에서 업무와 관련된 장기기억들이 의식과 의식 근처로 끄집어내져 자신도 모르게 업무 몰입도가 올라간다. 그래서 월요일 오후나 화요일부터는 일이 손에 잡히기 시작하고 자연히 효율성도 높아진다. 일단 업무 몰입도가 올라가면 기량이 좋아져 일을 비교적 순조롭게 할 수 있게 될 뿐 아니라 일하는 것도 상대적으로 덜 지루하고 경우에 따라서는 재미도 느끼게 된다. 그러다가 주말이 되면 다시 업무 몰입도가 떨어지고 앞에서 말한 과정이 반복된다. 월요병은 높은 몰입도를 요구하는 일일수록 그 정도가 심하다.

월요병 증상을 줄이고 싶다면 다음과 같이 해보자. 어느 장소에 있든 자신의 일에 대한 생각의 끈을 놓지 않는 것이다. 꼭 책상 앞에 앉아 있어야만 몰입도를 올릴 수 있는 것은 아니다. 그러다 보면 일과 관련된 장기기억이 활성화되어서 의식 근처로 오게 된다. 일요일 저녁부터 월요일에 출근해서 업무를 어떻게 처리할지 차분하게 생각하다가 잠이 들고, 월요일 아침에 일어나서도 그 생각을 유지하고, 출근하면서 또 그에 대한 생각을 계속하다 보면 업무 몰입도가 올라가기 때문에 월요병 증상이 눈에 띄게 줄거나 아예 없어진다.

몰입도를 쉽게 올리는 방법

필자의 전작 『몰입』에서는 주로 강한 몰입을 위한 방법을 소개했다. 이는 참선을 하는 사람들이 삼매 상태에 들어가기 위해 수행하는 방법과 유사하다. 그러나 많은 사람들이 강한 몰입을 필요로 하지 않을 뿐 아니라 그렇게 할 시간적 여유도 없다. 빠른 속도로 몰입도를 올려서 업무를 처리하고 또 다른 업무로 전환해야 한다. 따라서 일상에서 필요로 하는 것은 주로 약한 몰입이다.

빠른 속도로 몰입도를 올리기 위해서는 빠른 속도로 관련 시냅스를 활성화시켜야 한다. 이때 활동을 하는 것이 생각을 하는 것보다 유리하다. 활동에 의한 몰입이 사고에 의한 몰입보다 쉬운 이유가 여기에 있다. 아무리 생생하게 상상을 해도 실제 상황보다 더 생생할 수는 없다. 더 생생하다는 것은 관련 문제에 대해 보다 많은 시냅스를 활성화시킨다는 의미다. 또한 생생하게 상상하여 관련된 시냅스를 활성화시키려면 많은 노력이 필요하지만, 실제 상황을 경험하면 별다른 노력 없이 쉽게 관련된 시냅스가 활성화된다. 따라서 단순히 생각만 하기보다 관련 시냅스를 활성화시키는 활동을 포함시키면 보다 쉽게 몰입도를 올릴 수 있다. 이를 위한 7가지 방법을 소개한다.

첫째, 관련된 내용에 대해 동료나 부하직원, 혹은 상사와 가볍게 대화를 나누거나 토론을 한다. 대화할 상대가 없으면 혼자 중얼거리면서 자기 자신과 대화를 나눈다.

둘째, 걸으면서 생각하거나 대화를 하면 몰입이 잘 된다. 산책할 수 있는 상황이 아니면 실내에서라도 왔다 갔다 하면서 생각하거나 중얼거리면 된다. 러닝머신에서 천천히 걸으면서 생각하거나 중얼거려도 좋다. 경험에 의하면 산책보다 러닝머신에서 천천히 걸을 때 몰입이 더 잘 된다. 주위의 풍경 변화에 대한 자극이 없기 때문이다.

셋째, 관련된 내용의 mp3와 같은 소리파일을 듣거나 동영상을 보면 쉽게 몰입도가 올라간다. 예를 들어 학생의 경우 수업시간의 강의를 녹음했다가 그것을 들으면서 공부를 시작하면 몰입도를 한결 쉽게 올릴 수 있다.

넷째, 주어진 문제를 생각하다가 졸릴 경우 10~20분 선잠을 자고 나면 몰입도가 불연속적으로 올라간다.

다섯째, 직장에서의 업무수행에 대한 부담, 스트레스 및 위기감을 몰입도를 올리는 데 활용한다. 수동적인 몰입을 하는 경우는 전적으로 위기감이 몰입의 구동력이 된다. 예를 들어 몰입하는 데 100이라는 구동력이 필요하다고 하자. 몰입을 통 못하다가 업무 마감 하루 전에 위기감이 고조되어 몰입하는 사람은 위기감이 100이라는 구동력을 만들었다고 볼 수 있다. 그런데 업무마감 일주일 전에 몰입을 하려고 하면 위기감이 적어 70 정도의 구동력만 만들어진다. 구동력이 작아 몰입이 안 되는 것이다. 이 경우에는 몰입하기에 부족한 30이라는 구동력을 능동적인 구동력으로 보충하면 된다.

능동적인 몰입을 추구하는 입장에서는 직장에서의 부담이나 위기감이 커다란 도움이 된다. 왜냐하면 이러한 것이 없다면 100퍼센트 능동적인 구동력을 만들어주어야 하는데 이는 결코 쉽지 않은 일이기 때문이다. 업무와 관련된 부담이나 위기감에 의하여 주어지는 구동력이 70이라면 30만큼의 능동적인 구동력만 추가로 만들어주면 몰입이 된다. 따라서 능동적인 몰입을 추구하게 되면 직장에서의 부담이나 위기감이 오히려 고맙게 느껴지게 된다. 반면 은퇴를 한 후에는 이러한 부담이나 위기감이 없기 때문에 몰입하기가 훨씬 더 어려워진다.

여섯째, 산만할수록 몰입도를 올리기가 어렵고 몰입도가 높을수록 몰입도를 올리기가 쉽다. 산만한 상태에서 업무나 공부를 시작할 경우 가급적 쉽고 피드백이 빠를수록 좋다. 예를 들면 이미 내용의 절반 이상을 알고 있는 것으로 시작을 하는 것이다. 그러다가 몰입도가 어느 정도 올라가면 목표로 하던 것으로 옮겨가면 된다.

일곱째, 규칙적인 운동은 몰입할 수 있는 인프라를 제공한다. 의욕이 높을수록 몰입에 대한 진입장벽이 낮아진다. 반면 스트레스가 높고 컨디션이 나쁠수록 몰입에 대한 진입장벽이 높아진다.

지금까지 소개한 약한 몰입을 올리는 방법은 주로 '각성에 의한 집중'이라고 할 수 있다. 보다 효율적이고 선택적인 집중을 위해서는 '이완에 의한 집중'이 유리한데 이는 충분한 훈련이 필요하다. 이완에 의한 집중인 슬로우 싱킹에 대해서는 4장에서 자세히 소개할 것이다.

3장

목표 달성을 이끄는 몰입 효과

외적 위기상황과
내적 위기감

무엇이든지 원리를 알면 활용하기가 쉽듯이 몰입도 그 원리를 알면 보다 쉽게 활용할 수 있다. 원래 몰입의 진화론적인 기능은 생사가 걸린 비상사태에서 발동되어 생존 확률을 높이는 것이지만, 꼭 목숨이 걸린 위기상황이 아니어도 얼마든지 가능하다.

예를 들어 놀이공원에서 롤러코스터를 탈 때나 번지점프를 할 때는 현실이 아닌 가상의 위기상황이 연출되지만 그 순간 몰입이 유도되고 몰입의 즐거움을 누릴 수 있다. 또 가상의 위기상황마저 필요 없을 때도 있다. 전자오락, 테니스, 골프 같은 활동을 할 때에도 몰입이 쉽게 유도되는데 이런 활동들은 위기상황과는 거리가 멀다.

위기상황이 아닌 취미활동을 할 때에도 몰입이 유도되는 이유는 무엇일까? 이는 전쟁과 같은 위기상황이든 테니스, 골프, 전자오락과 같은 취미활동이든 상관없이 우리 뇌가 중요성을 인식하는 공통적인 기제가 있다는 것을 의미한다. 우리 뇌는 단지 주어진 활동에 빠져 있는 상태에서 입력되는 자극을 감지하고, 그것에 기초해서 상황의 중요성을 판단하는 속성을 갖고 있는 것이다.

내적 위기감이 두려움을 유발한다

어린아이들은 전자오락을 할 때 실수로 점수를 잃게 되면 쉽게 깜짝깜짝 놀란다. 그리고 점수가 내려갈 때마다 가슴이 철렁 내려앉을 정도로 위기의식을 느끼는데 이런 자극은 곧바로 아이의 뇌에 입력된다.

한편 실수는 실패의 감정을 만들어서 후회나 짜증을 유발시킨다. 이런 부정적인 감정은 더욱 분발하게끔 하고, 그 결과 아이는 혼신의 힘을 다해 게임에 임하게 된다. 그러면 뇌는 반복적으로 입력되는 강한 자극을 감지하고 아이가 목숨을 건 전투를 하고 있는 것으로 착각한다. 그리고 신체에 비상사태를 선포하여 '몰입'을 유도하는 것이다.

몰입을 유도하기 위해서는 뇌가 위기상황 혹은 중대한 상황이라고 인식하게끔 해야 한다. 실제로 위기상황이 아니어도 상관없다. 그저 뇌가 위기감을 느끼면 되는 것이다. 아이는 전자오락을 하고 있을 뿐인데 뇌는 목숨을 건 전투를 하는 것으로 간주해서 몰입을 발동시킨다는 사실을 통해 우리 뇌는 쉽게 속는다는 것을 알 수 있다. 우리 뇌가 느끼는 위기감은 한마디로 '내적 위기감'[17]이라고 할 수 있다.

이처럼 가상의 위기감 역시 내적 위기감을 만드는데, 스포츠 경기나 전자오락을 할 때의 몰입은 대부분 내적 위기감에 의해 만들어지는 것이다. 이러한 개념은 몰입의 원리를 이해하는 데 있어 매우 중요하다. 또 몰입이 내적 위기감에 의해 유도된다면 내적 위기감이 어떻게 만들어지는지 이해하는 것도 중요하다.

위기감이나 공포심은 우리 뇌의 편도체에서 만들어진다. 원래 쥐는 고양이 앞에서 본능적으로 공포심을 느껴 바싹 얼게 되어 있는데 편도체를 제거한 쥐는 고양이를 전혀 무서워하지 않는다. 뇌가 내적 위기감을 느끼는 기능을 할 수 없어졌기 때문이다. 실험 결과는 오히려 쥐가 잠자는 고양이 등에 올라타 귀를 물어뜯었다고 보고하고 있다. 따라서 우리 감정에 더 큰 영향을 미치는 것은 외적 위기상황보다는 내적 위기감이라는 것을 알 수 있다.

반대로 외적으로는 전혀 위기상황이 아닌데 내적으로 위기감이나 공포심을 느끼는 경우도 있다. 대인공포증, 고소공포증, 폐쇄공포증과 같은 다양한 공포증이 여기에 해당한다. 원래 공포심을 유도하는 편도체의 기능은 포식자로부터 멀리 도망가서 생존 확률을 올리는 것이다. 그런데 이 기능이 잘못 발달할 경우 공포증과 같은 부작용을 야기한다. 이런 공포증을 고치기 어려운 이유는 공포증을 앓고 있는 사람에게 전혀 무서워할 필요가 없다고 아무리 이성적으로 설명해도 효과가 없기 때문이다. 이와 같은 사실은 공포증이 만들어질 때 이성적인 판단을 하는 전두엽을 거치지 않고 감정의 폐루프closed loop를 형성해서 스스로 증폭되면서 강력해진다는 뇌과학의 연구 결과와 일치한다.

감정의 회로가 이성적인 판단을 담당하는 전두엽을 거치지 않고 폐루프를 형성할 수 있다는 것은 우리 뇌를 쉽게 속일 수 있다는 것을 의미한다. 우리 뇌가 잘 속는다는 것은 영화나 드라마에 몰입하면 슬픈 장면이 나올 때 눈물이 흐르는 사실로도 알 수 있다. 이는 우리 뇌가 순간적으로 현실과 가상현실을 구별하지 못하기 때문에 나타나는 현상이다. 실제 위기상황이 아니어도 내적 위기감을 임의로 만들 수 있는 것이다.

외적 상황과 내적 상황은 서로 일치해야 정상이다. 그러려면 외적 위기상황이 내적 위기감을 유도해야 한다. 그런데 실제로는 서로 조화를 이루지 못하는 경우도 많다. 외적 위기상황이지만 내적 위기감을 느끼지 못하는 경우도 있고, 실제 위기상황이 아닌데 내적 위기감이 유도되는 경우도 있다. 외적 위기상황과 내적 위기감이 일치하지 않을 때 우리의 의식에 영향을 미치는 것은 내적 위기감이다. 즉, 우리의 의식은 내적 위기감에 따라 좌우된다.

외적 중요성과 내적 중요성

사자에게 쫓기는 얼룩말은 위기감 때문에 몰입을 하지만, 쫓는 사자는 '상황의 중요성' 때문에 몰입을 한다. 수컷이 암컷에게 몰입해 구애를 하는 상황을 설명할 때에도 위기감보다 더 폭넓은 의미를 갖는 '상황의 중요성'에 무게를 두고 접근하는 것이 좋다. 몰입은 한마디로 외적 중요성보다는 내적 중요성에 의해 유도된다고 할 수 있다.

내적 중요성은 실제로 뇌에서 느끼는 중요성을 말한다. 가치관이나 진정으로 좋아하는 것 등은 내적 중요성의 문제다. 몰입을 시도하거나 가치관을 바꾸거나 해야 할 일을 진정으로 좋아하기 위해서는 바로 이 내적 중요성이 커야 한다.

내가 해야 할 일에 대한 내적 중요성이 커지면 그 일에서 의미와 보람을 찾게 되고, 재미를 느끼기도 쉽다. 내적 중요성을 한층 더 올리면 그 일을 하고 싶어서 안달이 나고, 그 일이야말로 자신이 진정으로 원하는 일이 된다. 내면 깊은 곳에서 굉장히 중요하고 의미가 있다고 느껴져야 자신의 인생을 걸고 그 일에 몰입할 수 있는 것이다.

마찬가지로 공부에 대한 내적 중요성을 올리면 공부할 수 있는 기회가 주어진 것만도 다행으로 여기고 공부에 흥미를 느끼기 쉽다. 내적 중요성이 더 커지면 공부를 하고 싶어서 못 견디게 되고, 책을 펴 들면 쉽게 몰입하게 된다. 내가 해야 할 일, 내가 해야 할 공부, 내가 사랑해야 할 사람에 대한 내적 중요성을 올려 원하는 대로 할 수 있다면 행복한 삶을 정복하는 길에 한발 가까이 다가설 수 있을 것이다.

내적 중요성이 만들어지는 원리

내적 중요성은 어떻게 만들어질까? 내적 중요성이 우리 몸에서 만들어지는 원리를 이해하기 위해 먼저 우리 뇌에서 장기기억이 어떻게 만들어지는지 알아보자.

우리가 세상을 보는 것은 눈이라는 렌즈를 통해 비디오 녹화를 하는 것과 같다. 사람의 눈으로 볼 때의 해상도는 HDTV의 해상도보다 훨씬 더 높다. 엄청난 양의 정보가 우리의 눈을 통해 입력되는 것이다. 이와 동시에 귀로는 소리를 녹음한다. 대화 소리나 라디오에서 나오는 음악뿐만 아니라 각종 소음도 녹음한다. 또한 코로는 각종 냄새의 정보를 받아들이고, 몸으로는 온갖 촉각 정보를 받아들인다. 걷거나 뛸 때 발바닥은 끊임없이 촉각 정보를 받아들이고, 뇌는 이 정보를 처리한다. 그래서 우리가 자연스럽게 걷거나 뛸 수 있는 것이다. 걸음마를 배우는 아기는 이러한 정보 처리가 미숙하기 때문에 뒤뚱뒤뚱 걷는다. 로봇이 뒤뚱뒤뚱 부자연스럽게 걷는 이유도 마찬가지다.

우리 뇌에는 하루에도 엄청나게 방대한 양의 정보가 입력된다.

그 정보를 모두 저장한다면 뇌는 금방 포화상태가 되어 더 이상 정보를 저장할 수 없게 될 것이다. 그렇다면 뇌는 이 문제를 어떻게 해결할까?

밤에 잠이 들면 우리 뇌의 해마라고 하는 부위에서는 하루 종일 입력된 정보를 선별하는 작업이 이루어진다. 생존에 필요 없거나 중요하지 않다고 판단되는 정보는 폐기처분하고, 중요하다고 판단되는 정보는 장기기억으로 보내는 것이다. 그렇다면 해마는 무엇을 기준으로 정보의 중요도를 가려낼까? 대단히 중요한 이 문제가 현대 뇌과학에 의해 밝혀졌는데, 다음의 두 가지를 기준으로 한다.

먼저 그 정보가 입력될 당시 자극의 세기를 기준으로 한다. 자극의 세기가 크면 해마는 정보가 중요하다고 판단해 장기기억으로 보내고, 자극의 세기가 작으면 별로 중요하지 않은 정보라고 판단해 폐기한다. 여기서 자극의 세기가 세다는 것은 정보가 들어올 때 놀라거나 즐거워하는 경우를 말한다. 어렸을 때 겪은 일이라도 아주 충격적인 사건은 어른이 되어서까지 생생하게 기억한다. 이는 해마가 그 당시의 경험을 굉장히 중요하다고 판단해 장기기억에 높은 비중을 두고 저장했기 때문이다.

평상시에 공부를 하지 않다가 시험을 앞두고 갑자기 영어단어를 외우려고 하면 잘 외워지지 않는다. 자극의 세기가 강하지 않기 때문이다. 하지만 평소에 반복해서 외우면 잘 외워진다. 반복이 해마가 중요한 정보라고 판단하는 두 번째 기준이다.

자극의 세기가 강하지 않더라도 정보가 반복적으로 입력되면 해마는 중요한 정보라고 판단해서 장기기억으로 보낸다. 이 사실은 콜롬비아 대학교의 신경과학자 에릭 캔델Eric Richard Kandel에 의해 발견되었다.[18] 그는 바다에 사는 민달팽이를 이용한 연구를 통해 자극이 세거나 반복적인 활동이 뉴런 간의 연결을 강화시켜 시냅스를 변형 혹은 증가시킴으로써 장기기억을 형성하며 이러한 작용이 해마에서 일어난다는 사실을 밝혀냈다. 그리고 그 공로로 2000년 노벨생리의학상을 수상했다.

앞에서 살펴본 바와 같이 해마가 뇌에 들어온 정보를 장기기억으로 보낼지의 여부를 판단하는 것이 바로 내적 중요성이다. 이로써 우리는 삶을 정복하고 행복해지는 데 꼭 필요한 내적 중요성을 올리는 방법을 알게 되었다. 어떤 것에 대한 내적 중요성을 올리려면 그 정보가 입력될 때 자극의 세기를 증가시키거나 그 정보를 반복해서 입력시키면 되는 것이다. 정보를 반복해서 입력시키는 것은 누구나 쉽게 할 수 있다. 단순히 그것에 관한 생각이나 경험을 반복하는 것만으로도 충분하기 때문이다. 특히 주어진 문제를 해결하기 위해서 자나 깨나 생각하는 몰입은 극단적으로 정보를 반복해서 입력하는 행위라고 할 수 있다.

내적 중요성을 보다 효과적으로 올리기 위해서는 반복도 중요하지만 자극의 세기를 증가시켜야 한다. 그렇다면 자극의 세기는 어떻게 올릴 수 있을까? 특히 내가 해야 할 학습이나 업무에서 자극의 세기를 올리려면 어떻게 해야 할까? 대단히 중요한 이 문제의 답은 의외로 간단하다. 단지 목표만 설정하면 되는 것이다. '왜 목표를 설정하면 자극의 세기가 커질까?' 이 문제는 몰입을 이해하는 데 핵심이 된다.

목표를 정하면
자동으로 몸이 향한다

우리는 다세포동물이다. 즉, 우리 몸을 구성하고 있는 세포 하나하나는 모두 생명체다. 다세포동물은 단세포 동물이나 군체와 달리 공생공사共生共死, 즉 함께 살고 함께 죽는 방식을 택한다.[19] 내가 죽으면 나를 이루고 있는 모든 세포가 동시에 죽는 것이다. 이러한 생존방식이 유리했는지 지구상의 엄청나게 많은 생물이 다세포 생물로 진화했다. 함께 살고 함께 죽는 조직의 특징은 그 구성원들이 철저한 위계질서에 따라 분업하고 협력한다는 것이다. 전쟁터에서 각 부대원들이 부대장의 명령에 절대적으로 복종하는 것과 같다.

우리를 구성하는 세포의 수는 대략 100조 개이고, 각 세포의 크기는 대략 10마이크로미터 정도다. 이러한 세포가 모여 하나의 공동운명체를 이루고 있는 것이다. 그런데 유전적으로는 동일한 세포가 각기 같은 일을 하는 것이 아니라 분업을 한다. 어떤 세포는 눈, 어떤 세포는 귀, 어떤 세포는 입, 어떤 세포는 손, 어떤 세포는 발과 같은 기관에 소속되어 자신이 맡은 역할을 충실히 수행하는 것이다. 이렇게 많은 세포가 원활하게 협력하려면 기본적으로 두 가지를 갖추어야 한다.

먼저 세포 간의 정보를 교환하는 통신시스템이 발달해야 한다. 이 통신시스템의 핵심이 신경(뉴런neuron)이고, 이 신경이 진화해서 뇌가 되었다고 보면 된다. 독립적인 뇌 없이 신경만 있는 하등동물들도 많다. 다세포동물의 세포 간 정보전달은 신경전달물질과 호르몬이 맡는데 신경전달물질은 신경을 통해, 호르몬은 혈액을 통해 정보를 전달한다.

그다음으로 세포 간의 위계질서가 확립되어야 한다. 세포들이 각각 제멋대로 움직인다면 생존에 치명적일 것이다. 가령 눈을 통해 포식자가 가까이 다가오고 있다는 정보가 들어왔는데, 발이 떨 생각을 하지 않는다면 꼼짝없이 잡아먹히고 말 것이다. 100조 개의 엄청난 개별 생명체로 구성된 공동 생명체가 생존하기 위해서는 하나의 명령에 따라 일사불란하게 움직여야 하므로 세포 간에, 혹은 몸의 각 기관 간에 철저한 위계질서와 상호 협력관계가 필요하다. 그런데 우리 몸에서 뇌의 전두연합령을 제외하고는 어느 기관도 종합적인 상황 판단을 하지 못한다. 따라서 뇌의 전두연합령이 위계체제의 사령탑 역할을 한다. 이곳에서 종합적인 상황 판단을 하고 그것을 근거로 어떤 목표를 설정하면 우리 몸의 다른 부분은 맹목적으로 그 목표를 추구하는 것이다. 이것이 바로 우리가 목표지향성을 가질 수밖에 없는 진화론적 이유다.

사람은 목표한 대로 변화한다

아기는 미러뉴런*mirror neurons*[20]이 발달해 있기 때문에 어른들이 하는 행동을 무조건 따라 하려고 한다. 그렇다고 아기가 처음부터 어른처럼 서서 걸을 수는 없지만 어른처럼 서서 걷는 것을 목표로 설정하고 끊임없이 이 목표를 추구한다. 걸음마를 배우는 과정에서 수도 없이 넘어지기도 하지만 목표지향성 때문에 중도에 포기하지 않는다. 그러다 몇 걸음을 걷는 데 성공하면 좋아서 어쩔 줄을 모른다. 아기 입장에서는 목표를 달성한 것이기 때문이다. 이 작은 성공의 보상으로 즐거움을 느끼고 나면 아기는 더 열심히 시도하고, 이 과정을 통해 목표 달성을 성공적으로 이끌어줄 시냅스가 활발하게 형성된다. 걸음을 조정하는 시냅스가 충분히 형성되었을 때 비로소 아기는 넘어지지 않고 잘 걷게 된다.

여기서 주목할 점은, 시냅스는 원하는 방향으로 발달한다는 것이다. 즉, 목표를 세우고 노력하면 그 목표를 달성할 수 있는 방향으로 시냅스가 형성되는 것이다.

또 다른 예로 뇌졸중을 들 수 있다. 뇌졸중은 뇌세포에 손상을 입었을 때 걸리는 병으로 발병하면 손상된 뇌세포가 조정을 담당했던 신체 부위가 마비된다. 이러한 증상은 해당 신체 부위의 운동을 기억하고 담당했던 시냅스가 작용하지 않기 때문에 나타나는 것이다.[21] 한번 손상된 뇌세포는 재생되지 않는다. 그러면 어떻게 재활치료가 가능할까? 뇌세포는 재생되지 않지만 새로운 시냅스는 더 생성될 수 있으므로 손상된 세포의 주변 세포에 그 운동을 담당하는 시냅스가 형성되고 발달하면 마비된 부분을 사용할 수 있다. 이 과정은 어린아이가 걸음마를 배우면서 시냅스가 형성되는 과정과 흡사하다.

왜 목표가 생기면 노력하게 될까?

우리 몸은 도대체 어떤 원리에 의해 목표만 설정하면 그것을 맹목적으로 추구하도록 만들어졌을까? 그 원리를 이해할 필요가 있다.

간단한 예를 들어보자. 내가 책상에 널려 있는 종이 몇 장을 구겨서 3미터 정도의 거리에 있는 휴지통에 던져 넣으려고 한다고 치자. 이때 나의 목표는 그 종이를 휴지통에 골인시키는 것이 된다. 그런데 골인을 목표로 신중하게 던졌지만 빗나가 휴지통 옆에 떨어졌다고 하자. 그러면 나는 짜증이 난다. 이것은 목표에서 벗어난 실수를 한 것에 대한 내적인 처벌이다. 반면 종이를 잘 던져 골인에 성공하면 나는 짜릿한 희열을 느낀다. 이것은 목표를 성공적으로 달성한 것에 대한 내적인 보상이다. 이처럼 나는 단지 종이를 휴지통에 던져 넣는다는 목표를 임의로 만들었을 뿐이지만, 그 순간부터 종이를 던지는 행위는 '성공'과 '실패'로 갈린다.

일단 목표를 설정하면 '성공' 혹은 '실패'라는 커다란 자극이 만들어지면서 그것을 추구하는 행위에 의미가 생긴다. 다시 말해 나의 행위에 커다란 자극과 의미를 만들어 그 행위에 대한 내적 중요성을 올리기 위해서는 명확한 목표를 설정하면 되는 것이다.

내가 만약 종이뭉치를 휴지통에 던져 넣는 행위를 계속 반복한다고 하자. 그리고 종이뭉치를 휴지통에 꼭 넣고야 말겠다는 절실한 마음도 갖기 시작했다고 하자. 목적지향성을 배가시키기 위해서 동료와 내기를 걸고 경쟁하는 거라고 생각해도 좋다. 그러면 성공과 실패라는 자극의 세기는 더욱 커지게 된다. 내가 목표지향에 진지하게 임할수록 자극의 크기는 더 커진다. 그리고 이것을 반복하면 자극은 더욱더 커진다. 이와 같이 커다란 자극이 반복적으로 입력되면 내 몸에서 감지하는 내적 중요성은 계속 증가한다. 그러면 내 몸에서는 '도대체 얼마나 중요한 일이기에 이렇게 큰 자극이 계속적으로 들어오나?', '목숨을 건 전투를 하나 보다!' 하고 생각할 것이다. 그 결과 생존을 위해 비상사태를 선포하고 모든 것을 잊고 오로지 종이를 던지는 행위에 몰입하도록 유도하게 된다.

이 예는 임의로 설정한 목표지향이 몰입을 유도해 나의 능력을 최대한 이끌어내도록 한다는 것을 보여준다. 이성적으로 어떤 일에 몰입하기는 어렵지만, 진화론적 본능인 목표지향을 이용하면 보다 쉽게 몰입할 수 있다. 자신이 해야 할 학습이나 업무에서도 명확한 목표를 설정하고 이 목표지향을 반복해서 강화시키면 그것에 대한 내적 중요성이 올라가고, 결과적으로 몰입도를 올릴 수 있는 것이다.

누구나 쉽게 몰입하는 전자오락이나 스포츠 경기는 임의의 목표를 설정하고 그것을 맹목적으로 추구하는 목표지향 활동에 불과하다. 만약 외계인이 지구에 와서 월드컵 축구경기 장면을 목격한다면 이해하기 힘들 것이다. 우리의 목표지향 메커니즘을 이해하지 못하면 선수들이 혼신의 힘을 다해 여기저기 뛰어다니고 관중들이 열광하는 행동을 이해하기 힘들기 때문이다.

목표 설정이 가져오는
놀라운 효과

다음에 나오는 우리 뇌의 목표지향 메커니즘 사례를 살펴보면 이를 실제 상황에 어떻게 활용할 수 있을지 보다 쉽게 이해할 수 있을 것이다.

우리 둘째 아이가 고등학교에 다닐 때의 일이다. 아이는 노래 부르는 것을 좋아해서 교내 합창반 동아리에 들었는데, 2학년이 되면서 합창반 부장이 되었다. 그러다 2학기가 되자 학교 축제기간에 합창반의 공연이 있어서 준비할 게 많다고 했다. 평소 어떤 일이든 하기로 마음먹었으면 열심히 하고 그렇지 않으면 안 하는 게 낫다는 철학을 가지고 있던 나는 아이에게 3학년이 되면 공부에만 전념해야 할 테니 마지막 기회라 생각하고 한번 열심히 해보라고 했다. 그런데 이 생각이 미처 예상치 못한 상황을 만들었다. 아이가 한 달 이상을 공연 준비에만 전념하는 것이었다.

그전까지 30명 정도 되는 반에서 3등 안을 유지하던 성적은 기말고사 때 말도 못하게 떨어져버렸다. 엉뚱한 활동에 힘을 쏟다가 벌어진 결과였다. 내신성적으로는 도저히 원하는 대학에 들어갈 수 없는 상황이었다. 아이도 성적이 많이 떨어진 것에 반성하는 듯했다. 나는 이번 성적이 너무 나빠서 내신으로는 원하는 대학에 들어가지 못할 테니, 앞으로 1년 남은 수능시험에 총력을 기울이라고 했다. 아이도 그렇게 하겠다고 대답했다.

나는 아이에게 수능시험에서 전국 수석을 목표로 하라고 제안했다. 내 말에, 아이는 매일 밤을 새가며 공부만 하라는 뜻인 줄 알고 놀라는 기색이었다. 나는 공부는 무리하지 말고 평소처럼 하되, 전국 수석의 목표만은 조금도 흔들리지 말고 굳게 다짐하라고 일렀다. 그리고 하루에도 몇 번씩 이 목표를 생각하라고 했다.

전국 수석의 목표를 다짐한 이후에도 아이는 예전과 같이 TV를 보기도 하고, 컴퓨터 게임을 하기도 했다. 이럴 때 아이에게 "그렇게 해서 전국 수석을 할 수 있겠냐!"고 야단을 쳐서는 절대 안 된다. 그러면 아이는 "아빠가 나에게 놀지 못하게 하고 공부만 시키려고 전국 수석을 목표로 하라고 했구나!"라고 받아들이고, 그 목표를 진정으로 가슴 깊이 생각하지 않게 된다. 그 결과 목표지향 메커니즘도 작동하지 않게 된다.

야단을 치는 대신 나는 매일 출근길에 아이를 학교에 데려다 주며 10분 정도 이야기하는 시간을 가졌다. 출근길에 아이와 함께 이야기하는 것은 그 목표를 상기시키기 위해서였다. "요즘 컨디션은 어떠냐?", "잠은 부족하지 않게 충분히 자라!", "공부하느라 힘들지 않느냐?" 등의 격려를 하면서도 전국 수석을 하겠다는 목표는 어떤 상황에서도 포기하지 말라고 재차 당부하며, 전국 수석을 해서 기자와 인터뷰할 때 할 말도 미리 준비해두라고 했다. 이때 중요한 것은 아이에게 부담을 주지 않는 것이다. 전국 수석이라는 목표를 생각하는 것이 아이에게 부담 없는 즐거운 상상이 되도록 해야 한다.

그렇게 한 달 정도 지나자 목표지향 메커니즘의 효과가 조금씩 나타나기 시작했다. 아이가 TV를 보고 컴퓨터 게임을 하는 빈도를 조금씩 줄이기 시작하더니 한 달가량 지나자 완전히 중단했다. 아이의 공부에 대한 태도가 점차 바뀌면서 오히려 밤늦은 시간까지 공부를 하려고 했다. 내가 밤늦게까지 공부하지 말고 잠을 자라고 하니, 아이는 불평을 하기까지 했다. 자기 반 친구는 새벽 2시까지 공부한다는 것이었다. 나는 남들이 어떻게 공부하든 우리 집에서는 절대로 밤 12시 이후에 공부를 할 수 없다고 단호하게 말했다. 만약 공부하는 시간이 부족해서 아쉬우면 낮에 깨어 있을 때 더 열심히 하라고 했다. 그렇게 한 것은 내가 '무리한 최선'의 부작용을 너무 잘 알고 있었기 때문이었다.

내가 관리한 것은 아이에게 12시 이후에 공부를 못하게 하는 것과 30분 이상 땀 흘리는 운동을 하게 하는 것이었다. 아이가 운동을 하지 않는 것 같으면, 오늘은 왜 운동을 하지 않느냐고 물었다. 그러면 아이는 하굣길에 학교에서 집까지 뛰어왔기 때문에 운동을 한 셈이라고 했다.

아이의 변화는 목적지향 메커니즘의 작용으로 이해할 수 있다. 전국 수석이라는 목표를 가슴 깊이 새겨서 강화시키면 그 목표와 멀어지는 행동은 불쾌감을 주게 된다. 반대로 그 목표에 가까워지는 행동은 쾌감을 주게 된다. 이런 기제는 본인이 의식하지 못하는 상태에서 내적으로 일어난다.

전국 수석을 목표로 한 아이는 TV를 보다가도 '별로 재미도 없는데 내가 왜 이렇게 귀중한 시간을 허비했지?'라는 생각을 하게 된다. TV를 보는 행동에 깊은 회의를 느끼는 것이다. 전자오락도 마찬가지다. '전자오락을 하면서 얻는 것이 무엇인가?', '내가 이 귀중한 시간에 이것을 할 가치가 있는가?'라는 생각을 하면서 강력한 회의가 들게 된다. 그런 행동은 모두 자신의 목표에서 멀어지는 행동이기 때문이다. 반면 공부를 열심히 하는 행동은 자신의 목표에 가까워지는 행동이기 때문에 공부를 하면서 평소에 느끼지 못했던 뿌듯함을 느끼게 된다. 그러면서 공부를 열심히 하는 자신이 자랑스럽고 대견하게 느껴진다. 목표 달성을 향한 긍정적인 변화가 내면 깊은 곳에서 일어나는 것이다. 마음속에 새긴 목표의식이 강력할수록 그에 가까워지려는 행동은 더욱 힘을 받는다. 공부를 하는 것이 평생의 소원이고 가장 고귀한 행위처럼 느껴지는 것이다.

시간이 지나면서 아이가 스스로 혼신의 힘을 다해서 공부하는 것이 눈에 보였다. 부모의 성화에 못 이겨 수동적인 자세로 억지로 끌려가는 게 아니라 마음 깊은 곳에서 우러나와 진심으로 열심히 하는 모습이었다. 그리고 그것이 바로 내가 아이에게 원하던 것이었다. 명확한 목표를 세우고 1년 정도 스스로 최선을 다하는 경험은 인생에서 대단히 중요한 역할을 한다. 어쩌면 대학입시의 당락보다 이러한 경험이 더 중요할지도 모른다.

대학입시 결과가 어떻게 될지 장담할 수 없는 상황이었지만 당시 아이가 최선을 다하고 있는 것만은 분명했다. 나는 아이의 변화를 지켜보면서 아주 바람직하게 잘하고 있다고 칭찬하고 격려하기만 했다.

물론 최선을 다했음에도 불구하고 대학입시는 불확실성이 많기 때문에 좋지 않은 결과가 나올 수 있다. 아이도 이에 대해 걱정했다. 이때부터 아이에게 가르쳐준 것은 결과에 집착하기보다 과정에 최선을 다해야 한다는 사실이었다. 그리고 최선을 다하는 것은 자신이 충분히 할 수 있는 일이지만 대학입시 결과는 자신의 영향력 밖에 있다는 사실도 인지시켜주어야 했다. 그래서 아이에게 이렇게 조언해주었다.

"입시와 같이 중요한 상황에서 네가 할 수 있는 것은 최선뿐이다. 아빠가 보니까 너는 분명히 최선을 다하고 있다. 네가 최선을 다하는 것과 상관없이 대학입시 결과가 나쁘게 나올 수도 있다. 그러나 대학입시 결과보다도 이렇게 최선을 다하는 과정이 더 중요한 것이다. 그러니 대학입시 결과에 집착할 필요가 없다. 혹시 결과가 만족스럽지 않게 나오더라도 조금도 후회하거나 실망하지 말거라."

나는 아이에게 대학입시라는 기회를 이용해 절대적인 최선과 절대적인 만족을 체험하게 하고 싶었다. 수능시험 결과, 아이는 비록 전국 수석은 하지 못했지만 자기 학교에서는 수석을 했다. 그리고 자신이 원하는 대학에 무난히 합격했다. 조금 더 일찍 이런 방법을 사용했으면 분명 더 좋은 결과가 나왔을 것이다.

목표에 대한 다짐이나 결심이 단 한 번에 그치는 것은 그다지 효과가 없다. 목표지향에 대한 시냅스를 강력하게 형성시키려면 자나 깨나 그 목표를 생각하고 그에 대한 다짐과 결심을 끊임없이 반복해야 한다. 수시로 "조금 더 잘해야지!", "최선을 다해야지!", 혹은 "최선의 삶을 살아야지!"라고 다짐하는 습관을 들이면 좋다. 성공적인 삶을 위해서 이보다 더 좋은 습관은 없다. 그 목표에 대해 진지하고 절실한 마음을 가질수록 유리하다.

올바른 목표를 세워라

"간절히 바라면 이루어진다"는 말이 있다. 그런데 이 말의 뜻을 잘 이해해야 한다. 주변에 간절히 바랐더니 정말로 이루어지는 것을 경험했다는 사람들이 있다. 예를 들면 어떤 사람은 자신이 사는 아파트의 주차 사정이 아주 좋지 않은데, 간절히 바라면 항상 기적처럼 주차 공간이 생긴다고 말한다. 이와 비슷한 이야기를 하는 사람들이 의외로 많다. 그러나 그런 일은 간절히 바란다고 해서 이루어지는 것이 아니다. 설령 기적적으로 느껴지는 일이 일어나더라도 우연이라고 보는 것이 합리적이다.

냉철하게 통계를 내보면 쉽게 확인할 수 있다. 10가지를 간절히 바랐을 때 이루어진 경우와 이루어지지 않은 경우를 비교해보자. 그러면 간절한 바람이 이루어진 경우는 우연이라는 것을 알게 될 것이다. 그럼에도 우연을 기적처럼 믿는 이유는 우리의 믿음이 객관적인 통계보다는 주관적인 감정에 기반을 두기 때문이다. 바람이 이루어지지 않은 경우는 관심 밖의 일이라 기억하지 않고, 이루어진 경우만 강하게 기억하는 것이다. 이는 점쟁이가 신통하게 잘 맞는다고 이야기하는 것과 마찬가지다.

스스로 운명을 바꿀 수 있는 부분에 집중적으로 노력을 해야 효과가 있지 그렇지 않은 부분에 노력을 기울이는 것은 소모적일 뿐이다. 노력을 통해 바꿀 수 있는 것은 우리가 영향을 미칠 수 있는 범위에 한해서다. 그 범위를 잘 이해해야 한다. 스스로의 노력으로 바꿀 수 있는 것과 그렇지 않은 것을 구별해야 하는 것이다. 자신의 영향력 밖에 있거나 자신의 노력으로 이룰 수 없는 꿈이나 목표를 설정하면 목표지향 메커니즘이 작동될 수 없기 때문에 효과가 없다.

예를 들어 복권을 산 후 1등에 당첨되는 것을 명확한 목표로 설정하고 생생하게 상상해서 그 목표를 강화시킨다고 해서 그것이 이루어질 리가 없다. 한낱 허황된 꿈에 불과한 것이다. 또 짝사랑하는 이성을 연인으로 만들기 위해 목표를 설정하고, 밤낮 그 이성에 대해 생각한다고 해도 효과는 거의 없을 것이다. 다만 그것이 상대방에게 호감을 사려는 구체적인 노력으로 연결된다면 효과가 나타날 수는 있다. 오히려 이런 목표를 세우고 몰입하다 보면 스토커가 될 가능성도 있다.

시간적으로 여유가 있다면 다소 무모하게 느껴지더라도 목표를 높게 잡을수록 좋다. 목표에 가까워지는 것 자체가 나를 발전시키기 때문이다. 목표를 강화시키기 위해 끊임없이 노력하는 과정 자체가 큰 효과를 발휘한다. 어렸을 때나 청소년기에 꿈을 원대하고 크게 가지라고 하는 것도 모두 그런 이유 때문이다.

반면 매일매일 추구해야 하는 목표는 너무 높지 않게, 어렵지 않게, 성공 가능한 범위 내에서 설정하는 것이 중요하다. 목표를 너무 높게 설정해서 매일 실패를 경험하거나 실패하는 횟수가 많아지면 좌절감에 빠질 수 있기 때문이다.

흔히 살을 빼겠다는 목표를 세울 때 매일매일 달성해야 할 목표량을 너무 높게 잡아서 좌절을 반복하게 되는 경우가 많다. 고도비만인 사람들 중에는, 처음에는 비만 정도가 심하지 않았는데 살을 빼려는 목표를 너무 높게 잡았다가 실패한 경우가 많다고 한다. 이와 같이 목표 설정을 잘못하면 좌절감만 증폭되고 나중에는 자포자기하거나 아예 목표를 설정하는 것 자체를 꺼리게 된다.

성공 체험을 많이 해봐야 긍정적인 감정도 생기고, 이것이 보상으로 작용해 지속적으로 목표를 추구할 수 있는 힘도 생긴다. 이 힘을 증가시키기 위해서는 작은 성공에도 크게 기뻐하는 것이 좋다. 반대로 실패를 경험했을 때는 좌절의 부정적 감정을 최소화시키는 것이 좋다. 긍정적 감정과 부정적 감정에 대해 우리는 대단히 수동적이다. 따라서 매일매일 추구하는 목표는 성공 가능성이 높되, 그 방향이 중장기적으로 추구하는 목표와 일치해야 한다.

궁극의 최선이란?

> "바라고 원하는 바를 성취로 이어가기 위해서는
> 그냥 계속 생각하는 것만으로는 안 된다.
> '엄청나게 많이 생각'하는 것이 중요하다.
> 막연하게 '그렇게 되면 좋겠다'라는 식의 어설픈 정도의 수준이 아니라 강렬하게,
> 그리고 자나 깨나 끊임없이 바라고 원해야 한다.
> 머리끝에서 발끝까지 온몸을 그 생각으로 가득 채우고,
> 피 대신 '생각'이 흐르게 해야 한다.
> 그 정도로 한결같이 강렬하게 하나만을 생각하는 것,
> 그것이 일을 성취하는 원동력이다."
>
> — 이나모리 가즈오

의도적인 노력에 의한 목표지향이 과연 얼마나 계속될 수 있을까? 그리고 얼마만큼의 구동력을 만들어낼 수 있을까? 도저히 불가능해 보이는 문제에 도전할 때 내가 할 수 있는 궁극의 최선은 어떤 상태일까?

나는 지금까지 최선에 대한 패러다임의 변화를 크게 세 번 경험했다. 돌이켜보면 최선을 다하는 방법이 서툴수록 효율도 낮고 고통스러웠다. 그러다 올바른 최선의 패러다임으로 바꿔 탈 때마다

비약적인 발전을 했다.

중고등학생 시절, 나는 잠을 줄이는 것이 최선이라고 생각했다. 그러나 그것은 무리한 최선이었고, 오랜 기간 실천하면서 많은 부작용이 나타났다. 그런 시행착오를 겪으면서 나는 무리하지 않는 최선의 중요성을 처음으로 실감했다. 무리가 없는 최선, 그래서 오랜 기간 아무 탈 없이 지속적으로 실천할 수 있는 최선, 이것이 첫 번째 패러다임의 변화다. 그 후로는 밤 11시까지만 공부하고 잠을 충분히 잤다. 이 무리하지 않는 최선은 아무리 지속해도 별다른 부작용을 일으키지 않았다. 나는 무리하지 않는 최선을 실천해 대학 입시와 대학원 입시에 합격하고 박사학위도 받았다.

그러다 박사 후(Post-doc) 과정 시절, 세계적인 석학들은 많은 시간을 생각하면서 보낸다는 사실을 알게 되었고, 반면 나는 머리를 전혀 쓰지 않으면서 연구를 하고 있다는 사실을 깨달았다. 그러면서 '의식이 있는 한 생각의 끈을 놓지 않겠다!'고 결심하고 이것을 실천하면서 몰입을 체험했다. 이것이 두 번째 패러다임의 변화다. 이 우주에 오직 그 문제와 나만 존재한다는, 인간이 체험할 수 있는 최대의 집중 상태를 경험하고 '이것이 최선이구나!'라고 생각했다. 그런데 그것 역시 최선은 아니었다.

하루 이틀 최선을 다한다고 해서 어느 분야에서 수십 년 동안 해결되지 못한 문제를 풀 수 있는 것은 아니다. 그런 상태를 몇 달간, 심지어 몇 년간 지속해야 하는 것이다. 그러면 상상도 할 수 없는 열정이 더해진다. 인간이 할 수 있는 최대의 집중 상태와 최대의 열정이 결합될 때 비로소 궁극의 최선이 발휘되는 것이다. 나는 몇 달간 몰입을 지속하면서 이러한 궁극의 최선을 경험했다. 이것이 세 번째 최선에 대한 패러다임의 변화다.

천재성은 몰입도에 따라 결정된다

일생을 살면서 궁극의 최선을 이끄는 고도의 몰입 상태를 한 번도 경험해보지 못한다는 것은 안타까운 일이다. 자신이 무엇을 해결할 수 있는지, 어떤 잠재력을 갖고 있는지 모르는 채 살아가는 것이기 때문이다.

누구나 어릴 때는 훌륭한 과학자, 법률가, 의사, 예술가, 정치가 등 커서 이루고 싶은 꿈이나 소망을 품는다. 그리고 이런 소망들은 단순한 바람이 반복되면서 강화된다.

예를 들어 내가 커서 훌륭한 과학자가 되겠다는 다짐을 하루에 10분씩 600번을 반복했다고 하면 거의 2년을 매일같이 이 바람이 이루어지기를 소망한 셈이다. 이 바람의 시간을 합산하면 100시간이 된다. 이는 나중에 강력한 소망으로 바뀌어 기필코 그렇게 되리라는 결심과 다짐으로 굳어질 것이다. 이런 한결같은 소망은 뇌에 강력한 목표지향의 시냅스를 만들어 아이의 성장과정에서, 또 어른이 되어 세상을 살아갈 때에도 인생에 적지 않은 영향을 미친다.

가령 내가 어떤 문제에 일주일 동안 몰입을 했다고 하자. 일주일 동안 자나 깨나 그 문제를 해결하기 위해 그것에 대한 생각만 하고 관련된 문헌만 읽는다면 얼마의 시간이 걸릴까? 적어도 하루에 15시간 이상은 그것에 대한 생각을 하게 된다. 그렇게 일주일이 지나면 100시간이 넘는다. 일주일만 몰입해도 주어진 문제를 풀겠다는 목표지향을 만든 시간이 어린 시절에 소망을 형성하는 만큼의 시간이 되는 것이다.

그렇다면 일주일이 아니라 몇 달간 몰입을 실천하면 어떻게 될까? 몇 개월 동안 계속해서 그 문제에 대해서만 생각하면 머릿속이 온통 그 문제로 가득 채워진다. 그리고 일상의 기억은 금세 잊혀져 기억이 가물가물해진다. 기억에서 사라지면 관심도 없어진다. 이런 상태가 되면 '내가 세상을 사는 이유가 그 문제를 해결하는 것'이 된다. 사람이 품을 수 있는 최대한의 소망과 열정이 만들어지는 것이다. 이런 정서적 상태가 고도의 몰입 상태와 결합되어 몇 달간, 심지어 몇 년간 지속되면 어떤 어려운 문제라도 풀 수 있다. 그것이 뉴턴이 발견한 만유인력이 되었건 아인슈타인이 발견한 상대성 원리가 되었건 간에 말이다. 다시 말해 천재성은 타고나는 것이 아니라 고도의 몰입과 함께 이러한 정서적 상태를 만들 수 있느냐, 그렇지 않느냐에 따라 결정되는 것이다.

잘못된 몰입

　몰입은 마치 목숨을 건 전투를 하는 것처럼 치열한 행위다. 그 행위가 생산적이건 소모적이건 파괴적이건 간에. 예컨대 컴퓨터 게임에 몰입하는 아이도 그 순간만큼은 그 어느 때보다 진지하고 치열하다. 단지 생산적이지 않다는 게 문제가 될 뿐이다.

　몰입 상태에서 느끼는 치열함은, 삶을 무료하게 여기던 사람에게는 생생하게 살아 있다는 느낌을 맛보게 한다. 그전에는 살아도 사는 것 같지가 않았는데, 살아 있다는 생생한 느낌을 받으니 그보다 더 좋을 수가 없는 것이다. 이런 효과 때문에 사람들은 도박, 불륜 같은 파멸적인 몰입이나 약물중독에 빠져들기도 한다. 오토바이 폭주족들이 위험하기 짝이 없는 질주를 하는 이유도 몰입의

즐거움 때문이다. 다음은 칙센트미하이의『몰입』에 소개된 폭주족들의 이야기다.[22]

> 질주할 때, 처음부터 완전한 조화를 이루지는 못하지요. 그러나 일단 질주가 잘 되기 시작하면 우리 모두는 서로를 느낍니다. 이것을 어떻게 말로 표현할 수 있을까요? (중략) 우리 마음이 하나가 되면 짜릿한 기쁨이 옵니다. (중략) 우리가 한 몸이 되는 것을 깨달으면 더 이상 바랄 것이 없죠. 우리 모두 속도에 취하게 되면 그 순간은 정말 최고의 기분을 느낀답니다.

오토바이 질주처럼 목숨을 담보로 한 취미활동은 위기감과 절박함을 만들어 쉽게 몰입을 유도하지만 결코 바람직하지 않다. 그런 식의 자극을 좇다 보면 불의의 사고를 당할 수도 있고, 청소년 비행으로 이어질 수도 있다.

범죄자들도 범죄행위를 저지르면서 몰입의 즐거움을 느낀다고 한다. 몰입의 쾌감은 범죄마저 즐길 정도로 마약 같은 중독성이 있는 것이다. 다음에 나오는 내용 역시 칙센트미하이의『몰입』에 소개된 어느 범죄자의 이야기다.[23]

> 한밤중에 남의 집에 들어가서 주인을 깨우지 않고 보석을 들고 나오는 것보다 더 재미있는 것을 보여주기만 한다면 당장 그것을 하겠다.

주식투자를 하는 사람들 중에도 몰입을 하는 경우가 많다. 큰돈을 가지고 주식투자를 하다 보면 하루에 수억 원을 벌기도 하고 잃기도 한다. 이런 결과는 대단히 큰 자극이 된다. 특히 돈에 몰입하기 시작하면 돈에 대한 내적 중요성이 극도로 올라가 이를 목숨보다 소중히 여기게 된다. 가족에 대한 생각보다 돈에 대한 생각을 많이 하다 보면 가족보다 돈을 더 중요하게 여기게 되기도 한다. 그런데 주가가 올라 돈을 벌 때에는 더없이 기쁘겠지만, 주가가 폭락해 큰돈을 잃을 경우 그 상처는 이루 말할 수 없고 여러 가지 후유증에 시달리기도 한다. 잠을 자다가 갑자기 깨기도 하고, 스트레스로 몸의 저항력이 약해져 암이나 각종 질병에 걸리는 사람도 있다. 심지어 큰돈을 잃었지만 걱정하지 않고 살 수 있을 만큼 충분한 재산이 남아 있음에도 불구하고 자살을 하는 사람도 있다. 이성적으로 괜찮다고 아무리 자신을 타일러도 회복하기 어렵다. 돈에 대한 내적 중요성이 너무 오랜 기간 형성되어 이성적으로는 조절이 안 되기 때문이다.

온갖 부작용을 없애기 위해서는 자신의 영향력을 벗어난 결과에 몰입하지 말고 자신의 영향력 안에 있는 의사결정 과정에 몰입해야 한다. 투자의 귀재로 알려진 워런 버핏은 돈에 몰입하기보다 어느 회사에 투자할 것인지에 대한 판단에 몰입했을 것으로 보인다. 그가 돈에 더 몰입하는 사람이었다면 재산의 99퍼센트를 사회에 기부할 리가 없지 않은가.

4장

천천히 생각하기: 슬로우 싱킹

힘 빼고
천천히 생각하기

> "몸에는 교감신경과 부교감신경이 있는데 교감신경이 작용할 때는 좌뇌 중심의
> 긴장상태가 되고 부교감신경 위주로 작용할 때는 몸의 긴장이 풀린다.
> 일상생활에서 부교감신경이 우위인 순간은 잘 때뿐이며 깨어 있는 동안에
> 부교감신경이 우위이게 하는 수단은 명상이다. 천재는 뇌파를 알파 상태로
> 만들어 뇌내 모르핀을 그만큼 쉽게 끌어내는 요령을 체득한 사람이다."
>
> — 하루야마 시게오, 「뇌내혁명」

나는 수영을 잘 못한다. 몇 번인가 배우려고 시도해봤지만 번번히 실패하고 말았다. 한번은 수영을 잘하는 친구에게 "얼마나 오랫동안 밖으로 나오지 않고 물속에서 수영을 할 수 있냐?"고 물었더니 "배고플 때까지!"라고 대답했다. 수영을 하는 데 힘이 들 이유가 없다는 것이었다. 그저 물에 떠 있기도 어려운 나로서는 믿기 힘든 이야기였다.

수영을 잘하는 사람은 수영을 할 때 필요한 신체 부위만 사용하고 나머지 부위는 힘을 뺀다고 한다. 힘 조절이 수영을 잘하는 요령인 것이다. 힘 조절을 잘하면 당연히 힘도 들지 않고 쉽게 지치

지도 않는다. 반면 수영을 못하는 사람은 온몸을 긴장한 상태에서 쉴 새 없이 움직이기 때문에 금세 지친다. 뿐만 아니라 정작 수영을 하는 데 필요한 부분은 제대로 사용하지 않아 속도도 나지 않는다.

생각하는 것도 마찬가지다. 누가 나보고 얼마나 오랫동안 생각할 수 있냐고 묻는다면 나 역시 "배고플 때까지!"라고 대답할 것이다. 내게 세상에서 생각하기처럼 쉬운 것은 없다. 손가락 하나 까딱하기 싫을 때도 생각만은 얼마든지 할 수 있는데, 다 생각하는 요령을 터득한 덕분이다.

머리로는 생각하고, 몸은 휴식 취하기

생각하기에 서툰 사람은 문제를 풀 때 필요한 뇌 부위보다 불필요한 부위를 더 많이 사용한다. 생각만 하면 골치가 아프다거나 머리에 쥐가 난다는 사람을 종종 볼 수 있는데, 불필요한 뇌 부위를 사용하기 때문에 이런 고통이 따르는 것이다. 불필요한 곳까지 잔뜩 긴장하는 바람에 쉽게 지치고 기량도 떨어져서 생각하던 문제의 결론을 내리지 못하거나 해답을 찾지 못하기 일쑤다. 그러다 보면 생각하기가 점점 부담스러워지고 심하면 아예 생각하는 것 자체를 싫어하게 된다.

수영을 할 때 집중적으로 움직여야 할 부위가 있듯이 문제해결을 위해 생각을 할 때도 뇌 어딘가에 분명 필요한 부위가 있다. 물론 이 부분은 신체의 아주 일부분이다. 이 부위의 가동률은 최대로 올리고 문제를 푸는 것과 관련이 없는 나머지 부위는 힘을 빼거나 이완을 시켜주는 것이 효율적이다. 과연 왜 그럴까?

신체의 대부분을 이완한 채 생각하면 실질적으로는 휴식을 취하는 상태에 가깝다. 그러나 이 상태에서도 두뇌의 특정 부위는 풀가동할 수 있으므로 문제를 푸는 데에는 전혀 지장이 없다. 이러한 방식으로 생각하는 것이 천천히 생각하기, 즉 '슬로우 싱킹'이다. 슬로우 싱킹은, 머리로는 무언가에 집중하면서 신체는 휴식을 하는 방식으로 오랜 시간 해도 지치지 않으며 휴식을 취하는 것과 같은 효과를 거둘 수 있다.

능력을 최대한 발휘하면서 한계를 넓혀가는 삶을 실천하기 위해 가장 중요한 것은 무리해서도 안 되고 그 때문에 건강을 해쳐서도 안 된다는 것이다. 그런데 슬로우 싱킹을 하면 몸에 무리를 주지 않고 지적 능력의 한계를 지속적으로 발휘할 수 있다. 부담 없이 높은 몰입도를 오랜 기간 유지할 수 있는 것이다. 심지어 사람이 할 수 있는 최대의 집중 상태를 원하는 기간만큼 연장시킬 수 있다. 슬로우 싱킹이 중요한 이유가 바로 여기에 있다.

슬로우 싱킹은 몸을 이완시켜 편안함과 안락함 속에서 주어진 문제에 대한 몰입도를 100퍼센트 유지하는 방법으로서도 유용하지만, 산만한 상태에서 몰입도를 올릴 때도 유리하다. 이러한 개념은 무언가에 집중하려면 온 신경을 곤두세우고 잔뜩 긴장을 해야 한다고 생각하는 우리의 상식과 어긋난다. 그래서 슬로우 싱킹이 일반 사람들에게 낯설고 이해하기 어려울뿐더러 실천하기는 더욱 어려운 것이다.

집중의 두 가지 방식

왜 슬로우 싱킹을 하면 집중이 잘 될까? 집중을 할 수 있는 방식에는 두 가지가 있다. 하나는 각성에 의한 집중이고, 다른 하나는 이완에 의한 집중이다. 이 중 이완에 의한 집중이 슬로우 싱킹에 해당한다.

각성에 의한 집중은 신체 전체가 집중하는 것이고, 이완에 의한 집중은 신체의 일부가 선택적으로 집중하는 것이라고 할 수 있다. 상황에 따라 각성에 의한 집중이 유리할 때도 있고 이완에 의한 집중이 유리할 때도 있다.

신체 전체가 집중하면 예측할 수 없는 상황에서 민첩하게 대처하는 데 유리하다. 대표적인 예로 운동할 때를 들 수 있다. 가령 테니스나 배드민턴을 칠 때에는 상대의 공격 패턴이 매번 바뀌므로 그에 따라 민첩하게 움직여야 한다. 공이 어디로 올지 예측할 수 없는 상황에서 모든 가능성에 대해 즉각 대응할 수 있는 상태로 대기하고 있어야 하는 것이다. 마찬가지로 게임을 할 때도 긴장의 고삐를 늦추지 말고 높은 각성도를 유지하면서 바싹 긴장하고 있어야 한다.

한편 같은 운동이라도 신체 전체가 집중할 필요 없는 경우도 있다. 골프가 대표적인 예다. 골프는 고도의 집중을 요하기는 하지만 공을 주고받는 상대가 있는 게 아니라서 예기치 않은 상황에 민첩하게 대응할 일은 그다지 많지 않다. 오히려 골프를 칠 때 가장 중요한 것은 몸 전체의 힘을 빼는 것이다. 힘을 잔뜩 주고 스윙 연습을 하면 공도 제대로 맞지 않을 뿐 아니라 금방 지쳐서 오래 하기도 어렵다. 그러나 힘을 빼고 스윙을 하면 공을 정확하면서도 멀리 보낼 수 있다. 또한 연습을 오래 해도 좀처럼 지치지 않고 골프의 즐거움을 만끽할 수 있다. 이처럼 필요한 부분에만 집중하고 나머지 부분의 힘은 빼는 것이 이완에 의한 집중이다.

기량을 필요로 하는 거의 모든 활동에서는 적절하게 힘을 빼는 것이 도움이 된다. 테니스나 배드민턴을 칠 때 각성에 의한 집중을 해야 하지만 이완에 의한 집중을 해야 하는 부분도 있다. 바로 어깨 힘을 빼야 하는 것이다. 과연 운동만 그럴까? 음악을 하는 사람들의 이야기를 들어보면 악기를 연주하거나 지휘를 할 때도 마찬가지라고 한다. 힘을 빼고 해야 쉽게 지치지 않고 기량도 올라가며 재미도 느낄 수 있다는 것이다. 기량이 올라갈수록 필요 없는 부위는 힘을 빼고 필요한 부분에만 힘을 주는 선택적 집중을 하게 된다. 그 편이 훨씬 더 효율적이기 때문이다.

천천히 생각하기
노하우

"창의적인 사람은 수도자다."
— 르 꼬르비제

슬로우 싱킹은 위기상황에 쫓길 때의 수동적인 몰입이 아니라, 위기가 닥치기 전에 능동적으로 몰입을 유도할 수 있는 가장 좋은 방법이다. 또 의식의 엔트로피를 낮춰 몰입의 장벽을 넘을 수 있는 가장 쉬운 길이기도 하다. 슬로우 싱킹은 편안한 의자에 앉아 온몸에 힘을 빼고 오직 해결하려는 문제에만 집중하여 명상을 하듯이 생각하는 것이다.

슬로우 싱킹을 하다 보면 잠이 드는 경우가 많다. 이때 앉은 채로 선잠을 자게 되는데 보통 10~20분 정도 지나면 깨게 된다. 만약 30분 이상 깊은 잠이 들면 수면이 부족하다고 보면 된다. 슬로우 싱킹을 하다가 선잠을 자고 나면 집중도가 올라가고 아이디어도 잘 떠오른다. 선잠은 슬로우 싱킹을 돕는 중요한 요소 중 하나다.

슬로우 싱킹에 적합한 자세

명상이나 참선을 많이 하는 사람들의 이야기를 들어보면 가부좌의 자세가 매우 중요하다고 한다. 그런데 올바른 가부좌 자세를 배우기까지는 최소 몇 년이 걸린다.

슬로우 싱킹은 가부좌 대신 편안한 의자에 앉아서 하는 것이 좋다. 이때 의자를 아주 신중하게 선택할 필요가 있는데, 그 이유는 의자가 불편하면 자세를 자꾸 바꾸게 되어 집중에 방해가 되기 때문이다. 무엇보다 편안하게 앉을 수 있어야 하고, 특히 머리를 뒤로 기댈 때 목을 받쳐줄 수 있어야 한다. 온몸에 힘을 빼려고 해도 머리를 받칠 곳이 없으면 목은 긴장하게 마련이다. 몇 시간을 앉아서 생각에 집중해도 불편하지 않거나, 머리를 뒤로 젖힌 채 선잠을 자도 불편한 데가 없으면 적당한 의자라고 할 수 있다. 만약 의자 등받이가 높아서 목을 받칠 수 없는 상태라면, 목 베개를 사용하면 된다.

슬로우 싱킹의 방법을 이해해도 처음 시도할 때는 실천하기가 쉽지 않다. 학생들에게 적당한 문제를 주고 슬로우 싱킹을 해보라고 하면 의외로 어떻게 해야 온몸에 힘을 빼고 천천히 생각할 수 있는지 잘 모르겠다는 학생이 많다. 학생들이 전형적으로 하는 실수가 두 가지 있다.

첫째, 잡념을 떨치려고 애쓰는 것이다. 절대 잡념과 싸워서는 안 된다. 잡념을 쫓기 위해 의식적으로 애를 쓰다 보면 에너지도 많이 소모되고 집중도 오히려 안 되기 때문이다. 몰입도가 낮은 상태에서 잡념이 생기는 것은 아주 자연스러운 현상이므로 자연스럽게 받아들여야 한다. 그저 잡념을 떠올리고 있다는 사실이 의식되면 그것에 신경 쓰지 말고 다시 주어진 문제를 생각하면 된다. 따라서 주어진 문제와 관련된 내용을 눈에 잘 띄는 곳에 붙여 놓거나 문제의 핵심 단어를 메모지에 써서 여기저기 붙여놓으면 도움이 된다. 손바닥에 적는 것도 좋은 방법이다.

둘째, 주어진 문제의 답이 보이지 않는다고 해서 스트레스를 받는 것이다. 중요한 것은 생각할 때 생기는 스트레스를 최소화해야 한다는 것이다. 심적 부담을 느끼면서 오랫동안 생각하면 십중팔구 머리가 아파온다. 불가에서 오로지 한 가지만 생각하는 화두선을 할 때도 기가 위로 올라간다는 의미의 '상기上氣'라고 하는 부작용이 있다고 하는데 그와 비슷한 상태가 된다.

주어진 문제를 풀기 위해 생각을 하면 굳이 의식하지 않아도 그 문제를 푸는 것이 목표가 되고, 자신도 모르는 사이에 목표지향 메커니즘이 작동하기 시작한다. 그런데 문제가 풀리지 않으면 목표에서 벗어나는 것이므로 좌절과 같은 부정적 감정이 생긴다. 그런 부정적 감정을 오래 유지하면 각종 부작용이 나타난다. 이때는 목표지향 메커니즘이 오히려 역기능으로 작용한다.

주어진 문제를 풀기 위해 계속 생각했는데도 답이 보이지 않았을 때 생기는 답답함이나 좌절감을 없애는 한 가지 방법은 또 다른 목표를 설정하는 것이다. 앞에서 설명했듯이 답이 보이지 않는 문제를 풀기 위해 노력할 때 비로소 우리의 지적인 능력을 100퍼센트 활용하게 된다. 바로 그것, 즉 지적인 능력을 100퍼센트 활용하는 것을 또 하나의 목표로 삼는 것이다. 이는 내가 사용하는 방법인데 효과가 아주 좋다. 내가 해결해야 할 미지의 문제를 생각하면서 보내는 시간이 내 인생에서 가장 값진 시간이라고 생각하는 것이다. 이때야말로 '지적 능력의 한계를 발휘하고 그 한계를 넓혀가는 삶'을 실천하는 순간이다. 창의성이 잉태되는 순간인 것이다. 이보다 시간을 더 효율적으로 보낼 수 없다고 생각하면 답이 보이지 않더라도 마음이 한결 가벼워진다.

물론 학생들이 수업을 받을 때나 직장인들이 회사에서 근무를 할 때에는 선잠이 허용되지 않으므로 슬로우 싱킹을 실천하기 힘들 수 있다. 하지만 마음 먹기에 따라 혼자 공부를 하거나 업무를 할 때 충분히 슬로우 싱킹을 할 수 있다. 이 밖에도 걸어가거나 버스, 지하철에 탔을 때, 잠들기 전 등 각종 자투리 시간에 슬로우 싱킹을 실천할 수 있다.

최선을 다하고 하늘의 뜻을 기다린다

걱정이나 근심을 하지 않고 결과에도 집착하지 않되, 문제를 풀기 위해 목숨을 건 전투를 하듯이 진지하고 절실하게 생각하는 것이 슬로우 싱킹이다. 내가 학생들에게 이런 방식으로 생각을 하라고 하면 도무지 이해를 못하겠다고 한다. 걱정이나 근심 없이, 결과에도 집착하지 않으면서 어떻게 절실하게 생각하는 것이 가능하냐는 것이다. 이 상태를 학생들에게 어떻게 이해시킬 수 있을까 고민하던 끝에 적절한 설명이 떠올랐다.

가령 하나님을 믿는 독실한 신앙인이 있다고 하자. 그 사람에게 큰 문제가 생긴다면 그는 하나님을 믿기 때문에 걱정과 근심을 하나님에게 맡길 것이다. 그리고 결과도 하나님의 뜻에 따를 것이다. 그렇다고 해서 이 사람이 전혀 노력을 하지 않을까? 절대 아니다. 하나님이 항상 자신을 내려다보고 있다고 믿기 때문에 최선을 다하지 않으면 절대 도와줄 리 없다고 생각할 것이다. 그래서 자신의 몫에 대해서는 최선을 다할 것이다. 그러면 마음이 편해지고 생각하는 것도 편해진다. 이것이 바로 슬로우 싱킹을 할 때의 마음가짐이다. 나는 이런 방법과 자세가 문제해결에 가장 효율적이라는 사실을 수많은 경험을 통해 확인했다.

근심이나 걱정은 주어진 문제를 해결하기 위해 노력하게 만든다는 점에서는 순기능으로 작용하지만, 일단 노력하기 시작하면 근심이나 걱정을 떨쳐버려야 한다. 그렇지 않으면 생각하는 데 필요한 에너지를 소모시켜 더 비효율적이기 때문이다. 근심이나 걱정을 하기보다는 의식을 100퍼센트 문제해결에 몰입하는 것이 더 효율적이다. 그런 상태가 바로 '최선을 다하고 하늘의 뜻을 기다린다'는 진인사대천명盡人事待天命이다.

스포츠 선수들도 중요한 경기를 할 때 오로지 자신의 경기에만 몰입해야 높은 기량이 발휘된다. 몰입에 가장 방해가 되는 것은 결과에 대한 집착이나 부담이다. 마음을 비워야 고도의 몰입이 가능하기 때문이다. 특히 골프를 할 때 마음을 비우는 것이 중요하다. 불교신자였던 어머니의 영향으로 명상을 배웠던 타이거 우즈는 한 인터뷰에서 다음과 같이 밝혔다.

저는 항상 경기에 들어가기 전에 시간을 쪼개서 명상을 합니다. 하지만 경기에서 진정으로 승부를 할 때 저는 저 자신과 싸웁니다. 초조함과 꼭 이겨야만 한다는 욕심, 그러한 것으로부터의 모든 욕망을 버리고 홀가분한 마음으로요. 욕심을 부추기는 저 자신과 싸우며 공 하나하나를 쳐왔습니다.

기도나 묵상도 슬로우 싱킹과 비슷하다. 특히 명상은 종교의 유무에 관계없이 영성 효과를 볼 수 있는 활동으로 통찰력과 직관을 얻는 데 도움이 된다. 애플사의 CEO 스티브 잡스는 리드 대학 재학시절부터 동양사상과 선불교에 심취해 있었고, 이후 사과 농장에서 선수행자들과 명상을 하면서 많은 시간을 보내기도 했다.[24]

이때의 경험이 나중에 '애플'이라는 회사명을 짓는 계기가 되었다고 한다. 집에 명상하는 방을 따로 갖추고 있는 그는 선의 경지에 들어가기 위해 출근하기 전에 매일 한 시간 이상 충분한 명상의 시간을 갖는다고 한다.

집중의 뇌과학

● 왜 슬로우 싱킹이 몰입도를 올리는 데 유리한지, 어떻게 이완에 의한 집중이 가능한지 더 명확하게 이해하기 위해서는 뇌과학적 지식이 필요하다. 몰입과 관련된 뇌과학은 뒷부분에서 다루기로 하고 여기서는 집중과 관련된 뇌과학에 대해서만 살펴보기로 하자.

뉴런 간의 정보전달

뉴런 간에 정보를 전달할 때는 전기적 방식과 화학적 방식 두 가지가 사용된다. 뉴런 내부에서는 전기적으로 신호를 전달하고 뉴런과 뉴런을 연결하는 부위인 시냅스에서는 화학물질에 의해 신호를 전달한다. 구체적으로 말하면 시냅스전*presynaptic* 뉴런에서 신경전달물질*neurotransmitter*이 분비되고 이것이 시냅스후 *postsynaptic* 뉴런의 수용체에 작용하여 신경전달 혹은 정보전달이 이루어진다. 이때 자극의 크기가 작으면 전달이 안 되고 일정한 값보다 커야 전달된다.

뉴런 내부의 전위는 대략 −60밀리볼트(mV)의 정지전위*resting potential*를 갖고 있어 세포 밖보다 음의 값을 갖는다. 외부에서 자극이 들어와 세포 내부의 전위가 대략 15밀리볼트 더 올라가면, 즉 −45밀리볼트 정도가 되면 다음 뉴런으로 전달되어 시냅스전 뉴런에서 신경전달물질이 방출된다. 이때 시냅스전 뉴런에서 신경전달물질이 분비되는 것을 발화*firing*되었다고 하고, 이 발화를 야기하는 전위를 활동전위*action potential*라고 한다.

흥분성 및 억제성 신경전달물질

우리 뇌에서 시냅스 발화를 촉진하는 흥분성 신경전달물질은 글루타메이트*glutamate*이고, 시냅스 발화를 억제하는 억제성 신경전달물질은 가바*GABA: gamma amino butyric acid*다. 글루타메이트는 세포막의 정지전압을 평소의 값인 −60밀리볼트보다 더 양의 방향으로 바꾸고, 가바는 더 음의 방향으로 바꾼다. 글루타메이트는 작은 자극도 시냅스 발화를 일으키게 하여 신경전달을 촉진시키는 반면, 가바의 경우 작은 자극으로는 시냅스 발화가 일어나지 않도록 하여 신경전달을 억제시킨다.

가바에 의한 억제성 시냅스의 활동이 없으면 뇌는 불안정해진다. 예를 들어 흥분성 시냅스를 통해 뉴런은 이웃한 뉴런들을 흥분시키고, 이 뉴런들이 자신의 이웃 뉴런들을 흥분시키고, 그 흥분이 처음 발화한 뉴런으로 다시 전달되는 식으로 흥분연쇄가 계속되면 뇌 전체가 통제할 수 없을 정도로 발화된다. 실제로 이런 경우가 종종 일어나는데, 이를 '발작seizure'이라고 한다. 소위 '간질'이라고 알려져 있는 질환은 이러한 신경전달억제 기능을 가진 가바 시스템에 문제가 생겼을 때 발생한다.

가바의 수용체에 작용하여 가바의 역할을 하는 발륨Valium 같은 신경안정제는 불안을 가라앉히고, 긴장을 완화시키고, 스트레스를 해소하고, 경련을 멎게 하고, 근육을 이완시키고, 수면제로 사용되기도 한다. 알코올 역시 가바 수용체에 작용하여 가바의 효과를 낸다. 집중을 유도하는 가바의 효능 때문에 가바가 함유된 채소, 현미와 같은 곡물 그리고 유산균과 같은 음식물은 학습과 기억능력을 높인다고 한다.

반면 글루타메이트는 시냅스의 흥분을 조장하여 급변하는 사건들에 신속히 대처할 수 있게 해준다. 인공조미료에는 글루타메이트 성분MSG이 들어 있어 과다하게 섭취하면 시냅스의 발화가 쉽게 일어나 두통, 귀울림 등의 신체 증상이 나타난다.[25]

위기상황에서 잡념이 사라지는 원리

얼룩말이 사자에 쫓길 때에는 순간적으로 몰입을 한다. 몰입을 하려면 우선 의식에서 잡념을 떨쳐내야 한다. 그렇다면 위기상황에서 우리 몸은 어떻게 잡념을 종식시킬까? 이 문제는 몰입에서 대단히 중요하므로 이를 이해하기 위하여 수많은 뇌과학 문헌들을 조사해본 결과 조지프 루드의 『시냅스와 자아』에서 가장 그럴듯한 설명을 발견했다. 이 책에서는 신경전달 억제기능을 가지고 있는 가바에 의하여 약한 자극이 차단되는 원리를 설명한다.

위기상황이 되면 주로 아드레날린이라는 각성물질이 방출된다. 아드레날린이 방출되면 각성물질인 노르아드레날린과 도파민도 어느 정도 방출된다. 이들 각성물질은 과흥분을 야기하므로 이에 따른 부작용을 줄이기 위해 우리 몸에서는 소위 마이너스 피드백이 작동하여 가바의 분비를 유도한다. 그 결과 체내에 가바의 양이 증가하게 된다. 가바는 자극을 억제시키는 물질이므로 가바의 분비에 의해 자극에 대한 억제가 강화된다. 이는 시냅스를 흥분시키기 어려워진다는 것을 의미하므로 가바가 분비되면 보통의 자극 정도로는 시냅스를 흥분시키지 못하게 된다.

예를 들어 평상시에는 뉴런의 외부에 대해 대략 −60밀리볼트를 유지했던 뉴런 내부의 정지전위가, 가바의 양이 많아질 경우 −80밀리볼트로 더 음의 값을 갖는다. 신경전달을 야기시키는 활동전위 *action potential* 를 −45밀리볼트라고 하고, 상념에 해당하는 자극이 20밀리볼트를 증가시킨다고 했을 때 평상시에 −60밀리볼트였던 전위는 −40밀리볼트가 되어 활동전위보다 더 올라가게 되므로 자극이 전달된다. 그 결과 상념이 의식으로 떠오르게 된다. 그러나 가바의 양이 많아진 상태에서는 상념에 해당하는 자극이 20밀리볼트를 증가시켜도 시냅스의 전위가 -80밀리볼트에서 -60밀리볼트가 되어 여전히 활동전위에 미치지 않는다. 결국 각성에 의하여 가바의 양이 증가하고 그 결과 자극이 전달되지 않으므로 상념이 사라지고 집중이 되는 것이다. 이를 '각성에 의한 집중의 뇌과학적 원리'라고 할 수 있다.

마치 체에 모래를 넣고 흔들면 가는 모래는 빠져나가고 굵은 모래만 남듯이 의식에 작은 자극으로 생기는 상념은 사라지고, 커다란 자극을 만드는 생각만 남게 되는 것이다. 이와 같은 가바의 작용은 산만한 상태에서 무언가에 집중하고자 할 때, 또는 몰입도가 낮은 상태에서 몰입도를 올리고자 할 때 효과적이다.

슬로우 싱킹이 몰입도를 올리는 이유

'왜 슬로우 싱킹을 하면 집중이 잘되고 몰입도가 쉽게 올라갈까?' 이에 대한 답을 구하기 위해 앞서 설명한 가바의 역할을 생각해보자.

가바의 양이 증가하면 상념을 떨쳐버릴 수 있어 몰입도가 증가한다는 개념을 고려했을 때 '슬로우 싱킹을 할 때 혹시 가바의 양이 많아지는 것은 아닐까?' 하고 생각해볼 수 있다. 슬로우 싱킹에 대한 연구는 뇌과학 분야에서 아직까지 이루어진 바 없으므로 이와 비슷한 명상 상태 중 가바 양의 변화를 참조할 수 있다.

연구 결과에 따르면 명상 중 가바의 양이 평소보다 더 증가한다고 한다. 요가를 전문으로 하는 사람 여덟 명의 뇌를 MRI로 촬영한 실험에서, 60분 동안 요가를 하자 뇌에서 가바가 27퍼센트 증가하는 것으로 나타났다. 따라서 슬로우 싱킹이 집중도를 올리는 데 효과적인 것은 가바의 양이 많아지기 때문인 것으로 보인다. 이를 '이완에 의한 집중의 뇌과학적 원리'라고 할 수 있다.

천천히 생각하기의
긍정적 효과

슬로우 싱킹을 할 때의 정서적 상태는 성공리에 하루 일과를 마치고, 온몸에 힘을 빼고 잠자리에 두 다리를 쭉 뻗은 채 편안하게 누워 있을 때와 비슷하다. 잠자리에 들 때 뇌에서 세로토닌, 가바, 멜라토닌과 같은 긍정적인 신경전달물질이 분비되는데 이 물질들은 평화로운 정서를 만들어 쉽게 잠들 수 있게 해준다. 그런데 갑자기 전화벨 소리가 크게 울리면 마치 찬물을 끼얹은 듯 평온한 분위기가 깨져버린다. 순식간에 각성물질인 노르아드레날린이 분비되기 때문이다. 그리고 전화통화를 하고 나면 그 내용이 별것 아니더라도 정신이 번쩍 든 각성 상태가 되어 더 이상 잠이 오지 않는다. 조금 전에 잠드는 데 도움이 됐던 평화로운 분위기가 완전히 깨진 것이다.

슬로우 싱킹은 이처럼 잠들기 전 안락한 상태에서 생각을 하는 것과 같다. 다만 누운 자세가 아닌 앉은 자세에서 해야 하고, 천천히 생각해야 한다. 누워서 생각하면 깊은 잠에 빠지기 쉽다. 나는 30분 이상 지속되는 깊은 잠에 빠지면 근육이 늘어지고 컨디션이 오히려 나빠지는 것을 반복해서 경험했는데 아마도 다음 단계의 수면이 계속 진행되어 근육이 이완되기 시작하고, 긍정적 신경전달물질인 세로토닌과 도파민 수치가 거의 바닥으로 떨어지기 때문인 것으로 생각된다. 그러나 앉은 상태에서 슬로우 싱킹을 하거나 20분 이하의 선잠을 자면 컨디션이 좋아지고 여러 가지 긍정적인 효과가 나타난다.

  보통 잠자리에 드는 기회는 하루에 한 번밖에 없으므로 잠들기 전 긍정적 화학물질이 분비되는 시간을 20~30분밖에 갖지 못한다. 그런데 힘을 빼고 편안하게 앉아서 슬로우 싱킹을 하면 우리 뇌는 잠을 자기 위해 준비하는 것으로 착각을 한다. 그래서 평화로운 정서를 만들어주는 세로토닌, 멜라토닌, 그리고 가바와 같은 신경전달물질들이 분비된다. 결국 슬로우 싱킹은 이러한 긍정적 화학물질을 분비하는 시간을 인위적으로 늘려주는 효과를 갖는다고 볼 수 있다. 그러므로 집중이 잘되고, 불면증이 감소하고, 스트레스가 해소되고, 행복한 감정이 유도되는 것은 당연한 것이다. 명상의 긍정적 효과도 이와 비슷한 이유일 것으로 생각한다. 왜냐하면 잠들기 전에 분비되는 긍정적 화학물질과 명상 상태에서 분비되는 긍정적 화학물질이 거의 동일하기 때문이다.

슬로우 싱킹을 하면 일이 즐겁다

가끔 내 연구실에 들르는 동료교수는 내가 슬로우 싱킹 방식으로 수업준비를 하거나, 논문을 읽거나 쓰는 것을 보고 "그게 쉬는 거지, 일하는 건가?"라고 묻곤 한다. 그렇지만 나는 편한 자세로 일을 하면 집중이 더 잘 되고 쉬는 것 못지않게 편안함을 느끼고 솔직히 쉬는 것보다 기분은 더 좋다. 한번은 그 교수에게 "이런 자세로 일을 하면 집중도 훨씬 잘되고 지치지도 않는다"고 권유해봤지만 그렇게 하면 졸려서 일을 못한다고 고개를 내저었다.

많은 사람들이 선잠에 대하여 부정적인 생각을 갖고 졸음이 오면 애써 떨쳐버리려 하는데, 선잠은 집중도를 올리고 컨디션을 고양시키며 아이디어를 얻는 데 상당히 유리하게 작용한다. 특히 기억의 저장보다는 기억의 인출이 요구되는 정신활동을 하는 사람들일수록 슬로우 싱킹 방식으로 효과를 볼 수 있다.

풀기 힘든 문제를 생각할 때나 아이디어를 구할 때 슬로우 싱킹을 활용해보자. 분명 집중도가 높아지고, 아이디어도 잘 떠오르는 것을 경험하게 될 것이다. 그리고 아이디어를 구하는 활동이 얼마나 안락하고 기분 좋은 일인지도 실감하며, 이렇게 기분 좋은 일을 하루 종일 할 수 있다는 것이 바로 축복이라는 생각이 절로 들 것이다.

만약 수면이 부족한 상태에서 선잠을 시도하면 거의 하루 종일 잠만 자게 된다. 심지어 그다음 날이 되어도 그동안 쌓인 피로가 해소되지 않아서 계속 잠이 올 수도 있다. 편안한 자세로 있으면 잠만 오고 일을 할 수 없다는 생각에 조바심이 나기도 한다. 슬로우 싱킹은 부족한 잠을 보충한 후에야 비로소 효과가 나타난다. 부족한 잠을 충분히 보충해도 편안한 자세로 일하다 보면 졸음이 밀려오곤 하는데, 바로 그때부터 선잠의 효과를 볼 수 있다.

수면이 부족한 상태에서는 무언가에 집중하기도 어렵고 설사 집중한다 해도 그 상태를 유지하기가 쉽지 않다. 그러나 충분한 수면을 취하고 나면 비교적 쉽게 집중도가 올라가고 집중된 상태를 오랜 시간 유지할 수 있다. 충분한 수면은 스트레스를 해소하고 업무에 싫증 내지 않고 재미있게 하는 데 가장 중요한 요소다.

불면증과 졸음

몰입을 하기 전에 나는 약간의 불면증이 있었다. 수면제를 먹을 정도는 아니었지만 잠을 청해도 바로 잠들지 못하는 날이 많았다. 몰입을 처음 경험했을 때까지도 심하게 잠이 오지 않아 고생을 했다. 이런 날이 며칠씩 계속되어 심각한 지경에까지 이를 정도였다. 하지만 규칙적인 운동과 슬로우 싱킹을 하면서 이러한 문제는 자연스레 해결되었고, 불면증도 깨끗이 없어졌다. 그 이후로 나는 몰입을 하지 않을 때도 잠을 잘 때 슬로우 싱킹을 하는 버릇이 생겼다. 슬로우 싱킹을 하면 밤에 잠이 훨씬 잘 온다.

내가 불면증에서 해방되었다는 느낌을 받은 데에는 수면에 대한 생각이 바뀐 것도 한몫한 것 같다. 몰입하다 보면 가끔 잠이 오지 않는 경우가 있다. 대개는 많은 아이디어가 떠오를 때다. 늦은 시간에 아이디어가 떠오르면 뇌가 흥분되어서 잠이 안 온다. 나는 잠이 오지 않으면 두뇌 활동이 활발해서 그렇다고 생각하고 잠을 청하는 대신 아이디어를 내기 위해 열심히 생각을 한다. 그러면 평소보다 아이디어가 더 잘 떠오른다. 이런 경험 때문에 나는 밤 늦은 시간에도 졸리지 않으면 억지로 잠을 청하지 않고 생각을 한다. 반대로 낮에도 사무실에서 편안하게 앉아서 생각하다가 졸리면 참지 않고 앉은 채로 선잠을 잔다.

특히 외국 출장을 가면 시차 때문에 밤 11시에 잠이 들어도 새벽 1시 정도에 깰 때가 많다. 그러면 바로 일어나서 발표 준비를 하거나 생각을 한다. 출장을 갈 때는 흥분되어서 그런지 평소보다 아이디어가 더 잘 떠오른다. 그래서 아침까지 계속 떠오르는 아이디어를 적을 때가 많다. 그렇게 아침까지 잠을 자지 않고 활동할 때도 있고, 어느 때는 서너 시간 후에 잠이 들 때도 있다. 이러한 경험을 하면서 나는 불면증을 다른 각도에서 보게 되었다.

불면증이란 졸리지 않은 상태에서 잠을 자려고 발버둥을 치면서 괴로움을 겪는 것이다. 그런데 잠이 오지 않는다는 것은 뇌가 활동을 하고 싶어한다는 것을 의미한다. 이럴 때는 차라리 생각을 해서 두뇌를 사용하는 것이 더 낫다. 억지로 자려고 하면 잠은 오지 않고 오히려 잠을 자야 한다는 생각에 스트레스만 받는다. 졸리면 자고 졸리지 않으면 활동하는 것만 실천해도 일상에서 받는 스트레스를 절반 이상은 줄일 수 있다. 그렇게 했는데도 수면에 문제가 있다면 땀을 흘릴 수 있는 운동을 매일 규칙적으로 하는 것과 슬로우 싱킹을 추천한다. 내 경험으로 볼 때 이 두 가지는 건강한 수면에 분명히 도움이 된다.

몸이 잠을 원하면 자고 그렇지 않을 때에는 활동을 하다 보면 마치 무리하지 않고 물 흐르듯이 자연스럽게 살아가는 것처럼 느껴진다. 물론 평소에 졸음을 참지 않는 버릇 때문에 난감할 때도 있다. 예를 들어 졸음을 참는 능력이 떨어져 낮에 회의를 할 때 졸 때가 많다. 가장 곤란할 때는 몰입을 통해 산업체의 불량 문제를 자문하러 갔는데 졸음이 쏟아지는 경우다. 관련 업무를 맡은 직원들이 각자의 일을 중단하고 모두 모여서 불량에 대한 설명을 하는 자리에서 졸음이 밀려오는 것이다. 나는 정 졸음을 참지 못할 것 같으면 미안한 마음에 일어서서 듣기도 한다.

슬로우 싱킹의 효과를 입증하는 객관적 근거

나는 오랜 몰입 경험을 통해 온몸에 힘을 빼고 편안한 자세로 앉아서 풀리지 않는 문제를 천천히 생각하는 슬로우 싱킹이 효율적이라는 확신을 갖게 되었다. 반대로 긴장한 상태로 책상에 앉아 업무를 수행하는 것이 대단히 비효율적이라는 사실도 알게 되었다.

긴장한 상태에서는 분명 집중력도 떨어지고 오래 지나지 않아 쉽게 피곤해지며, 업무가 즐겁기보다는 부담스러워지기 마련이다. 나는 슬로우 싱킹의 효과를 본 장본인으로서 슬로우 싱킹이 업무의 효율성을 높인다는 사실을 입증할 객관적인 근거를 찾기 시작했다.

그러던 중 '여키스-도슨의 법칙'이라는 것을 알게 되었다. 스트레스 혹은 각성 수준과 인지적 수행 간의 관계는 오래전부터 심리학자들의 관심의 대상이었다. 하버드 대학교의 여키스Yerkes와 도슨Dodson이 제안한 '여키스-도슨의 법칙Yerkes-Dodson Law(1908)'에 따르면 어느 수준까지 스트레스 또는 불안이 증가하면 수행능력과 효율성이 높아지지만, 그 이상으로 스트레스가 쌓이면 급속하게 떨어진다고 한다. 즉, 수행의 효율성은 각성이 중간 단계일

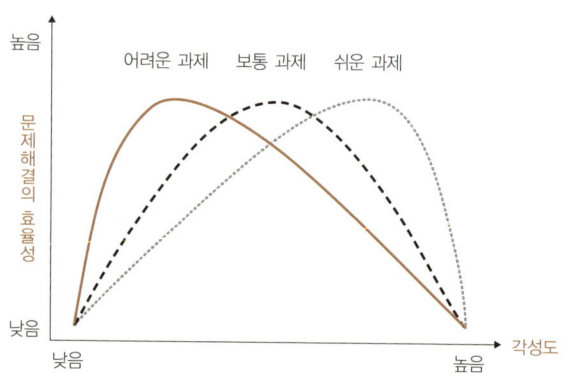

| 그림 6 | 여키스-도슨의 법칙

때 최대가 된다는 것이다. 이는 〈그림 6〉에서 과제의 난이도가 보통인 가운데 곡선에 해당한다.

　이후 스트레스와 수행능력의 관계에 대한 많은 연구가 뒤따르면서 과제의 종류나 성격에 따라 둘 사이의 상관관계가 달라진다는 사실이 밝혀졌다. 이러한 관계는 〈그림 6〉에 잘 나타나 있다. 즉, 과제의 난이도가 비교적 낮거나, 높은 지적 수준을 요구하지는 않지만 끈기나 인내심을 요구하는 경우에는 각성 수준이 상대적으로 높을 때 동기부여가 더 잘 되고 수행능력이 향상된다. 반면 과제의 난이도가 비교적 높거나, 높은 지적 수준을 요구하는 경우에는 각성 수준이 상대적으로 낮을 때 집중이 더 잘 되고 수행능력이 향상된다는 것이다.

잠자는 동안에도
생각은 계속된다

"두뇌를 자나 깨나 계속 쓰다 보면 결국엔 좋은 아이디어가 떠올라 성공할 수 있다고 봅니다. 옛날에 저는 비즈니스맨은 타고나는 것 아닌가 생각했습니다. 하지만 이후 매일 넘치는 아이디어 때문에 잠을 못 이룰 정도였습니다. 지금은 누구나 그렇게 될 수 있다고 확신합니다."

— 손정의

일본 소프트뱅크 손정의 회장은 누구나 두뇌를 쓰면 성공할 수 있다고 힘주어 말한다. 그 이유는 두뇌를 계속 쓰다 보면 좋은 아이디어가 떠오르는 현상을 여러 번 반복해서 경험했기 때문일 것이다. 내 경험에 비추어봐도 두뇌를 많이 쓰면 좋은 아이디어가 떠오른다는 것은 거의 진리에 가깝다는 것을 알 수 있었다. 과연 그 이유는 무엇일까?

어떤 문제를 해결하기 위해 생각을 할 때, 우리는 가지고 있는 엄청난 양의 장기기억이라는 데이터베이스에서 문제해결에 도움이 될 만한 정보를 검색하게 된다. 이때 필요한 것이 기억의 인출능력이다. 어려운 문제에 대한 아이디어나 해결책을 생각해내는 능력은 곧 그 문제와 관련된 장기기억의 인출능력이라고 할 수 있다.

몰입 상태에서는 아이디어가 떠오르는 빈도가 평소보다 10배에서 100배가량 높다. 필자는 전작 『몰입』에서, 몰입 상태에서 높은 빈도로 떠오르는 아이디어는 잠들었을 때 얻어진 것으로 보인다고 설명한 바 있다. 아이디어가 떠오르는 원리는 대단히 중요하므로 여기서는 이와 관련된 최근 뇌과학 결과를 바탕으로 잠이 들 때 아이디어가 떠오르는 원리에 대하여 조금 더 자세히 다루도록 하겠다.

잠자는 동안 떠오르는 기적 같은 아이디어

뇌과학에서 수면 상태와 관련해 지금까지 밝혀진 중요한 정보 몇 가지를 살펴보자. 이 정보가 낮에 선잠 자는 것을 게으르고, 무능하고, 책임감 없는 것으로 간주하는 이들의 편견을 바꾸어줄 것이다.

앞에서 설명한 바와 같이 우리가 자는 동안 뇌의 해마는 낮에 경험한 사건 중 중요하지 않은 정보는 폐기하고 중요한 정보는 장기기억으로 보내 저장한다. 이때 해마는 주어진 정보를 아무렇게나 저장하는 게 아니라 기존에 있는 관련 정보와 연관시키면서 저장한다. 수면 중에 해마는 기억을 정리하고 통합하는 것이다. 그러려면 주어진 정보를 저장하는 순간에 관련 기억들이 모두 검색되어야 하는데 이를 위해서는 관련 기억들이 활성화되어야 한다.

우리 뇌에 정보가 저장되어 있는 방식은 도서관에 꽂혀 있는 책들이 주제별로 정리되어 있는 방식과 유사하다. 도서관에서 빌렸던 책을 다시 서가에 꽂으려고 할 때에는 관련 주제가 있는 장소를 찾아야 한다. 이와 마찬가지로 우리 뇌에서 낮에 얻은 중요한 정보를 관련 정보들과 연관시키면서 효율적으로 저장하려면 그와 관련된 장기기억들이 활성화되어야 한다.

수면 상태에서 장기기억이 활성화되고 단기기억이 약화된다는 사실은 뇌과학의 연구를 통해 이미 확립되었다.[26] 장기기억이 활성화된다는 것은 기억의 인출능력이 활성화된다는 것을 의미하고, 단기기억이 약화된다는 것은 기억의 저장능력이 약화된다는 것을 의미한다. 즉, 수면 상태에서는 기억의 인출이 잘 되기 때문에 이 상태에서 문제를 생각하면 문제해결에 도움이 되는 관련 기억이 잘 떠오르지만, 저장이 안 되는 탓에 다음 날 일어나면 잊어버리게 된다. 그래서 낮에 갑자기 아이디어가 생각나면 우연히 떠올랐다고 생각하는 것이다.

잠잘 때 얻어진 아이디어는 평소 자신이 생각할 수 있는 수준을 넘는 경우가 많다. '내가 어떻게 이런 생각을 해냈지?' 하는 생각이 들 만큼 기적처럼 느껴진다. 그래서 신앙을 가진 사람들은 간혹 자신이 생각해낸 아이디어가 아니라 절대자의 응답이라고 생각하기도 한다.

기억의 저장 및 인출 관련 신경전달물질

왜 깨어 있을 때에 비해서 잠이 들 때 더 단기기억이 약화되고 장기기억이 강화될까? 이는 깨어 있을 때와 잠들 때 왕성하게 분비되는 신경전달물질의 종류가 달라지기 때문이다.[27] 기억의 저장에 관여하는 신경전달물질로는 도파민, 세로토닌, 노르아드레날린이 있다. 이들은 아민성 신경전달물질로서 수면 중에는 분비량이 최소가 된다. 잠이 들면 아민성 조절 기능이 감소하기 때문에 기억을 저장하는 기능이 현저히 저하된다.

기억의 인출에 관여하는 신경전달물질로는 아세틸콜린이 있다. 아세틸콜린의 분비는 수면 중에 많아지는데 특히 꿈을 꾸는 렘REM(rapid eye movement)수면 중에 최대가 된다.[28] 아세틸콜린이 과잉으로 분비되면서 기억을 저장하고 있는 부위의 억제 해소로 의식에 대한 접근이 증가되는 것이다. 따라서 잠이 들면 장기기억의 인출 능력이 슈퍼맨처럼 올라간다. 이 상태를 활용하여 기적과 같은 아이디어나 해결책을 얻기 위한 활동이 바로 몰입이다.

참고로 알츠하이머병, 즉 노인성 치매는 아세틸콜린의 분비가 감소되기 때문에 나타나는 것으로 알려져 있다. 치매는 기억의 저장 시스템에 문제가 생기는 것이 아니라 기억의 인출 시스템에 문제가 생기는 것이다. 치매 증상을 완화시키고 지연시키기 위한 약은 아세틸콜린을 분해시키는 효소를 억제하여 아세틸콜린의 양을 증가시키는 역할을 한다.

선잠을 자면 몰입도가 불연속적으로 올라가는 이유

나는 어떤 문제를 생각하다가 잠깐 선잠을 자고 나면 그 문제와 관련된 몰입도가 불연속적으로 올라간다는 것을 수많은 경험을 통해 확인했다. 몰입도가 올라간다는 것은 관련된 장기기억이 활성화된다는 것, 즉 장기기억의 인출이 활성화된다는 것을 의미한다. 그런데 기억의 인출을 돕는 물질이 바로 아세틸콜린이고 이 물질의 분비는 수면 중에 증가한다. 이는 선잠이 몰입도를 올리는 데 도움이 된다는 나의 경험을 뒷받침해준다. 또한 장기기억의 인출능력이 올라가므로, 각종 아이디어를 얻는 데 선잠이 유익하다는 것도 이해할 수 있다. 기억해야 할 점은 그 문제에 대해 생각하다가 선잠을 자야 효과가 있다는 것이다.

낮에 경험한 것을 밤에 복습한다

나는 언젠가 '몰입 상태에서 얻는 놀라운 아이디어는 잠이 든 상태에서 얻어진다'는 내용을 주제로 강연을 한 적이 있다. 그 강연을 들은 서울대학교 뇌인지과학과 이상훈 교수는 인지과학에서도 잠든 상태에서 창의성이 발휘된다고 말하며, 윌슨 교수의 논문과 〈네이처〉지에 실린 '수면이 통찰력을 높인다'는 제목의 논문을 보내주었다. 미국 MIT 대학의 윌슨 교수는 쥐 실험을 통해 잠이 든 상태에서 낮에 경험한 행동을 다시 복습한다는 것을 입증해 보였다.[29]

쥐의 해마에 있는 뉴런에 전극을 심어 신호를 받으면 쥐의 움직임에 대한 정보를 알 수 있다.

쥐 실험을 하기 위해서는 먼저 굶긴 쥐를 도너츠 모양의 둥그런 통로에 놓고, 쥐가 매번 4분의 3 바퀴를 회전한 다음 먹을 수 있도록 치즈조각을 놓는다. 그러면 쥐는 4분의 3 바퀴를 회전한 다음 치즈조각을 먹는다. 이러한 쥐의 행동이 해마에 있는 뉴런의 전기신호에 의해 기록되고, 이 데이터를 해독하면 쥐가 4분의 3 바퀴를 회전한 다음 먹이를 먹는 행위가 해당 시냅스들의 발화를 통해 나타난다. 이 쥐가 잠든 후 해마에 있는 뉴런의 전기신호를 기록하여 해독하면 낮에 행동했던 것과 동일한 부분의 시냅스, 즉 4분의 3 바퀴를 회전한 후 치즈조각을 먹을 때 일어났던 시냅스의 발화가 일어난다. 이 실험 결과는 명백히 낮에 어떤 문제에 대해 열심히 생각하면 밤에 잠을 자면서도 이 문제를 인식할 수 있다는 것을 의미한다.

수면이 통찰력을 높인다

위대한 발견이나 발명이 수면 중에 얻은 핵심적인 아이디어를 통해 이루어졌다는 일화는 너무도 많다. 프리드리히 케쿨레는 뱀이 자기 꼬리를 물고 돌고 있는 꿈을 꾸었는데 그것으로부터 벤젠의 구조가 육각형의 고리 모양을 하고 있다는 것을 알았다. 신경전달물질인 아세틸콜린을 발견한 공로로 노벨상을 수상한 오토 뢰비는 꿈에서 실험을 하다가 신경전달물질을 생각해냈다. 소설가인 루이스 스티븐슨은 자신의 꿈에서 영감을 얻어 소설 『지킬 박사와 하이드 씨』를 쓰게 되었다. 이러한 사실을 배경으로 독일의 과학자들은 수면이 과연 통찰력을 증진시키는지에 대한 연구를 했고 그 결과가 〈네이처〉지에 발표되었다.[30]

과학자들은 먼저 실험 대상자들에게 통찰력을 테스트할 문제를 어느 정도 훈련을 시킨 다음, 이들을 세 그룹으로 나누었다. 그런 다음 첫 번째 그룹은 8시간 동안 수면을 취한 후, 두 번째 그룹은 밤에 8시간 동안 깨어 있도록 한 후, 세 번째 그룹은 낮에 8시간 깨어 있도록 한 후 이 문제를 풀게 했다. 〈그림 7〉의 첫 번째에서 세 번째 데이터를 보면 8시간 동안 수면을 취한 후 문제를 푼 그

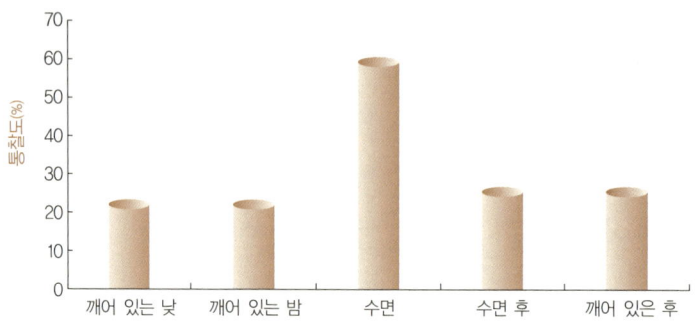

| 그림 7 | 수면과 통찰력의 관계

룹의 경우 다른 그룹보다 통찰력이 세 배 가까이 많았다는 것을 알 수 있다. 주어진 문제를 생각하다 잠이 들면 통찰력이 올라간다는 사실이 명백히 증명된 것이다.

한편 잠자기 전 문제에 대한 훈련을 시키지 않은 두 그룹에 대한 실험을 추가하였는데, 이 중 한 그룹은 8시간 동안 수면을 취했고 다른 그룹은 낮에 8시간 깨어 있었다. 〈그림 7〉의 네 번째와 다섯 번째 데이터에서도 알 수 있듯이 잠을 잔 후라도 잠자기 전 문제에 대한 훈련을 시키지 않은 경우에는 통찰력이 증진되는 효과가 없다. 즉, 사전에 주어진 문제에 대한 생각을 하지 않으면 잠이 통찰력에 아무런 효과를 발휘하지 못하는 것이다.

잠자는 동안 창의력이 발휘된다

영국에서 발행되는 〈타임스〉 온라인판 2008년 11월 22일자 기사에는 잠자는 동안 뇌가 창의성을 발휘한다는 내용이 소개되었다. 이 기사에 따르면, 낮에 활동할 때와 밤에 잠을 잘 때의 뇌를 스캔해서 비교해보면 낮에는 뇌의 논리적인 회로가 활발하게 작동하지만, 밤에는 이 회로가 작동을 멈추고 감정의 회로가 활발하게 작동한다고 한다. 감정의 회로가 활발하다는 것은 장기기억이 활성화된다는 것을 의미한다. 그래서 낮에 생각할 때보다 밤에 잠을 잘 때 더 유연하고 다양하게 생각할 수 있다는 것이다.

옥스퍼드 대학교의 포스터 교수는 "잠이 부족하면 창의성이 말살된다"고 했다. 그는 낮에 아무리 고민해도 풀리지 않던 문제가 있다면 잠들기 전에 생각해보라고 권한다. 수면이 부족하면 낮에 학습한 것을 기억하거나 문제해결을 위한 아이디어를 얻는 데에도 불리하지만, 정서도 불안정해져 스트레스를 받기 쉽고 작은 일에 짜증을 내기 쉽다. 수면은 고갈된 신경전달물질을 다시 보충해 뇌가 활발하게 활동할 수 있도록 도와주는 재충전의 시간이다.

이 기사에 의하면 뇌는 깨어 있을 때 오히려 깊은 '생각'에 집중하지 못한다고 한다. 깨어 있는 동안에는 외부에서 시각, 청각, 후각, 촉각 등의 정보가 쉴 새 없이 들어와 이를 처리하기에도 바쁘기 때문이라는 것이다. 뇌가 쉬면서 하루 동안 무수히 경험한 것들에 대해 숙고하는 유일한 시간은 수면할 때뿐이다. 그리고 이때부터 새로운 아이디어와 새로운 접근방식이 떠오르기 시작한다.

수면을 취하는 동안 우리 뇌는 특별한 관련이 없어 보이는 정보들을 서로 연결한다. 즉, 정보의 위치를 바꾸고 새로운 연관을 만들어낸다. 캘리포니아 대학교 매튜 워커 박사는 이러한 뇌의 활동이 창의성을 낳는다고 주장한다. '일반적으로는 서로 들어맞지 않는 아이디어와 사건과 기억들을 연결하는 것, 그것이 바로 창의성의 기본'이라는 것이다.

또 다른 연구에서는 창의성이 전반부 수면에서 더 발휘되므로 문제를 해결하고 싶다면 밤늦게까지 깨어 있지 말고 일찍 자라고 권한다. 깨어 있는 동안 학습활동에 의해 얻어진 단기기억이 장기기억으로 변환되는 것은 꿈을 꾸지 않는 수면 중에 일어나는데, 독일 뤼벡 대학의 신경과학자 잰 본 박사에 따르면 이러한 변환의 대부분은 전반부 수면 중에 일어난다고 한다.

잰 본 박사의 주장은 나의 몰입 경험과 정확하게 일치한다. 나는 한동안 정규 근무시간이 끝나자마자 테니스를 치고 집으로 돌아와서 9시 전에 잠을 잤다. 그리고 밤 12시와 1시 사이에 깨어나서 아이디어가 대단히 높은 빈도로 떠오르는 것을 7년 동안 한결같이 경험했다. 그런데 새벽 2시나 3시에 다시 잠이 들고 아침 6시나 7시에 일어나면 그처럼 높은 빈도로 아이디어가 떠오르지 않았다. 내 경험에 비추어봐도 분명 전반부 수면이 창의성에 높은 효과를 발휘하는 것 같다.

공부 많이 한 뒤 잠깐 자야 시험 잘 본다

2011년 1월 영국의 신경과학 학술지 〈네이처 뉴로사이언스 Nature Neuroscience〉에 게재된 독일 연구진들이 수행한 선잠의 효과에 대한 기사가 국내의 한 의료정보 사이트에 소개되었다.[31]

독일 루크 대학의 수잔네 디켈만 박사 등 연구진은 성인 24명에게 15쌍의 그림카드를 보여주고 40분 뒤 이들이 카드 그림을 얼마나 기억하는지 테스트했다. 연구진은 연구 참여자들을 두 그룹으로 나눠 한 그룹은 계속 깨어 있게 한 반면, 다른 그룹은 잠깐 낮잠을 자도록 한 뒤 테스트했다. 테스트 결과 잠깐 눈을 붙인 그룹은 평균 85퍼센트의 그림 패턴을 기억하는 데 비해 줄곧 깨어 있었던 그룹은 평균 60퍼센트밖에 기억하지 못했다.

디켈만 박사에 의하면 공부할 때 계속 깨어 있는 것보다 잠깐이라도 눈을 붙이면 공부한 내용이 뇌의 해마에서 신피질로 이동해 오래오래 저장된다고 한다. 뇌에 단기기억을 잔뜩 저장하기보다는 잠깐씩 선잠을 자면서 장기기억으로 옮겨야 뇌에 부담도 적고 효과적으로 기억한다는 것이다. 따라서 하루 종일 많은 양을 학습해야 하는 경우 중간중간 선잠을 자는 것이 스트레스 해소에도 도움이 되고, 집중력도 좋아지며 기억력에도 효과적인 것으로 볼 수 있다.

수면에 대한
새로운 시각

● 여러 페이지를 할애해 슬로우 싱킹에 수반되는 수면상태의 기억 인출능력과 창의성에 대해 설명했는데, 이를 강조한 이유가 있다. 많은 사람들이 학습을 하거나 업무를 볼 때 졸거나 선잠을 자는 것에 부정적인 생각을 갖고 있기 때문이다. 슬로우 싱킹에 수반되는 수면과 선잠은 창의적인 아이디어를 얻거나, 문제를 해결하고 몰입도를 올리는 데 있어 중요한 역할을 한다. 수면과 선잠에 대한 편견을 버리고 몰입도를 올리고 창의적인 아이디어를 얻기 위한 방편으로써 적극 활용할 필요가 있다.

몰입과 관련된 인터뷰를 하러 왔던 연세대학교 황종환 학생은 공부하는 중에 쏟아지는 잠 때문에 스트레스를 많이 받는다고 했다. 나는 이 학생에게 수면의 역할을 설명해주고 수업시간이 아닌 혼자 공부할 때만큼은 졸리면 바로 선잠을 자라고 조언해주었다. 그렇게 실천해보고 그 결과를 이메일로 알려달라고 부탁했다. 다음은 이 학생이 보내온 이메일이다.

일주일 실천 후

"공부하다가 졸릴 때는 자라"는 교수님의 말씀을 실천해보고 나름의 결과를 말씀드릴까 하여 메일 드립니다.

일단 저는 스트레스를 상당히 쉽게 받는 타입입니다. 특히 공부할 때 심하게 받는답니다. 대학원 진학을 준비하면서 3학년 때부터 참 많은 스트레스와 다투었습니다. 잠이 오는 것은 보통 책을 펼치고 30분 후입니다. (평균적으로 항시 그렇습니다.) 평상시에는 공부한 지 얼마나 되었는데 벌써 졸리나 싶기도 하고 세수하러 일어나면 리듬이 깨질까 끙끙거리며 참고 참으며 두어 시간을 공부했습니다. 사실 그러면 머리가 정말 무거워집니다. 하루 공부를 마치면 지끈거림을 매일같이 느끼기도 했습니다.

그러나 교수님과 인터뷰한 후 커피숍이든, 도서관이든 공부를 하다가 졸리면 잤습니다. 잠이 든 후 신기하게도 20분을 크게 넘지 않는 범위에서 자동적으로 눈이 떠지더라고요. 15분에서 20분가량 선잠을 자고 나면 주위가 조금 산만하더라도 책에 좀 더 집중할 수 있었습니다.

지금 『문화경제론』이라는 책을 읽고 있는데 책 디자인이나 책 내용상 상당히 딱딱하다고 느낄 수 있는 책입니다. 그래서 평상시보다 조금 더 신경을 쓰며 읽어야 하는 책임에도 불구하고 더 쉽게 몰입되어짐을 느꼈습니다. 사실 공부할 때 정말 집중하지 않으면 소리 내어 읽는 행동을 하지 않는데 저도 모르게 소리 내어 책을 읽고 있었습니다. 졸리면 자고, 그리고 잠을 잤다는 사실에 신경 쓰지 않았을 뿐인데 효과를 보았던 것 같습니다.

연구소에서 자료조사를 할 즈음 눈이 감길 때 잠깐만 양해를 구하고 잠을 청하고 나서 (역시 20분을 넘지 않았습니다) 3시간가량 걸리는 조사 분량을 1시간가량 단축하여 정리하는 효과도 보았습니다.

1개월 실천 후

혼자 공부할 때는 항시 선잠을 활용하고 있습니다. 선잠을 자고 난 직후에는 상당한 집중력이 생기는 것 같습니다. 기분 탓일지는 모르지만, 잠에서 깨어 첫 글자를 읽으면서부터는 기타 다른 시간들보다 더 금방 몰입하게 됩니다.

항시 선잠이 몰리는 때는 오전에, 책상에 처음 앉고 나서입니다. 10분에서 15분가량 잠들었다 깨어난 후 점심시간까지는 무리 없이 집중해서 학업 및 업무를 진행하고 있습니다. 또 점심 식사 후 2시경에 가장 졸음이 많이 옵니다. 하지만 매번 선잠을 자려고 하기보다는 조금 참아보려고도 합니다

4시경 정말 잠이 올 때에는 역시 20분가량 앉아서 잡니다. 예전보다 더 몰입에 쉽게 다다르는 듯한 느낌을 받을 수 있습니다. 생각이 유독 많아질 때 역시 책상 앞에 앉은 채로 잠을 청합니다. 깬 후에는(선잠은 20분을 항시 넘기지 않음) 생각이 정리가 된 듯한 느낌이 들고 다른 생각이 잘 나지 않습니다.

화장실에 가고 싶어도 사실 거의 가지 않으며, 가능하면 식사시간이 되기 전까지 일어나지 않게 됩니다. 무엇보다 교수님께서 선잠이 여러 가지로 유익하다는 말씀을 해주시고 나서 심리적으로 선잠에 대한 스트레스가 없어졌습니다. 그 덕에 더 효과를 보고 있는 것 같습니다.

6개월 실천 후

선잠의 효과는 지금도 이어지고 있습니다. 사실 저번 학기에 전 과목(4과목) A(A+포함)를 거두었습니다. 사진을 학부에서 전공한 저로서는 이론 과목에서 이러한 성적을 받은 경우는 사실 처음입니다. 물론 학부에도 나름의 노력을 했지만 이론과목에서 성적을 거두기에는 버거웠습니다. 이번 학기에는 서술형 중간, 기말고사에서 좋은 성적을 거둔 것이 현 성적의 큰 요인이 되지 않았나 싶습니다.

당시 그전에 메일로 말씀드린 선잠을 이용한 학습을 지속하고 있었습니다. 장학생 선발 여부는 아직 발표가 안 되어 알 수 없지만 선잠의 이득을 보고 있음은 확실한 사실인 것 같습니다.

5장

몰입과 영성의 친밀한 관계

몰입은
종교를 닮았다

2010년 4월 한 대형서점의 판매순위는 참으로 흥미로웠다. 1위부터 4위까지가 각각 『무소유』, 『아름다운 마무리』, 『살아 있는 것은 다 행복하라』, 『맑고 향기롭게』로 모두 법정 스님의 책이었다. 5위와 10위인 베르나르 베르베르의 『파라다이스 1·2』를 제외하고 다시 법정 스님의 책이 이어져, 베스트셀러 20위 안에 법정 스님의 책이 무려 16권이나 올라 있었다. 그야말로 출판계에 전례가 없던 이변이 일어난 것이다. 이러한 현상이 나타난 것은 법정 스님이 입적하고 얼마 지나지 않았기 때문이기도 했지만, 그보다 스님의 글이 구구절절 사람들의 영혼에 큰 울림을 주었기 때문일 것이다. 이러한 집필은 삶과 죽음에 대한 끊임없는 영감 없이는 불가능하다. 법정 스님은 일반인들이 삶 속에서 늘 경험하면서도 미처 깨닫지 못한 것들을 찾아내고 그것을 글로 옮겨 내었다.

몰입과 삼매 상태는 여러 가지 면에서 비슷하다는 나의 믿음에 근거하여 나름대로 해석을 하면, 법정 스님이 삶과 죽음에 대한 수많은 깨달음을 얻을 수 있었던 것은 참선 상태에서의 고양된 두뇌활동 때문인 것으로 생각된다. 이는 위대한 업적을 이룬 사람들이 풀리지 않은 난제를 포기하지 않고 오랜 기간 몰입해서 생각한 끝에 수많은 아이디어를 얻은 것과 비슷하다. 단지 주제나 관심사가 다를 뿐이다. 과학자들의 주제는 자연현상이고, 종교인들의 주제는 삶과 죽음이다.

참선수행을 하는 스님들은 앉으나 서나 한결같이 그 생각만 한다고 하여 '동정일여動靜一如', 꿈속에서도 그 생각만 한다고 하여 '몽중일여夢中一如', 깊은 잠 속에서도 그 생각만 한다고 하여 '숙면일여熟眠一如'를 행한다. 이때 의식을 한 가지에 집중하는데 집중하는 대상을 '화두'라고 하고, 이러한 참선을 '화두선'이라고 한다. 그리고 이러한 수행을 통해 의식이 다른 잡념의 방해를 받아 끊기는 일 없이 오로지 하나의 화두에 집중하는 상태를 '삼매三昧'라고 한다. 삼매는 인도 산스크리트어인 사마디*samadhi*를 음으로 번역한 것으로, 나와 내가 의식하는 대상이 일치가 되는 상태를 뜻한다.

나는 스님들이 삼매 상태에 대해 기술한 글을 읽고 나서 슬로우 싱킹은 명상이나 참선과 흡사하고, 몰입의 과정은 화두 하나만을 붙들고 오로지 그것만을 집요하게 생각하는 참선수행과 비슷하고, 몰입은 삼매와 대단히 유사하다는 사실을 알았다. 그래서 내가 종교적인 상태를 목적으로 하지 않았음에도 불구하고 몰입을 하면서 영성 효과를 체험했던 것이다. 무여 스님이 집필한 『쉬고 쉬고 또 쉬고』[32]라는 책의 제목을 봐도 참선이 슬로우 싱킹의 특징과 거의 비슷하다는 것을 알 수 있다.

영성 상태는 고도로 몰입된 상태와 거의 유사한 것으로 보인다. 만약 여기에 전문지식이 결합되면 많은 아이디어와 문제해결에 필요한 통찰력이 생길 것이다. 나는 만약 스님들이 어떤 분야의 전문지식을 가지고 있다면, 참선 상태의 고양된 능력으로 많은 문제들을 해결할 수 있으리라 생각한다. 또한 각 분야의 전문가들도 영성 상태를 활용하면 더 많은 문제들을 해결하고 더 좋은 아이디어를 낼 수 있을 것이다. 따라서 행복한 감정을 유도하고 창의적인 아이디어를 낼 수 있는 영성 상태를 이해하고 활용하려는 노력이 필요하다.

몰입할 때 느끼는 종교적 감정

종교적 상태에서의 뇌 영상을 촬영해서 영성 상태가 평소와 어떻게 다른지 과학적으로 연구하는 신경신학 *neurotheology* 분야의 권위자인 펜실베이니아 대학교 앤드루 뉴버그 교수에 따르면 집중하는 대상과 자신이 하나가 되는 삼매 상태 혹은 무아지경의 영적 일체감은 모든 종교에 공통적으로 나타나는 특징이라고 한다. 이런 양상은 앤드루 뉴버그 교수 등이 집필한 『신은 왜 우리 곁을 떠나지 않는가』[33]에 소개된 14세기 독일에 살았던 수녀 마르가레타 에브너*Margareta Ebner*의 일기에서도 잘 나타나 있다. 그녀는 신성한 사순절을 맞이하기 위해 홀로 경건한 침묵과 명상 기도에 잠겨 있던 어느 날 밤, 수녀원 예배당의 성가대석에서 놀라운 존재를 인식하고는 다음과 같이 기록했다.

> 할렐루야가 울려 퍼졌을 때, 나는 아주 큰 기쁨을 느끼며 침묵에 잠기기 시작했다. 특히 참회 화요일 전날 밤에 나는 큰 은총 속에 휩싸여 있었다. 그러다가 참회 화요일 밤 한밤중의 기도 후 성가대석에 혼자 남게 되어 제단 앞에 꿇어앉았는데, 갑자기 큰 두려움이 나를 엄습하더니, 그 두려움 속에서 나는 형언할 수 없는 은총에 둘러싸였다. 예수 그리스도의 이름으로 맹세하건대 내 말이 진실임을 증언한다. 내면에서 하느님의 신성한 힘이 나를 붙잡고, 내 인간의 심장이 내게서 꺼내지는 것을 느꼈다. 형언할 수 없는 감미로움이 나에게 다가왔고, 마치 내 영혼이 몸에서 떠나는 것 같았다. 그때 모든 이름 중에서 가장 감미로운 예수 그리스도의 이름이 그의 커다란 열정적인 사랑과 함께 내게 주어졌고, 나는 단지 하느님의 신성한 힘이 나에게 계속 불어넣어주신 말로 기도밖에 할 수 없었다. 저항할 수도 없고, 예수 그리스도라는 이름이 그 속에 계속 들어 있었다는 말 외에는 그것에 대해 아무것도 쓸 수가 없다.

이와 같은 체험은 영적인 범주에만 국한되는 것이 아니다. 자나 깨나 오직 연구에만 몰입하는 과학자도 연구하는 대상과 자신이 하나가 되는 일체감을 경험할 수 있다.

다음은 루트번스타인의 『생각의 탄생』[34]에 소개된 바버라 매클린턱 교수의 이야기다.

> 옥수수를 연구할 때 나는 그것들의 외부에 있지 않았다. 나는 그 안에서 그 체계의 일부로 존재했다. 나는 염색체 내부도 볼 수 있었다. 실제로 모든 것이 그 안에 있었다. 놀랍게도 그것들은 내 친구처럼 느껴졌다. 옥수수를 바라보고 있으면 그것이 나 자신처럼 느껴졌다. 나는 종종 나 자신을 잊어버렸다. 가장 중요한 것은 바로 이것, 내가 나 자신을 잊어버렸다는 것이다.

바버라 매클린턱 교수는 미국 최초의 여성 노벨상 수상자로 옥수수를 연구하다가 유전자 변이를 발견했다. 이처럼 주어진 문제를 몇 개월 이상 자나 깨나 생각하다 보면 마치 아이를 잉태한 듯한 느낌이 들고, 몰입 끝에 해결한 최종 결과는 마치 내 아이처럼 느껴진다. 또 그 결과는 신성하게 느껴지면서 상대적으로 나 자신은 하찮게 생각된다. 내가 죽으나 하루살이가 죽으나 세상은 변함이 없지만, 이 결과만은 내가 어떠한 희생을 치르더라도 세상에 알려야 한다는 사명감마저 든다. 나는 처음 몰입을 경험했을 당시 특별히 종교활동을 하지 않는데도 이러한 종교적 감정이 강렬하게 느껴져서, 주위 사람들에게 "아마도 종교가 이렇게 생긴 것 같다"고 이야기하곤 했다.

몰입할 때 뇌의 변화

나는 몰입의 효과를 경험하면서 왜 몰입 상태에서 특별한 변화들이 생기는지 궁금증이 생겼다. 특히 왜 몰입 상태에서는 기적과 같은 아이디어가 쏟아져 나오고, 행복한 기분이 들고, 종교적 감정이 생기는지 알고 싶었다. 그러던 중 2007년 봄에 〈SBS 스페셜〉 제작진이 몰입 상태에서의 뇌가 평상시와 어떻게 다른지 뇌영상을 촬영해보자는 제안을 해왔다. 가천의과대학 뇌과학연구소의 최첨단 양전자단층촬영 *positron emission tomography; PET* 장비를 촬영에 사용할 것이라고 했다. 나도 몰입 상태에서 나의 뇌가 어떻게 변화하는지 궁금해하고 있던 참이었기 때문에 이 제안을 흔쾌히 받아들였다.

당시 나는 학기 중이어서 강의가 있었기 때문에 며칠 동안 연속적으로 방해받지 않는 시간을 만들기가 쉽지 않았다. 그래서 임의의 문제를 두고 사나흘간 몰입을 시도했다. 오랜 시간 몰입을 하지 않다가 갑자기 평소 절실하게 생각하지 않던 문제를 가지고 몰입을 시도해서 그런지 전과 달리 사흘이 지났음에도 불구하고 완전한 몰입 상태에 들어가지 못하고 60~80퍼센트 정도의 몰입도에서 왔다 갔다 했다. 하지만 촬영 스케줄 때문에 어쩔 수 없이 그 상태에서 촬영을 하기로 했다. 촬영을 할 당시에는 몰입도가 60~80퍼센트 정도였다고 생각한다.

촬영은 몰입을 하지 않은 평상시의 뇌와 몰입도를 올린 상태의 뇌를 각각 촬영한 뒤 뇌의 어느 부위가 달라지는지 관찰하는 것으로 이루어졌다. 촬영 결과 〈그림 8〉과 같이 몰입 상태에서는 평상시보다 전두엽의 오른쪽이 활성화되고, 두정엽은 오히려 비활성화되는 것으로 나타났다.

〈그림 8-(a)〉에서 왼쪽으로 보이는 부분이 실제로는 오른쪽이

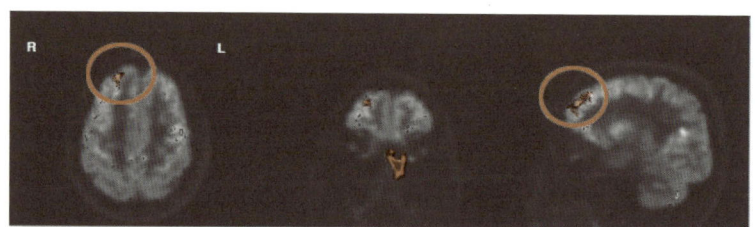

(a) 전두엽 - 오른쪽 활성화

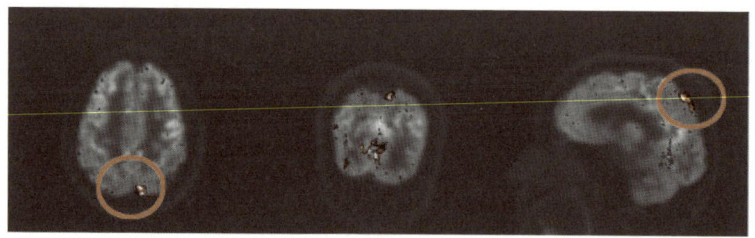

(b) 두정엽 - 비활성화

| 그림 8 | 몰입 상태에서 뇌 촬영 결과

된다. 〈SBS 스페셜〉에서는 전두엽이 활성화된 상태를 프로게이머나 무속인이 몰입을 했을 때와 비슷하다고 소개했다. 나의 뇌영상 결과를 보고 뇌과학연구소의 조장희 교수는, 생각과 학습 등을 담당하는 전두엽이 활성화되었다는 것은 곧 생각하는 능력이 발달했다는 것을 의미한다고 설명했다. 나중에 그 연구소에서 보내준 해설에는, 전두엽의 오른쪽이 활성화되고 두정엽이 비활성화되는 상태는 앤드루 뉴버그 교수가 성직자들이 종교적 상태에 있을 때 촬영한 뇌 영상 결과와 유사하다는 내용이 포함되어 있었다. 이와 관련해 2007년 12월 22일자 조선일보 칼럼 〈이인식의 멋진 과학〉에 '두뇌 속의 유령'이라는 제목으로 소개된 내용의 일부를 살펴보자.

> 성당이나 절에서 신자들이 기도와 명상을 통해 절대자와 영적으로 일체감을 느끼는 신비체험을 할 때 뇌 안에서 일어나는 현상을 설명하려는 연구가 성과를 거두고 있다. 인간의 영성과 뇌의 관계를 탐구하는 신생학문은 신경신학*neurotheology* 또는 영적 신경과학 *spiritual neuroscience*이라 불린다. (중략) 이러한 발상으로 괄목할 만한 연구 성과를 거둔 대표적 인물은 펜실베이니아 대학교의 신경과학자 앤드루 뉴버그다. 그는 뇌 영상 기술을 사용해 명상에 빠진 티베트 불교 신자와 기도에 몰두하는 가톨릭의 프란치스코회 수녀가 아주 강렬한 종교적 체험의 순간에 도달할 때의 뇌 상태를 촬영했다. 2001년 4월 펴낸 『신은 왜 우리 곁을 떠나지 않는가』에서 뉴

버그는 명상이나 기도의 절정에 이르렀을 때 머리 꼭대기 아래에 자리한 두정엽 일부에서 기능이 현저히 저하되고 이마 바로 뒤에 있는 전두엽 오른쪽에서 활동이 증가되었다고 밝혔다.

이러한 결과는 내가 몰입 체험 시 느꼈던 종교적 감정을 설명해 준다. 앤드루 뉴버그는 그의 책 『신은 왜 우리 곁을 떠나지 않는가?』[35]에서 종교를 갖고 있든 그렇지 않든 간에 사람의 뇌는 영성을 느낄 수 있는 능력을 가지고 있다고 주장한다. 그렇기 때문에 아무리 과학이 발전해 신의 존재를 부정한다고 해도 종교는 영원할 것이고, 신은 우리 곁을 떠나지 않는다는 것이다. 종교적인 활동을 통해 위치와 방위를 판단하는 두정엽과 운동을 관장하는 후두엽이 연결된 부위가 비활성화되면 자신과 외부의 경계가 사라지는 것을 느끼게 되는데, 그는 이 상태가 바로 자신이 외부 혹은 절대자와 일치되었다고 느끼는 영성 상태라는 가설을 제안했다.

결국 몰입 상태에서 특별한 변화가 생기는 이유는 이러한 종교적 상태의 뇌와 관련이 있는 것으로 보인다. 사고에 의한 몰입은 고도의 정신적 집중 상태를 뜻한다. 외부로부터 어떤 자극이나 신호가 들어오는 것이 아니라 내가 의식적으로 생각한 결과가 입력되면 뇌에서는 입력된 정보를 처리하고, 그 결과가 다시 의식으로 출력되는 상황이 무한히 반복된다. 다시 말해 신호의 피드백이 내적으로 이루어지는 것이다. 기도나 참선, 명상 같은 영성 활동도 고도의 정신적 집중 상태이고 신호가 외부에서 들어오는 것이 아니고 내적으로 이루어진다는 점에서 동일하다. 두정엽의 비활성화는 외부로부터의 신호가 차단된 상태에서 모든 신호의 피드백이 내적으로 이루어지기 때문에 나타나는 것으로 보인다.

뇌과학으로 본 영성

종교적 상태, 즉 영적인 상태에서 떠오르는 아이디어를 영감이라고 부른다. 영감이라는 뜻의 영어 단어 'inspiration'은 흔히 '성령의 선물, 신으로부터 내려온 아이디어' 등의 의미로 쓰이기도 한다.[36]

나는 강연회에서 만난 사람들을 통해 많은 사업가들이 새벽에 일어나 명상이나 기도, 성경책을 읽는 등의 종교 활동을 규칙적으로 실천하는 과정에서 사업상의 많은 아이디어를 얻는다는 사실을 알게 되었다. 앞서 살펴본 것처럼 몰입 상태에서 아이디어가 잘 떠오르는 것과 영적인 상태에서 아이디어가 잘 떠오르는 것은 서로 연관성이 있다고 볼 수 있다.

재미있는 점은 아인슈타인도 바로 이러한 종교적 상태에서 창조성이 발현된다는 이야기를 했다는 것이다. 다음은 종교적 상태에서의 창조성에 관한 아인슈타인의 이야기다.[37]

> 나는 뛰어난 과학적 견해는 모두 깊은 종교적 감정에서 나온다고 생각한다. 이 '무한한 종교적' 감정은 그것을 전혀 느끼지 못하는 사람에게 알려주기란 매우 어렵다. (중략) 내 견해로는, 이 감정을 일깨우고 이것을 이해하는 사람들 속에서 계속 이 감정이 유지되게 하는 것이 학문과 예술의 가장 중요한 기능이다.

무한한 종교적 감정을 유지하는 것이 학문과 예술의 가장 중요한 기능이라고 말한 것으로 볼 때, 아인슈타인도 그러한 상태를 인간이 경험할 수 있는 최상의 상태라고 생각한 것으로 보인다. 몰입의 장점은 지극히 창조적인 생산 활동을 하면서도 종교적 상태의 신성함과 지고의 선을 경험하는 최상의 삶으로 이끈다는 것이다.

몰입적인 탐구 활동을 '천국으로 가는 길'이라고 표현한 아인슈타인은 몰입 상태에서의 영적 체험을 통해 미래의 종교에 대한 자신의 의견을 다음과 같이 밝혔다.

> 미래의 종교는 개인적인 신을 초월하고 독단적인 신조나 교리로부터 자유로워야 할 것이다. 자연적인 부분과 영적인 부분을 커버하

면서 그것들을 하나로 통합시키는 경험에서 우러나오는 종교적인 느낌에 기반을 두어야 할 것이다.

영성 상태의 과학적 해석

영성의 사전적 의미인 '신령한 품성이나 성질'은 모든 종교가 공통적으로 갖는 핵심요소다. 그렇다면 비종교적 활동인 명상이나 몰입에서 영성 상태를 경험한다는 것은 무엇을 의미할까? 과학적인 문제에 몰입했던 뉴턴이나 아인슈타인과 같은 과학자들이 영성 상태를 경험한 것은 무엇을 의미할까?

자나 깨나 주어진 문제만을 생각하면 그 문제를 해결하고 싶다는 간절한 바람이 생기고, 이 바람은 극단적인 목표지향을 만든다. 이때의 간절한 바람이 영성을 유도하는 것으로 보인다. 기도도 일종의 간절한 바람이다. 간절한 바람에 대한 현명한 답은 잠자는 동안 만들어지는데, 그것이 과학자들에게는 영감으로 간주되고, 간절한 기도를 한 신앙인들에게는 절대자의 응답으로 간주되는 것이 아닐까?

성황당에 정화수를 떠놓고 자식의 불치병이 낫기를 간절히 비는 어머니의 절실한 마음이 곧 영성 상태가 아닐까? 자식을 살릴 수 없는 안타까운 상황에서 간절한 기도가 현실을 바꾸어놓지는 못할지라도 영성 상태를 유도하여 어머니에게는 큰 위로가 될 수 있을 것이다. 나는 개인적으로 영성 상태가 오래전 인간이 발견해낸, 삶의 고통으로부터 벗어나고 힘든 상황에서 위로받고 행복의 감정을 만들 수 있는 방법이라고 생각한다. 그 결과 많은 사람들이 영성 상태를 경험하고 실질적인 혜택을 입고 있는 것이다.

대학원 시절, 나는 한동안 우울증에 가까운 상태에 빠진 적이 있다. 대학교 4학년 때 열심히 공부해서 경쟁률이 높은 대학원 입학시험을 통과했을 때였다. 당시 나는 떨 듯이 기뻤는데 이 감정은 6개월 정도 지속되다가 곧 우울한 감정으로 바뀌었다. 고등학교 시절 열심히 노력해서 대학교에 합격했을 때도 이와 비슷한 경험을 했다. 마치 조울증 환자처럼 한동안 합격한 기쁨에 들떠 있다가 어느 날부턴가 끝이 보이지 않는 우울한 감정에 사로잡히는 것이었다. 나는 분명 목표를 이루었고 남들이 부러워하는 위치에 있는데도 내 마음은 한없이 공허하고 울적했다. 도저히 견디기 힘들어서 이 상태를 벗어날 수 있는 방법이 있다면 무슨 일이라도 하고 싶었다. 그래서 신앙을 가져볼까도 생각했다.

그때 나는 '인간이 자연을 정복하고 심지어 달나라도 갈 만큼 과학과 기술이 발전했지만 그 주체인 우리 자신이 행복하지 않다면, 아니 오히려 불행을 느낀다면 그 모든 발전이 무슨 소용이 있을까?' 하는 생각이 들었다. 이와 동시에 '왜 우리는 우리의 외부만 정복하려고 하고 우리 자신이 행복해질 수 있는 방법에 대해서는 연구를 하지 않나?' 하는 의문이 생겼다.

영성 상태를 종교적으로만 다룰 것이 아니라 과학적으로도 접근할 필요가 있다. 그래야 보다 많은 사람들이 영성 상태의 긍정적 효과를 활용할 수 있기 때문이다. 내가 뇌과학에 커다란 관심을 갖는 것도 바로 이 때문이다.

영성 상태를 만드는 신경전달물질

나는 몰입 상태에서 경험하는 여러 가지 긍정적인 감정과 종교적인 감정을 이해하기 위해 많은 뇌과학 서적을 찾아 읽었다. 그 결과 종교적 감정은 몰입 상태에 있을 때 뇌에서 유도되는 도파민의 과잉 분비로 인해 생겨난다는 결론에 이르렀다. 이와 관련하여 성영신 교수가 공저로 쓴 책 『마음을 움직이는 뇌, 뇌를 움직이는 마음』[38]에 소개된 내용을 살펴보면 코카인 등의 약물복용으로 도파민이 과잉 분비된 사람들의 기분이 종교적 감정과 아주 유사하다는 것을 알 수 있다.

정신이 상쾌해지고, 몸도 가뿐해지고, 피곤한 것이 없어진다. 이유 없이 즐거워지고, 자신감이 생기고, 힘이 솟아나는 기분이 들고, 용감해지고, 자신의 능력이 증대된 것 같고, 감각이 생생해지고, 사소한 자극에 황홀한 기분이 들기도 한다. 신비한 느낌, 자아가 신체로부터 이탈하는 느낌, 의식이 확대되는 느낌, 타자와 일체가 되는 느낌이 나타나기도 한다.

누군가를 사랑하면 다량의 도파민과 긍정적 신경전달물질이 분비된다. 사랑의 감정이 더 강해지면 신성함을 느끼고 이는 종교적 감정에 가까워진다. 자신의 연인이나 배우자를 극도로 좋아하는 사람은 마치 '하늘에서 내려온 천사'나 '백마 타고 온 왕자'처럼 느껴진다고 하는데 이 역시 도파민의 과잉 분비로 인해 나타나는 현상이다. 마찬가지로 아기를 낳은 여자들은 너무 행복한 나머지 이런 행복을 느끼지 못하는 사람들이 모두 측은하게 느껴진다고 한다. 심지어 아기를 바라볼 때 사랑스러움을 넘어 거룩하고 신성한 느낌마저 든다고 한다. 자신보다도 아이가 더 소중하다고 느낀 나머지 '내가 어떠한 희생을 치르더라도 이 아이만은 훌륭하게 키우겠다!'는 결심을 한다면 그것은 종교적 감정과 비슷한 상태라고 볼 수 있다. 이 역시 도파민 과잉 분비에 의해 나타나는 현상이다.

비관적 상황에서의 몰입

현실이 아무리 비극적이고 참담하더라도 몰입을 하거나 영성 상태가 되면 평온을 얻는다. 현실에 대한 분노나 적개심에서 자유로워지기 때문이다. 성직자들은 화해와 용서라는 말을 자주 하는데, 바로 그런 이유가 아닐까 싶다. 이 문제와 관련해 나의 개인적인 경험을 소개한다.

한참 연구에 몰입해 있던 시절, 당시 연세가 일흔다섯이셨던 아버님이 낙상하는 사고를 당하셨다. 처음에는 대수롭지 않은 사고인 줄 알고 병원에 갔는데 정밀조사를 해보니 악성 골수암이라는 진단이 나왔다. 의사는 아버님의 척추 속이 거의 비어 있고 다시는 일어날 수 없을 거라며, 척추신경이 차단되어서 그동안 고통을 못 느끼신 것 같다고 했다.

주말마다 대전에서 서울로 올라가 병상에 계신 아버님을 찾아뵈었는데, 그때마다 상황은 더 악화되어 있었다. 합병증이 생겨 매일 한 움큼씩 약을 복용해야 했고, 신장까지 나빠져서 하루라도 투석을 하지 않으면 안색이 어둡게 변했다. 설상가상으로 몸을 전혀 가눌 수 없어서 누워만 계시다 보니 욕창이 나서 하루 종일 간병인이 붙어 있어야 했다.

주말에 아버님을 뵙고 집에 돌아가면 힘이 쭉 빠지고 매사에 의욕이 없어졌다. 무기력해지고 우울증 증세도 나타났다. 아무리 기운을 차리려고 애써도 소용이 없었다. 나는 이런 와중에도 몰입을 시도했다. 며칠을 노력해 몰입 상태에 들어가면 우울했던 기분은 어느새 사라지고 마음이 평온해졌다. 현실은 하나도 바뀐 것이 없는데, 몰입 상태만 되면 영락없이 마음이 평온해지는 것이었다. 그리고 삶에 대한 강한 의욕이 솟구치기 시작했다. 시들시들했던 나 자신이 다시 생기 있게 살아나는 것을 느꼈다. 왜 이런 변화가 생기는지 도무지 이해할 수가 없었다. 그러면서 비관적인 현실을 새로운 각도에서 보게 되었다.

'이 세상의 모든 생명체는 반드시 죽게 되어 있다. 이것은 그 누구도 거스를 수 없는 대자연의 법칙이다. 아무리 큰 권력을 쥔 사람도, 부귀영화를 누리는 사람도 예외는 아니다. 한여름, 무성한 잎을 자랑하던 나무들도 가을이 되면 낙엽을 떨군다. 낙엽은 땅에서 썩고 이듬해 봄이면 어김없이 새싹이 돋아난다. 자연의 법칙이 그렇듯이 아버님의 인생에도 가을이 온 것이다. 가을에 떨어진 낙엽이 썩듯이 아버님에게도 욕창이 생기는 것이다. 그리고 봄에 새싹이 돋아나듯이 우리 아이들이 새로운 생명력으로 자라고 있는 것이다. 이번 주말에 병문안을 갈 때 우리 아이들을 데리고 가면 아버님이 더 좋아하실 것 같다.'

그렇게 생각하자 한없이 비관적이고 막연한 분노마저 솟구치던 상황이 자연스럽게 받아들여지기 시작했다. 원망할 것도 억울할 것도 없었다. 나약한 인간으로서 아무것도 할 수 없는 현실을 있는 그대로 받아들이면 그만이었다. 그러면서 나도 머지않아 은퇴를 하고 생을 마감할 것이라는 생각을 했다. 그러니 지금 건강하게 살아 있는 이 기회를 놓치지 말고 최선의 삶을 살아야겠다는 생각이 들었다. 나는 몇 개월 동안 이처럼 병문안을 가면 가슴이 미어지면서 비관적이 되고, 다시 내 생활로 돌아와 몰입을 하면 평온해지는 감정의 변화를 반복해서 경험했다. 이러한 극단적인 감정의 변화는 몰입 상태에서 뇌 속에 생기는 긍정적 화학물질의 작용으로 생겨난다.

긍정적 화학물질이 분비되면 긍정적 감정이 생긴다. 이때 우리의 뇌는 우리가 긍정적 감정을 갖게 된 합당한 이유를 찾는다. 뇌과학에 의하면 우리의 뇌는 감정과 현실을 일치시키려는 경향을 갖는다고 한다. 내가 우울하면 세상이 어둡게 보이고, 내가 즐거우면 세상이 밝게 보이는 것이다.

보통은 현실 상황이 긍정적이면 행복할 거라고 생각하기 쉽다. 그러나 남부러울 것 없는 여건 속에서도 비관하거나 심지어 자살하는 사람도 있고, 어려운 여건 속에서도 웃음을 잃지 않고 행복하게 살아가는 사람도 있다. 긍정적 화학물질이 분비되면 비관적인 현실이라도 해석을 달리하여 아름다움을 찾는다. 나는 연구에 몰입하면 연구의 세계뿐 아니라 이 세상 전체가 아름답게 보이는데 이 역시 긍정적 화학물질의 분비 때문인 것으로 생각된다. 이와 같은 경험은 행복한 삶을 추구하는 데 있어 대단히 중요한 의미를 갖는다.

행복의 감정은 뇌에서 분비되는 화학물질과 밀접한 관계가 있다. 특히 세로토닌은 행복호르몬이라고 불릴 정도로 행복이라는 감정에 깊이 관여한다. 우울증에 걸린 사람에게 세상을 긍정적으로 보라고 아무리 설명해도 소용없다. 그보다 우울증을 야기시키는 세로토닌의 부족을 보충할 만한 활동을 하는 것이 더 효과적이다.

긍정적 화학물질의 분비를 유도하는 활동은 다양하다. 영성 활동은 명백히 긍정적 화학물질의 분비를 유도하는 활동이다. 규칙적인 운동이나 자신의 업무에 집중하는 것도 마찬가지다. 수면 부족은 긍정적 화학물질의 분비에 악영향을 끼치므로 수면시간을 충분히 확보하는 것도 중요하다. 행복을 위해 우리가 할 일은 긍정적 화학물질을 분비시키는 활동들이 무엇인지 찾아내고, 내 삶에서 쉽게 할 수 있는 것부터 실천하는 것이다. 이러한 사실을 염두에 두고 자신의 삶을 설계한다면 행복한 삶에 한발 더 가까이 다가갈 수 있다.

6장

아이디어를 위한 몰입

위대한 기업가들의
공통점

"홀로 고요한 곳에서 깊이 생각하라."
– 불교 아함경

종교인 다음으로 몰입 상태를 많이 경험하는 사람은 아마 기업가일 것이다. 회사를 경영하는 일은 중요한 의사결정의 연속인 데다가 위기 상황이 수시로 닥치기 때문에 몰입을 하지 않고서는 사업을 유지하기 힘들다. 혼다를 창업한 혼다 소이치로 회장이 몰입을 했다는 것은 그의 자서전 『좋아하는 일에 미쳐라』의 제목만 봐도 짐작할 수 있다. 몰입은 한마디로 어떤 일에 미치는 것이다. 다음은 그의 자서전에 소개된 내용이다.[39]

> 그는 기술밖에 몰랐다. 아이디어가 떠오르면 잠자는 것도 잊었다. "엔진을 생각하면 머릿속에서 엔진이 돌아가 멈추지 않았다. 그래서

잠을 잘 수 없었다." 그가 반드시 참석해야만 하는 가족행사에는 부인이 가는 종이에 메시지를 적어 그의 안경에 매달았다고 한다. 그렇지 않으면 잊어버렸기 때문이다.

어떤 사람이 사업에 성공했다면 그것은 그가 운이 좋아서라기보다 판단력이 뛰어나기 때문이다. 이를 바둑에 비유해보자. 바둑에서 이기려면 상대보다 실력이 좋아야지 운만으로는 안 된다. 여러 수를 두는데 매번 운이 좋을 수는 없기 때문이다. 바둑 10급인 하수가 운이 좋아서 1급인 상수를 이겼다는 이야기를 들어본 적이 있는가? 이는 도저히 불가능한 일이다.

치열한 경쟁 속에서 승승장구해서 큰 기업을 일으킨 국내 기업인들을 조사해본 결과 한결같이 몰입을 했다는 사실을 발견할 수 있었다. 삼성그룹의 창업자인 고 이병철 회장의 이야기에서도 그런 일면을 엿볼 수 있다.

저는 새로운 사업을 시작할 때면 정말 재미가 나고 적극적으로 열의를 쏟을 수 있습니다. 뭔가를 새로 창조한다는 것이 그렇게 재미있을 수 없어요. 아침저녁에도 그 생각, 자고 일어나도 그 생각, 무언가 부족한 것이 없나, 있으면 보강하고 물어보고. 회의를 해서 안 되는 게 있느냐 또 알아보고. 난 똑같은 일을 하라고 하면 대단히 싫어해요.

이건희 삼성그룹 회장도 '사고 중독증'에 빠진 것처럼 몰입을 하곤 했다. 그는 삼성을 한 단계 도약시켰던 '신경영'을 고민했을 당시를 이렇게 회고한다.[40]

몇 년 전까지만 해도 몇 시에 자는지, 몇 시간이나 자는지 나도 잘 몰랐습니다. 신경영을 고민할 때는 초밥 몇 개만 먹으면서 이틀 밤을 꼬박 새운 적도 있고, 그러다 지치면 하루 종일 잠만 잔 적도 있어요.

현대그룹을 창업한 고 정주영 회장에 관한 이야기[41]에서도 역시 이러한 면모가 나타난다.

정회장은 해결해야 할 중대한 사안을 놓고 며칠씩 고민하고 그것도 모자라 밤을 새는 경우가 많았다. 집중해서 생각하고 또 생각하다 보면 자신도 모르게 어느새 '아하!' 하는 순간을 경험할 때가 많았다.

기업가들의 몰입 사례

내가 만난 기업체 인사들 중에는 직급이 올라갈수록 몰입을 실천하는 사람들이 많았다. 그중에서도 특히 최고경영자들의 경우 상당수가 업무와 관련하여 몰입을 하고 있었다. 그들은 한결같이 처음에는 불가능해 보이던 문제들도 계속 생각하다 보면 평소에 보이지 않던 것들이 보이기 시작하고 때로는 우연히 아이디어가 떠오르기도 한다고 말했다. 그래서 남들이 미처 생각하지 못한 새로운 아이디어를 낼 수 있었고, 새로운 도전이 가능했다는 것이다.

내가 만난 기업가들 중에 인상 깊었던 두 기업가의 몰입 사례를 소개한다.

사례 1. "자나 깨나 생각하면 해결 못할 게 없다"

LG화학 CEO 김반석 부회장은 늘 직원들에게 "지금 당장은 답이 보이지 않더라도 자나 깨나 생각하다 보면 반드시 아이디어가 나온다. 따라서 자신이 하는 일에 대해 항상 생각하라"고 강조한다. 그는 몰입해서 어려운 문제를 해결하는 성공체험을 하면 즐거움과 행복함을 느낄 수 있다고 한다.

그의 좌우명은 "정말로 고민하면 해결 안 될 문제가 없다"라고 한다. 처음에는 불가능해 보였던 수많은 문제를 고민 끝에 해결한 경험을 통해서 이를 확신하게 되었다고 한다. 그는 이것을 '한계돌파 능력'이라고 부르는데, 직원들 모두가 한계돌파 능력을 확보할 수 있도록 하는 것이 그의 목표다.

김반석 부회장은 집중이란 쉽게 말해 '반복적으로 생각하는 것'이라고 말한다. 심지어 보고서 한 장을 작성할 때에도, 깊이 생각하고 다시 검토하면 반드시 개선점을 찾을 수 있다는 것이다. 한마디로 바둑에서도 생각을 많이 하는 사람이 이기듯이 사업에서도 생각을 많이 하는 사람이 이긴다는 것이다.

대단히 바쁜 일정에 따라 움직이는 그는 주로 이동하는 시간을 이용해 몰입을 한다. 비행기를 타고 외국으로 출장을 갈 때에는 승무원에게 부르기 전까지 오지 말아달라고 부탁하고, 10시간 이상 걸리는 비행시간 내내 사업에 대한 생각에 몰입하기도 한다. 서울과 대전 사이도 자주 오가는 편인데, 갈 때마다 기사가 운전하는 차의 뒷좌석에 앉아 2시간 정도 몰입을 한다. 그가 회사를 경영하는 아이디어는 모두 그런 시간에 얻어진 것이라고 한다.

특히 기분이 좋거나 안락한 상태에서 아이디어가 잘 떠오르는데, 아이디어가 떠오르면 그때그때 메모를 한다. 운동을 하다가도 생각이 나면 잠시 중단하고 메모를 한다. 그런데 나중에 이 메모지를 정리하다 보면 같은 내용을 반복해서 메모한 것도 많다고 한다. 자신은 분명 새로운 아이디어라고 생각해서 적었는데, 이미 그전에 메모한 적이 있었던 것이다. 이러한 메모는 그만큼 중요한 것으로 간주한다.

그는 직원들에게도 몰입을 권하고 각자가 몰입할 수 있는 명확한 목표를 설정하도록 한다. 이때 목표는 무리하지 않게 잡되 자신의 능력보다 조금 높게 설정하도록 한다. 그리고 설정한 목표는 반드시 달성해야 한다고 강조한다. 만약 풀리지 않는 중요한 문제가 있으면 선택과 집중을 위하여 TFT(Task Force Team)를 구성해서 오로지 주어진 문제에만 몰입하도록 하는데, 상당히 많은 문제가 이러한 방식으로 해결된다고 한다.

  회사의 모든 의사결정권을 가진 최고경영자가 몰입을 실천하는 것은 기업에서 커다란 경쟁력으로 작용한다. 이는 김반석 부회장의 경영성과로 쉽게 확인할 수 있다. 그가 LG화학 CEO에 취임한 2006년 당시 LG화학 주식은 4만 원 정도였는데, 현재는 55만 원이 넘는다. 5년 만에 회사의 주식가치가 13배 이상 오른 것이다.

사례 2. "여기서 실패하면 우리 가족은 길바닥에 나앉는다"

  코레일유통에서 여러 개의 매장을 운영하는 파란나라의 최중보 대표가 어느 날 몰입에 대한 조언을 얻고 싶다면서 나를 찾아왔다. 그는 대학 졸업 후 기차역에서 승차권 자동발매기를 운영하는 중소기업에 취직해, 자동발매기 수리 업무를 맡아 최선을 다해 일했다고 한다. 일에 자신감이 생긴 최 대표는 입사한 지 1년 8개월 만에 회사를 그만두고 1년간의 준비기간을 거쳐 인테리어 사업을 시작했다. 하지만 8개월 만에 빚만 떠안고 말았다. 그런 다음 동업자들을 모아 다시 캐릭터 사업을 시도했는데 2개월 만에 또 실패했다. 결국 사업의 꿈을 접고 한 회사에 입사했으나 자신이 생각하기에도 이상할 만큼 무기력하고 자신감이 없었다. 결국 그는 회사에서 쫓겨나 빈털터리에 실업자가 되었다.

  그 당시 첫째 아이가 두 살이었는데 분유 사 먹일 돈도 없을 정도였다. 궁여지책으로 분유 회사에 샘플을 신청했더니 보름치 분유를 택배로 보내줬다. 각 분유회사에 아내의 이름, 자신의 이름으로 샘플을 신청하는 것도 모자라 친구의 이름까지 빌려 분유를 받아야 할 만큼 형편이 어려웠다.

상황이 그렇게 되자 부모님뿐 아니라 주변 사람들도 그에게 '못난 놈'이라고 손가락질했다. 최선을 다했음에도 불구하고 손대는 일마다 실패로 끝이 나자 그는 완전히 자신감을 잃었다. 그러던 중 예전에 다니던 기차표 자동발매기 회사의 사정이 안 좋아져서 1억 원을 투자하면 적정한 지분을 주겠다는 이야기를 전해 들었다. 이제 자신이 할 수 있는 것은 그 일밖에 없다는 생각이 든 그는 마지막 지푸라기라도 잡는 심정으로 살던 집을 전세에서 월세로 바꾸고, 아버지를 찾아가 부족한 돈을 융통해달라고 부탁했지만 일언지하에 거절당했다. 아버지는 한번 말씀하시면 절대 번복하실 분이 아니라는 것을 알면서도 그는 며칠을 찾아가 설득하고 또 설득했다. 당시의 상황을 조금 더 생생하게 전달하기 위해 그가 직접 써 보낸 대목을 소개한다.

아버지께 돈을 빌리기 위해 찾아갔는데, 완강히 거절하시는 상황에서 너무나도 답답하고 서러워서 나도 모르게 하염없이 눈물이 주룩주룩 흘렀습니다. 눈물을 흘린 이유는 '그 누구보다도 성공을 위해 열심히 노력하고 애써왔는데, 결국은 이런 모습으로 살아가고 있구나!'라는 생각이 들어서였습니다. 아버지가 돈을 빌려주지 않아서가 아니라 노력을 해왔지만 결국 현재 이러고 있는 제 모습이 너무나 서러워서 눈물이 나왔던 것 같습니다.

하염없이 눈물을 흘리는 제 모습을 보시고 아버지께서는, 앞으로는 절대 금전에 대해 언급하지 말라는 약속을 하고 돈을 주셨습니다. 그 말씀에는 한 치의 거짓도 섞여 있지 않다는 것을 잘 알고 있었습니다. (중략)

서울에서 무궁화호를 타고 내려가는데 부슬비가 창밖에 내렸습니다. 그때 오로지 한 가지 말만이 입 안에서 맴돌았습니다. "여기서 실패하면 우리 가족은 길바닥에 나앉는다." 그것이 현실이었고, 다시 실패할 경우 길이 보이질 않았습니다. 실패할 경우 돈을 빌려주신 아버지를 다시 찾아갈 수 없다는 것도 잘 알고 있었습니다.

회사에서는 한 기차역의 자동발매기에서 한 달에 1천만 원 정도의 수익이 나오니, 1천만 원까지는 회사가 가져가고 그 이상의 수익이 나면 그중 90퍼센트를 그에게 가져가라고 했다. 기차역 자동발매기에 마지막 희망을 건 그는 피치 못할 경우를 제외하고는 자리를 뜨지 않았다.

밤 11시에 일을 마치고 전철 막차를 타고 들어오면 12시가 되었다. 잠이 들면 새벽 2시에 깜짝 놀라 잠에서 깼다. 새벽 4시에 일어나서 출근해야 하는데 혹시나 시간이 지났을까 봐 걱정이 되어서였다. 시계를 보고 다시 잠이 들면 3시에 또 깜짝 놀라 깼다 다시 잠이 들었다. 그러다 3시 30분에 또 놀라 잠에서 깨면 4시까지 잠을 자려고 해도 불안해서 잠들지 못했다. 그렇게 30분 동안 눈만 감고 있다가 자명 종소리가 나면 일어나 새벽 4시 30분에 출근해서 막차가 떠나는 밤 11시까지 근무를 했다.

김밥 두 줄로 아침을 때우고 점심은 15분 안에 해결하고, 화장실도 하루에 한 번만 갔다. 다리에 마비가 올 정도로 고통스러웠지만 서 있는 내내 '어떻게 하면 손님들이 자동발매기를 더 많이 이용할까' 하는 생각만 계속했다. 밥을 먹으면서도, 출근길에도, 세수를 하면서도 어떻게 하면 판매를 잘할 수 있을지에 대한 생각만 했다. 일부러 의식하지 않아도 어느새 그 생각만 하고 있었다. 하루 종일 그 생각만 하고 퇴근해서 이불을 깔면서, 누워서 잠들 때까지, 그리고 출근시간이 지난 줄 알고 깜짝 놀라 잠에서 깨어날 때도 그 생각을 제일 먼저 했고 시계를 보고 안심하면서 다시 잠을 청할 때도 영업을 잘할 수 있는 방법을 생각하다 잠이 들었다. 한마디로 '몰입'을 한 것이다.

'어떻게 하면 사람들에게 매표 창구 대신 발매기에서 표를 뽑게 할 수 있을까?' '발매기 사용방법을 어떻게 써놓으면 사람들이 쉽게 이해할까?' '승객들이 발매기를 이용할 때 어려워하는 게 무엇이고 어떻게 바꾸면 쉽게 사용할까?' '매표창구에 있는 승객들에게 어떻게 접근해서 무슨 말을 하면 발매기 쪽으로 올까?' 등의 물음에 대해 생각에 생각을 거듭했다. 2개월을 그렇게 생각하니 엄청난 아이디어들이 쏟아져 나왔다. 그중에서 가장 좋은 방법을 선택해서 실행한 결과 첫 달에 300만 원, 둘째 달에 700만 원, 셋째 달에 1500만 원의 수익을 올렸다.

업무의 특성상 한번 수익이 늘어나면 좀처럼 떨어지지 않는 구조였기에 3개월쯤 지나자 이제 길바닥에 나앉을 걱정은 없다는 생각에 안도감을 느꼈다. 그러자 그전에 자주 하던 전자오락도 하게 되고, 늦잠 잘까 봐 새벽에 깜짝 놀라서 깨던 버릇도 없어져 5시나 6시에 일어나다 10시까지 자기도 하고, 얼마 후에는 아예 출근을 거르기도 했다. 그렇게 되니 항상 영업에 대한 생각으로 가득 차 있던 머릿속에 다른 생각이 하나둘씩 들어오게 되었고, 5개월쯤 지났을 때는 일부러 생각하지 않으면 일 생각을 전혀 하지 않게 되었다.

매달 1500만 원씩 나오는 수익을 기반으로 코레일유통의 매장에 입점하게 된 최 대표는 매장을 하나씩 늘려 현재는 7개의 매장을 운영하고 있다. 그는 자동발매기 일을 할 때도 두 달 만에 엄청난 아이디어가 쏟아져 나왔으니, 기차역의 매장을 운영할 때도 그렇게 몰입하면 지금보다 열 배는 더 돈을 벌 수 있을 거라고 생각했다. 그런데 별의별 방법을 다 써봐도 그전에 경험한 몰입 상태가 재현되지 않더라고 했다. 그래서 어떻게 하면 그 상태를 재현할 수 있는지 알고 싶어서 나를 찾아왔다고 했다.

그가 경험한 몰입은 고도의 위기상황, 그리고 극도로 절실한 상황에서 유도된 수동적인 몰입이라고 할 수 있다. 수동적인 몰입은 위기의식이나 절실함에 의해 만들어진다. 그런데 최 대표는 형편이 나아지면서 위기의식과 절실함이 사라졌기 때문에 몰입의 장벽을 넘지 못했고, 결국 몰입을 재현할 수 없었던 것이다. 내가 느끼기에 자동발매기 수익을 높이기 위한 두 달간의 몰입은 기간이 더 길어졌거나 자칫 잘못하면 육체적으로 혹은 정신적으로 커다란 부작용이 생길 수도 있을 만큼 위험했다.

그렇다면 왜 무수한 아이디어가 떠올랐던 몰입이 처음에는 가능했고 그 다음 번에는 힘들었던 것일까? 이 문제를 엔트로피 법칙의 구동력으로 접근해보자.

어떠한 일이 일어나기 위해서는 그 변화를 일으킬 수 있는 구동력이 있어야 한다. 예전에는 "여기서 실패하면 우리 가족은 길바닥에 나앉는다"는 그야말로 막다른 곳에 몰린 상황이었기 때문에 자나 깨나 생각할 명백한 이유가 있었다. 이것이 바로 구동력으로 작용하여 몰입을 하도록 유도한 것이다. 그리고 구동력이 충분히 컸기 때문에 몰입의 높은 장벽을 넘을 수 있었다. 그러나 돈을 벌면서 이 구동력이 사라졌다. 가족이 길바닥에 나앉을 위기를 넘긴 것이다. 그러다 보니 자나 깨나 생각할 절실한 이유가 없어졌고, 그 결과 몰입의 장벽을 넘을 수 없었던 것이다.

능동적으로 몰입하는 방법 3가지

수동적인 몰입을 유도했던 구동력이 없어진 상태에서는 능동적인 몰입을 유도하는 구동력을 만들어야 한다. 몰입 훈련이 되지 않은 상태에서는 대체로 능동적인 구동력만으로 몰입의 높은 장벽을 넘기가 힘들다. 따라서 몰입의 장벽을 낮추려는 노력을 병행

해야 한다. 구동력이 크지 않더라도 장벽을 낮추면 보다 쉽게 극복할 수 있기 때문이다. 이를 위해서는 몇 가지 노력이 필요하다. 다음에 소개할 능동적으로 몰입하는 방법 중 첫 번째는 구동력에 관한 것이고, 두 번째와 세 번째는 몰입의 장벽 낮추기에 관한 것이다.

첫째, 새로운 목표를 설정해야 한다. 예전과 같은 위기감이나 절박함이 없는 상태에서 지금보다 더 많은 돈을 벌어야 할 명백한 이유를 찾아야 하는 것이다. 즉, 왜 돈을 벌어야 하는지에 대한 나름대로의 철학이 있어야 하고 그것을 자기 자신이 마음속 깊이 납득할 수 있어야 한다. 가령 기업가의 경우 올바른 기업가 정신을 가져야 하는 것이다.

둘째, 슬로우 싱킹을 활용해서 어떻게 하면 매출을 올릴 수 있을지에 대해 끈질기게 생각해야 한다. 설사 절실한 상태에서 벗어났다고 하더라도 절실했던 때의 방식을 흉내라도 내야 한다. 물론 이를 실천하는 것은 말처럼 쉽지 않다. 그래서 평소에 사고력 훈련을 꾸준히 해야 하는 것이다.

셋째, 몰입의 장벽을 낮추기 위해 매일 1시간 이내의 규칙적인 운동을 해야 한다. 자신이 즐길 수 있고 땀을 흘릴 수 있는 운동이라면 무엇이든 좋다.

고민과 생각의 차이

기업가들이 자나 깨나 사업에 대한 생각을 하는 이유는 대개 위기감이나 고민 때문이다. 즉, 위기감이나 고민이 자꾸 사업과 관련된 생각을 하도록 유도하고 그런 생각 끝에 문제해결의 실마리를 얻게 되는 것이다. 이 관계를 잘 이해해야 한다. 많이 고민한 끝에 문제를 해결하는 것이 아니라, 자나 깨나 생각한 결과 문제를 해결하는 것이다. 고민은 단지 생각을 유도할 뿐이다.

고민과 생각을 확실히 구별해야 한다. 고민이 지속되면 노이로제가 되고 스트레스와 병을 유발하지만, 올바른 방법으로 생각을 지속하면 부작용이 거의 없다.

많은 사람들이 자신의 에너지 중 일부는 고민하는 데 사용하고, 나머지는 생각하는 데 사용한다. 대략 50퍼센트는 고민하고, 50퍼센트는 생각을 한다. 고민과 생각의 비율이 극단적으로 다른 다음의 두 가지 예를 살펴보자.

먼저 위기상황에 처했거나 걱정거리가 생겼을 때 '이를 어떻게 하나!' 걱정만 하고 생각은 전혀 하지 않는 사람이 있다. 이런 사람은 문제를 전혀 해결하지 못하고 발만 동동 구르다가 결국 병이 나서 드러눕게 된다. 고민을 하느라 생각할 수 있는 에너지의 상당 부분을 빼앗기기 때문이다. 고민의 역할은 생각을 유도하는 것에 그쳐야지 오래 지속되면 좋지 않다.

이와 반대로 위기상황에 처했거나 걱정거리가 생겼을 때 걱정은 별로 하지 않고 오로지 문제해결 방법만 생각하는 경우가 있다. 이런 사람은 결국 문제를 해결한다. 가능하다면 고민 없이 생각에만 몰두하는 것이 가장 효율적이다.

가령 병사 두 사람이 있는데 한 사람은 전투 경험이 없고, 다른 한 사람은 백전노장으로 두 사람 모두 군인 정신이 투철하다고 하자. 갑자기 적의 총성이 들려올 경우 전투 경험이 없는 병사는 걱정에 사로잡혀 우왕좌왕하다가 제대로 대처하기 힘들다. 한편 백전노장은 총성의 방향과 세기로부터 적이 어느 방향, 어느 지점에 있는지 파악하고 어떻게 공략해야 할지에 몰두한다. 결국 백전노장만이 성공적으로 적을 무찌를 수밖에 없다.

문제가 생겼을 때 고민만 할 것이 아니라 그 문제를 어떻게 해결할지 생각을 해야 한다. 어떤 문제에 대해 걱정하고 고민하면 감정의 뇌가 우위 상태가 되고, 그 문제를 해결하기 위해 곰곰이 생각하면 전두연합령이 우위 상태가 된다. 구조적으로 곰곰이 생각할 때 더 올바른 판단을 내릴 수 있는 것이다. 고민의 비율을 줄이고 생각의 비율을 늘리기 위해서는 평소에 규칙적인 운동과 슬로우 싱킹을 하는 습관을 들이는 것이 좋다.

몰입과
아이디어의 관계

앞에서 소개한 최중보 대표가 처한 절박한 상황이라면 누구라도 아이디어가 나올 것으로 믿는 사람들이 있는데, 절대 그렇지 않다. 우리 뇌는 목표로 한 것만 지향한다. 뇌에 그 목표의 중요성을 전달하려면 진지한 마음을 가지고 반복해서 생각해야 한다. 상황이 아무리 절실해도 문제해결을 목표로 삼아 생각하지 않으면 우리 뇌의 목표지향 메커니즘이 작동하지 않으므로 아무런 효과가 없다. 걱정을 한다고 문제가 해결되는 것이 아니라 생각을 해야 문제가 해결된다. 주어진 문제를 해결해야 한다는 내적 중요성이 올라가야 우리 뇌가 문제해결을 목표로 활발하게 작동하는 것이다. 이것이 바로 두뇌 활용법의 핵심이다.

생각이 끊이지 않도록 노력할 때 효과는 더욱 커진다. 충분히 생각하면 잠든 상태에서의 고양된 창의성과 고도로 활성화된 장기기억 인출능력이 작용하여 평소에 미처 생각지 못했던 기발한 아이디어가 나온다. 아이디어가 생성되는 원리는 이처럼 간단하다. 이 원리만 깨달으면 아이디어를 얻기 위해 두뇌를 어떻게 활용해야 하는지 알 수 있다.

영성 상태 또한 몰입도를 높이는 역할을 하는 것은 틀림없지만 아이디어를 얻기 위한 충분조건은 아니다. 우리 뇌는 목표로 하지 않은 것에 대해서는 해결책을 내주지 않기 때문이다. 참선을 해서 삼매 상태에 들어가더라도 화두의 내용과 방식이 중요하다. 이에 따라 참선이 문제해결을 위한 활동이 될 수도 있고, 단지 삼매에 들어가기 위한 활동이 될 수도 있다. 마찬가지로 절대자를 믿는 종교 활동에서도 무조건 기도만 한다고 해결책이 나오는 것은 아니다. 주어진 문제를 해결하기 위해 '어떻게 해야 할까?' 생각하면서 기도를 해야 목표지향 메커니즘이 작동해서 답이 얻어지는 것이다.

문제를 해결하기 위해 생각할 때 애매한 것이 하나 있다. 문제의 난이도를 알 수 없다는 것이다. 문제가 언제 풀릴지 모른다는 것이 상황을 더 어렵게 만든다. 문제의 수준이 낮을 경우 처음에는 답이 보이지 않더라도 조금만 생각하면 답이 보인다. 반면 문제의 수준이 아주 높으면 아무리 오래 생각해도 답이 보이지 않는다. 귀중한 시간은 흘러가는데 도무지 풀릴 기미가 보이지 않는 상태에서 무한정 붙잡고 늘어지기란 쉽지 않다.

한 가지 분명한 것은, 문제해결 역량은 생각을 지속하는 한 계속 증진된다는 점이다. 계속 생각을 해야 문제해결과 관련된 시냅스가 활성화되기 때문이다. 이는 주어진 문제를 처리하는 컴퓨터의 수가 많아져 문제를 풀 수 있는 기량이 계속 올라간다는 것을 의미한다. 그래서 겉으로는 진전이 없는 것처럼 보여도 주어진 문제가 현미경으로 들여다보듯이 섬세하게 보인다. 조그마한 차이도 명확히 구별되기 시작하는 것이다.

아이디어에 대한 오해

문제의 해결책이나 아이디어는 그것을 얻으려고 노력하기 시작한 시점보다 상당한 시간이 지난 후에 나오는 경우가 많기 때문에 아이디어를 얻기 위한 노력과 그것을 얻는 성과의 상관관계를 파악하기 어렵다. 심지어 아이디어를 잘 내는 사람들도 좋은 아이디어를 얻으려면 문제에 대한 생각을 접고 휴식을 취해야 한다고 오해하는 경향이 있다. 이렇게 믿는 이유는 아이디어를 얻으려고 열심히 생각을 했는데, 원하는 아이디어가 얻어지지 않아 포기하고 있었는데 며칠 지난 후 우연히 원하는 아이디어가 떠오르는 것을 경험했기 때문이다.

아이디어는 포기하지 않고 그것을 얻기 위해 끊임없이 노력할 때 가장 높은 빈도로 얻어진다. 아이디어를 얻기 위해서는 계속 생각하고, 관련된 내용을 읽고, 관련 전문가와 토론하는 등의 노력을 해야 한다.

IGM컨설팅 대표이자 시사평론가인 이종훈 박사는 평소 주위에서 '아이디어맨'이라는 소리를 들을 정도로 좋은 아이디어를 많이 낸다고 한다. 그는 자신이 아이디어를 얻는 방법을 내게 설명해주었다. 먼저 외부에서 컨설팅 의뢰가 들어오거나 연구보고서를 써야 할 때면 일주일에서 열흘 정도 집중적으로 그 문제에 대해 생각한다고 한다. 그런 뒤 그 문제를 완전히 잊고 TV 등을 보면서 휴식을 취하다 보면 어느 날 아침에 잠이 깨면서 틀림없이 아이디어가 떠오른다고 했다.

나는 그에게 일주일에서 열흘 정도 집중적으로 생각한 뒤에도 생각의 끈을 놓지 말고 계속해서 생각해보라고 권유했다. 그는 내가 제안한 대로 지속적으로 몰입을 시도했더니 예전보다 아이디어가 3배 정도는 더 빠른 속도로 얻어지고 때로는 10배 이상 쏟아져 나오는 것 같다고 했다. 또한 과거에는 잠이 깨면서 떠오르는 아이디어 중에서 상당수를 잊어버리기 때문에 60퍼센트 정도만 기억을 해서 활용했는데 요즈음은 그 활용도도 80~90퍼센트까지 올라갔다고 했다. 그래서 매일 새벽에 일어나서 쏟아지는 아이디어를 정리하면서 가끔 수백 페이지에 달하는 보고서까지 써낸다고 한다. 이런 노력이 쌓여 컨설팅 사업에서도 좋은 성과를 얻는 한편, 명지대에서 연구교수의 기회도 얻었다고 했다.

물론 아이디어를 얻기 위해 계속 긴장을 하다가 휴식을 취하면서 이완을 하면 유리한 점이 있다. 아이디어는 이완 상태에서 더 잘 얻어지기 때문이다. 그러나 슬로우 싱킹을 하면 생각할 때 이미 이완을 하고 있기 때문에 따로 휴식에 의한 이완이 필요 없다.

사고주간의 위력

바쁜 와중에 틈틈이 여러 가지 문제를 생각하는 것과 충분한 시간을 두고 한 문제만 집중적으로 생각하는 것은 그 위력과 효과 면에서 엄청난 차이가 있다. 중요한 판단을 내리거나 중대한 방향 설정을 위해서는 관련된 정보를 충분히 숙지한 다음 방해받지 않는 혼자만의 시간을 갖는 것이 효과적이다. 예를 들면 빌 게이츠와 마이크로소프트사의 임원들이 실시하는 '사고주간'과 같은 시간을 갖는 것이다. 자투리 시간을 이용해서 생각하는 것은 약한 몰입에 해당하고, 일주일 이상 한 문제에만 매달려 생각하는 것은 강한 몰입에 해당한다.

컴퓨터를 오래 사용하다 보면 여러 프로그램이 설치되었다가 삭제되기를 반복하면서 성능이 조금씩 떨어진다. 이때 컴퓨터를 다시 포맷하면 예전의 성능이 돌아온다. 일주일 정도 사고주간을 갖는 것은 자신의 인생을 새로 포맷하는 것과 같은 효과를 준다. 요즘 절에서 많이 시행하는 템플스테이나 천주교의 피정과 같은 활동을 사고주간으로 활용해도 좋다. 기간은 일주일 정도가 적합하지만 상황만 허용된다면 더 늘릴수록 좋다. 나는 방학 기간을 이용하여 2주일 정도 강한 몰입을 한다. 이 기간 중에는 어떠한 일 정도 잡지 않는데 이 기간 동안 외국에 출장 간 것으로 간주하면 된다.

나의 최고의 지적 능력을 최대 속도가 시속 200킬로미터인 자동차에 비유해보자. 평소에는 고작 시속 20~30킬로미터의 속도로 다닌다. 약한 몰입을 할 때는 시속 40~50킬로미터이고 중간 몰입을 할 때는 시속 60~70킬로미터인데 강한 몰입을 할 때는 최고 속도인 시속 200킬로미터로 달리는 효과를 갖는다. 평소에 접고 있던 능력의 날개를 마음껏 펼친 느낌이다. 그 호쾌함은 이루 말할 수 없다.

물론 강한 몰입을 하려면 주어진 문제와 사투를 하듯이 단 1초도 다른 생각 없이 치열하게 생각하려는 노력을 해야 하기 때문에 어느 정도의 심적 부담은 있다. 그러나 분명 내가 찾고자 하는 문제에 대한 놀라운 해결책이나 아이디어를 줄 뿐 아니라 삶을 다시 추스르게 해준다. 그래서 다시 일상으로 돌아와도 적어도 몇 개월은 판단력이 좋아지고 삶에 여러 가지 긍정적인 영향을 준다. 실제로 목숨을 건 전투를 한 사람은 그 상황을 벗어나도 그전의 치열한 경험이 얼마간은 삶에 긍정적인 효과를 준다. 그러다 다시 6개월 후에 강한 몰입을 하면 이러한 효과를 반복할 수 있다.

포기하지 않고 생각하면
결국은 해결된다

약한 몰입 사례

교수님의 '몰입'하라는 이야기를 듣고 조그만 실천을 해보았는데 큰 변화를 실감할 수 있었습니다. 이전에 풀리지 않던 수학 문제를 화장실에서도, 밥 먹으면서도, 길을 걸어가면서도 생각해보았고 결국 그 문제를 풀 수 있게 되었습니다. 책상에 앉아 있는 시간도 조금 더 길어졌습니다. 작은 변화이지만 많은 것을 느끼게 되었고 '나도 할 수 있겠구나'라는 생각이 들었습니다.

중간 몰입 사례

일과가 끝나면 6시에 퇴근하는 날은 일주일에 이틀 정도 되는

데, 집에서 중요하다고 생각되는 문제를 자유롭게 생각하다가 자정쯤 잡니다. 10시 정도에 퇴근하는 날은 자정까지 문제를 좀 더 확실히 정리해보고 일을 어떻게 나누어서 할지 생각해보고 잡니다.

이렇게 3~4주 정도가 지났고, 제가 연구하면서 막혔던 문제들 중에서 2가지 문제를 풀 수 있었습니다. 다음으로 풀고 싶은 문제는 적분과 관련된 문제인데 아직 머릿속에서 정리도 잘 되지 않았지만 자주 떠올리고 있습니다. 그리고 제가 지금처럼 지내면서 느끼는 것이, 무엇인가를 하는 것도 중요한데 잡스러운 일, 특히 인터넷 등을 안 하는 게 아주 중요한 것 같습니다.

강한 몰입 사례

반복적인 몰입 상황을 체험하는 것이 몰입을 시도하고 이용하는 사람에게 가장 중요한 포인트로 생각됩니다. 예전에 교수님과 이야기를 나누면서 어렴풋이 알았던 것들이 일정 수준 이상의 몰입에 들어가는 횟수가 증가하니까 '그때 그래서 이런 이야기를 해주신 거구나'라고 깨닫게 되고, 자연스럽게 '어떻게 일상적으로 이러한 몰입 상황을 유지할까?' 하는 생각이 들게 됩니다.

'실험'에 대한 생각도 많이 달라졌습니다. 예전에는 실험 결과가 내가 원하는 대로 나와주어야 된다고 생각했다면, 지금은 간단한 실험이라도 이 실험이 보여줄 결과가 '기대'되고 오히려 기다려집니다. 몰입에 들어가면 이전에는 잘 생각되지 않던 부분들이 어떻게 항상 이렇게 바뀔 수 있는지 신기합니다.

몰입도 100퍼센트에서
느끼는 몰입의 참맛

여러 사람에게 몰입을 지도해본 결과 한 가지 공통점을 발견할 수 있었다. 본인이 적극적으로 몰입에 임할 경우 4~5일이 지나면 대부분 80~90퍼센트의 몰입도에 도달하는 것이었다. 그런데 몰입도 100퍼센트에 이르는 사람은 불과 10퍼센트 정도밖에 되지 않았다. 물론 몰입도가 80~90퍼센트만 되어도 많은 양의 아이디어가 쏟아져 나오기 때문에 단지 아이디어를 얻기 위해서라면 굳이 힘들여 100퍼센트 몰입 상태를 추구할 필요는 없다. 하지만 100퍼센트의 몰입 상태는 분명 특별한 의미가 있다.

100퍼센트의 몰입 상태는 화두선의 삼매 상태와 비슷한데, 화두선을 하는 사람들도 삼매에 들기가 쉽지 않다고 한다. 몰입도가

80~90퍼센트 상태까지 올라갔다가 다시 내려가면 등산할 때 8부나 9부 능선까지만 올라갔다가 내려가는 것과 같다. 정상에서 느끼는 산행의 참맛을 즐길 수 없는 것이다.

몰입도 100퍼센트에 도달하는 과정

이제부터 몰입도 80~90퍼센트 상태에서 100퍼센트에 도달하는 과정을 보다 상세히 살펴보자.

문제를 푸는 과정에서 몰입도가 80~90퍼센트에 도달했다면 이때부터는 관련된 책이나 자료를 읽어서는 안 된다. 또 사소한 아이디어는 메모하지 않는 편이 좋다. 생각이 한곳에 계속 머물러서 쌓여야 하는데, 머릿속에 떠오른 생각을 적으면 생각의 내용이 계속 바뀌기 때문이다.

몰입 강도를 높이기 위해서는 생각하는 대상의 폭도 최대한 좁혀야 한다. 문제의 핵심을 계속 파고들다 보면 점점 좁혀져서 최종적으로 남는 핵심은 하나의 점처럼 작아진다. 결과적으로 모든 생각과 노력도 이 작은 핵심에 쏟아붓게 된다. 이 때문에 발산적 사고를 유도하는 '어떻게*How*?'보다는 수렴적 사고를 유도하는 '왜*Why*?'를 활용하는 것이 더 유리하다.

'어떻게?'라는 물음에는 정해진 하나의 답이 없다. 즉, 답이 여러 개가 될 수 있다. 계속 생각하다 보면 반드시 크고 작은 아이디어가 나오게 마련이다. 그러면서 생각의 초점이 바뀌기 시작한다. 돋보기로 햇빛을 모았을 때 초점을 자꾸 이동하면 종이를 태울 수 없는 것처럼 생각을 할 때도 집중하는 대상이 자꾸 바뀌면 강한 몰입 상태에 이르기가 어렵다. 그런데 '왜?'라는 질문은 호기심을 자극하고 문제가 어려우면 별 진전이 없기 때문에 생각을 흐트러뜨리지 않고 한 점에 모이게 하는 효과가 있다.

강한 몰입 상태에 들어가기 위해서는 문제의 난이도가 대단히 높아야 한다. 아무리 생각해도 전혀 진전이 없는 문제일수록 효과적이다. 참선을 하는 사람들도 화두를 선택할 때 도저히 풀 수 없을 것 같은 문제를 택한다고 한다. 강한 몰입을 경험하기 위해서는 해당 분야에서 수십 년 이상 해결되지 않은 문제들처럼 수준이 높아야 좋다. 문제의 수준은 높으면서 이것을 해결하는 것과 내 인생을 바꾸어도 좋을 만큼 중요하다고 느껴지면 이상적이다.

몰입을 부추기는 감정: 확신, 호기심, 분노

내가 강한 몰입을 통하여 해결하고자 했던 문제들은 모두 현상은 잘 알려져 있는데 그것이 왜 일어나는지는 이해할 수 없는 것이었다. 학계에서 수십 년 동안 미해결로 남아 있는 '왜?'와 관련된 문제였던 것이다. 이런 어려운 문제들의 특징은 아무리 생각해도 좀처럼 진전이 없다는 점이다. 결과를 보면 분명히 하나의 현상으로 반복적으로 재현되는데 도대체 왜 그러한 현상이 일어난 것인지 도저히 이해할 수 없다. 이러한 현상은 자연법칙의 결과이고 자연법칙은 거짓이 없기 때문에 이 문제는 풀릴 수밖에 없고 독 안에 든 쥐나 다름없다. 따라서 다음과 같이 생각할 수 있다.

'나만 잘하면 된다. 나는 끝까지 포기하지 않고 최선을 다할 것이기 때문에 이 게임의 승자는 결국 내가 될 것이 확실하다. 나는 틀림없이 이 문제를 풀 수 있다.'

문제를 풀 때 자신감이 없을 때하고, 풀 수 있다는 확신에 차 있을 때의 심리 상태는 천지 차이다. 자신이 없을 때는 '다른 할 일도 많은데 괜히 쓸데없는 문제로 고민하면서 아까운 시간과 에너지만 낭비하는 것이 아닌가?'라는 생각이 슬그머니 고개를 든다. 그러나 그 문제를 틀림없이 해결할 수 있다는 확신이 들면 자신의 인생을 송두리째 그 문제에 던지게 된다. 그리고 이때부터 비로소 내면 깊숙한 곳에서 잠자고 있던 무서운 잠재력이 발휘되기 시작한다.

물론 문제가 어려울 경우 해결할 수 있다는 확신을 가지고 있음에도 불구하고 아무리 생각해도 진전이 없는 때도 많다. 그야말로 자나 깨나 생각하는데도 아무런 진전이 없으면, '내가 혹시 이 분야에 대한 지식이 부족해서 그런 것이 아닌가?' 하는 생각이 들기도 한다. 그러면 그 분야에 관한 지식을 기초부터 다시 다지게 된다. 그 분야에 대해 완전히 이해했다고 생각될 만큼 철저히 공부를 해도 여전히 그 문제는 난공불락일 때도 많다. 오히려 생각하면 생각할수록 점점 더 이상하게 느껴지고, 교과서에 나오는 어떤 이론으로도 설명이 안 되기도 한다. 도저히 있을 수 없는 일이 일어나는 것이다.

그러다 그 이상한 정도는 점점 극에 달한다. 이 결과를 보고 있으면 "정말 돌아버리겠네!"라는 말을 하루에도 수십 번씩 중얼거리게 된다. 순간적으로 나오는 말이 아닌, 그야말로 마음속 깊은 곳에서 진심으로 우러나오는 말이다. 마치 자연법칙이 나를 속이고 있는 것 같은 심정이 된다. 그리고 호기심이 극도로 커져서 이것만 해결하면 내일 죽어도 여한이 없을 정도가 된다. 호기심 역시 몰입도를 올리는 데 중요한 역할을 한다.

난공불락처럼 보이는 문제를 포기하지 않고 계속 생각할 때 그 문제를 풀 수 있다는 확신과 그 문제에 대한 지극한 호기심 외에도 특별한 감정이 생기는데, 그것은 다름 아닌 분노심이다. '지난 며칠 동안 자나 깨나 오로지 이 문제만 생각했다. 적당히 생각한 것도 아니고 그야말로 목숨을 건듯 혼신을 다해서 그 문제만 생각했다. 내 평생 무언가를 이렇게 열심히 해본 적이 없다. 그런데도 전혀 진전이 없다.' 이런 상황이 되면 기가 죽고 주눅이 들기 쉬운데, 그러면 더 이상 몰입도를 올릴 수 없다.

이때 정반대의 자세를 취하는 것이 중요하다. 기죽어 있을 게 아니라 오히려 문제에 대한 도전정신을 발휘해야 한다. 마음속에서 '누가 이기나 해보자!', '그냥 지나치려고 했는데 이 문제가 내 성질을 건드리네!'라는 식의 오기가 발동되어야 한다. 마치 이 문제가 가만히 있는 나를 한 대 때린 것 같은 심정이 되어야 한다. 그러면 마음속 깊은 곳에 억제되어 있던 '본능적인 공격성'이 자극을 받아 발동하기 시작한다. 도전하고자 하는 마음은 이러한 '본능적인 공격성'과 아주 밀접한 관계가 있다. 가슴속에서 분노가 치밀어 오르고 이성을 잃을 정도의 흥분된 상태는 몰입할 때와 비슷하다. 이 분노나 공격성도 몰입도를 올리는 데 중요한 역할을 한다.

몰입의 감정 변화 = 참선 수행의 3대 요소

몰입 상태에서 가슴속 깊이 억제되어 있던 '호기심'과 '공격성', '분노'를 마음껏 발산하는 것은 스트레스를 해소하고 카타르시스 효과를 얻는 대단히 중요한 경험이다. 이때 느끼는 감정은 자신이 지극히 좋아하는 대상을 향해 마음껏 열정을 발산하는 때와 비슷하다.

한번은 봉은사의 요청으로 신도와 스님들을 대상으로 몰입에 대해 강연을 한 적이 있다. 강연이 끝나고 그 당시 주지스님이었던 명진 스님과 차를 마시면서 이야기를 나눌 기회가 있었.

몰입 상태에 들어갈 때 나의 감정 변화를 이야기하자, 명진 스님은 이것이 바로 불교에서 말하는 수행의 3요소라고 했다. 틀림없이 문제를 풀 수 있다는 확신을 갖는 것을 '대신심大信心', 생각하면 할수록 이상함을 느끼는 것을 '대의심大疑心', 문제에 대한 분노심을 '대분심大憤心'이라고 한다는 것이다.

　명진 스님도 『몰입』을 읽었는데 내가 소개하는 몰입과 불교의 수행이 상당히 비슷해서 책을 읽으면서 전율을 느꼈다고 했다. 조사를 하면 할수록 내가 경험한 강한 몰입은 삼매 상태와 비슷하다는 것을 알 수 있다. 재미있는 점은 명진 스님도 운동을 즐겨 하는데, 그 이유는 운동이 수행에 도움이 되기 때문이라고 한다.

왜 몰입 상태에서
지적 능력이 고양될까?

"생각하고 생각하고 또다시 생각하라.
생각해서 통하지 않는 것은 장차 귀신이 통할 수 있도록 해준다.
이것은 귀신의 힘이 아니라 정성이 지극했기 때문이다."

— 관중

주어진 문제를 자나 깨나 계속해서 생각하면 의식이 오로지 그 문제로만 가득 채워지는 몰입 상태가 된다. 그럼에도 불구하고 문제의 수준이 높아 전혀 진전이 없으면 어떻게 될까? 우리 뇌는 내가 이 문제를 해결하지 못하면 목숨이 위태롭다고 생각한다. 그런데 문제는 계속 풀리지 않고 있으므로 내적 위기감은 극에 달한다. 이 경우 재미있는 상황이 발생한다.

몰입 상태에서 비상이 걸리는 것은 뇌의 일부분이지 신체 전체가 아니다. 실제 위기상황이 아닌 단지 편안하고 안락한 상태에서 생각을 할 따름이다. 이때 우리 뇌는 목숨을 건 전투를 하는 것으로 착각하고, 온갖 종류의 아이디어를 끄집어내준다. 마치 나의 뇌를 하인 부리듯이 최선을 다하게 해놓고 나는 한가하고 즐겁게 시간을 보내고 있는 느낌이다. 이러한 상황은 컴퓨터 게임에 몰입하는 아이가 자신의 뇌를 비상사태로 만들어놓고 이를 즐기는 것과 아주 비슷하다. 내적 위기감을 유지시키기 위해서 내가 할 일은 계속 그 문제만 생각하는 것이다.

몰입 상태에서 떠오르는 아이디어는 대체로 세 종류다. 첫째, 몰입을 하면 평소에 관심이나 문제의식을 갖고 있었던 다른 문제들에 대한 해결책이나 아이디어가 떠오른다. 이 문제들은 현재 풀려고 하는 문제와 관련은 없지만 역시 중요한 문제들이다. 절박해진 우리 뇌가 마치 "이것은 안 되겠니?" 하고 다른 문제에 대한 아이디어라도 내주는 것처럼 느껴진다. 내 두뇌가 최대로 가동된 상태에서 풀 수 있는 문제들은 모두 풀리는 것이다. 몰입 상태가 지속되면 자신의 능력 안에서 얻을 수 있는 문제의 답은 거의 다 얻어진다고 생각하면 된다. 따라서 평소에 문제를 많이 찾고 의문을 많이 가질수록 좋다. 문제의식이 높을수록, 혹은 생각하고 있던 문제가 많을수록 유리하다.

이러한 문제 중에는 연구와 관련된 것도 있지만 인생에 관한 문제들도 있다. 예를 들면 '어떻게 살 것인가?'와 같은 문제다. 몰입을 하면 삶 속에서 부딪치는 수많은 문제와 갈등에 대한 현명하고 지혜로운 답들이 보이기 시작한다. 연구 능력도 향상되지만, 현실을 살아가는 데 필요한 지혜도 생긴다. 세상을 보는 눈 역시 많이 달라진다. 한마디로 몰입을 하게 되면 정신적으로 강인해지고 성숙해진다.

둘째, 몰입을 하면 문제를 해결하는 데 직접적으로 도움이 되는 아이디어가 떠오른다. 예전에는 미처 생각하지 못했던, 문제와 관련된 새로운 깨달음을 얻는다. 그래서 점점 답에 가까워지고 있음을 확신하게 된다. 특히 문제에 관한 지식을 강화하기 위하여 관련된 책이나 논문을 많이 읽게 되는데 이때 예전에 몰랐던 새로운 깨달음을 얻는 경우가 많다. 이러한 깨달음이 쌓이면서 전공 분야에 대한 이해도 깊어지고 실력도 쌓인다.

셋째, 몰입을 하면 문제를 해결하는 데 도움이 될 만한 정보의 출처가 떠오른다. 이를테면 '어떤 책을 읽으면 도움이 되겠다, 어떤 논문을 찾아보면 좋겠다, 어느 대학의 어느 교수를 만나서 물어보면 도움을 얻겠다' 등의 아이디어다. 이런 아이디어도 평소에는 미처 떠올리지 못했던 기적과 같은 영감이다.

7장

'몰입'에 대해 자주 하는 질문들

바쁜 직장인들,
어떻게 몰입할까?

많은 직장인들이 한 해를 마감하면서 지난 일 년을 돌아보면 바쁘게 보낸 것 같기는 한데 도대체 무엇을 했는지 모르겠다고 말하곤 한다. 매일같이 시간에 쫓기며 바쁘게, 열심히 살았는데 이렇다 할 결과물이 하나도 없는 것처럼 느껴진다는 것이다. 왜 그렇게 열심히 살면서도 공허함을 느낄까? 공허함과 부질없다고 느끼는 감정은 왜 생기는 것일까?

공허함과 부질없음은 주로 마음의 중심이 그 일 안에 있지 않고 바깥에 있을 때 생긴다. 내 능력의 전부를 발휘하지 않고 극히 일부만 사용하면서 적당히 살다 보면 인생이 텅 빈 것처럼 느껴지기 쉽다. 밤늦게까지 연구실에 남아서 연구를 해도 마음의 중심이 연구에 가 있지 않으면 엉덩이는 뒤로 빼고 고개만 앞으로 내민 채 연구를 하는 것과 같다. 즉, 바쁘게 보내며 열심히 하긴 했지만 혼신을 다하지는 않은 것이다. 이런 방식으로 연구를 하다 보면 아무리 많은 논문을 발표해도 연구 결과에 대해 자신 있게 말하기 힘들다.

반면 혼신의 힘을 다해서 연구를 하면 비록 발표할 수 있는 논문의 수는 적다 해도 "이것이 진정한 나의 결과물이다!"라고 자랑스럽게 말할 수 있다. 그 결과가 남에게 어떻게 비치든 "한 가지 분명한 것은 나는 진정으로 최선을 다했다"라고 남들 앞에서, 혹은 자신의 양심 앞에, 그리고 절대자 앞에 당당하게 말할 수 있는 것이다. 이렇게 살면 공허함과 부질없음이 끼어들 여지가 없다.

자투리 시간을 활용하라

바쁜 직장인들이 어떻게 자신의 일에 몰입을 적용하고 실천할 수 있는지 구체적인 방법을 살펴보자. 실제 직장에서 일어나는 일은 다양하고 예측 불가능하기 때문에 하나의 전형적인 예를 들어서 소개하겠다. 이를 읽고 각자 자신의 상황에 적절하게 응용해보기 바란다.

우선 약한 몰입을 실천할 수 있다. 몰입을 시도하기 위해서는 먼저 목표를 설정해야 한다. 가령 나에게 열 가지의 일이 주어졌다고 하자. 여기에는 당장 끝내야 하는 시급한 일도 있고, 어느 정도 시간적 여유가 있는 일도 있다. 이 중에서 중요하면서도 몸보다는 머리를 상대적으로 많이 써야 하고, 어느 정도 시간적 여유가 있는 것 하나를 선택한다. 얼마나 훌륭한 아이디어를 내느냐에 따라 그 일의 성패가 좌우되는 일일수록 좋다. 어떤 일은 내가 아무리 좋은 아이디어를 내도 다른 요인이 일의 성패를 결정하기도 하는데, 이런 종류의 일은 몰입의 대상으로 적합하지 않다.

시간은 한 달 정도의 여유가 있으면 이상적이지만, 그렇지 않다 해도 최소 2주 이상은 되어야 한다. 그 일을 A라고 하면 A가 몰입을 시도할 목표가 되는 것이다.

A를 제외한 나머지 아홉 가지 일은 종전의 방식대로 수행한다. 그리고 A에 대해서는 자투리 시간을 활용해 수시로 생각하도록 한다. 여기서 자투리 시간은 점심시간에 식사를 마치고 업무가 시작되기 전까지의 시간, 업무를 하다가 잠깐 커피를 마시거나 화장실에 있는 시간, 출퇴근 길에 운전을 하거나 버스, 지하철 혹은 도보로 이동하는 시간, 집에서 세수를 하거나 샤워를 하는 시간, 잠자리에 들어서 잠들기까지의 시간 등을 말한다. 매일 별 생각 없이 흘려보내는 이 시간들을 합치면 의외로 길다. 이 자투리 시간에 A라는 문제를 집중 공략하기 시작한다. 이때 주로 '왜?'와 '어떻게?'를 적용하면 된다. A와 관련하여 이해가 가지 않는 부분이 있으면 '왜?'라는 의문을 제기해보자. 그에 대한 답은 '어떻게?'에 대한 답을 얻는 데 힌트가 되는 경우가 많다.

자투리 시간에 생각을 하면 오히려 슬로우 싱킹이 잘 된다. 이때 A에 관하여 생각해야 한다는 사실을 자꾸 잊어버릴 수가 있다. 이를 방지하기 위하여 책상 위나 눈이 자주 가는 곳에 A와 관련된 핵심 단어를 써서 붙이는 것도 한 가지 방법이다. A에 대하여 생각하다 보면 분명 자신이 충분히 알고 있지 않다고 느껴질 때가 있을 것이다. 이럴 때에는 관련된 정보나 지식을 찾아서 습득하려는 노력을 해야 한다. 예를 들어 A에 대해 자신보다 더 잘 알고 있는 주변 인물을 찾아서 도움을 청하기도 하고, 인터넷을 조사하거나 관련된 서적을 구입하여 해당 지식을 습득한다. 그러면 A에 관한 생각의 진전이 훨씬 잘 된다.

자투리 시간에 A에 대해 생각하는 상태로 일주일 정도를 보내면, A라는 문제를 처음보다 훨씬 더 구체적으로 파악하게 된다. 그리고 A에 대해 생각하기도 한결 수월해진다. 종전에 생각하지 못했던 아이디어가 떠오르는 경우도 많다.

일주일이 지났는데도 아이디어가 떠오르지 않을 수 있는데, 그런 경우에도 정해진 기간까지 생각을 지속해야 한다. 일주일 정도 시간이 지난 후에는 잠들기 직전에 생각하는 시간을 늘리는 것이 좋다. 이때부터 수면 상태에서의 활성화된 뇌활동의 효과가 나타나기 때문이다.

앞에서 언급했듯이 전반부 수면에 창의성이 극대화되므로, 3~4시간 잠든 후에 일어나는 것이 아이디어를 얻는 데 유리하다. 일어나서 30분에서 2시간 정도 생각하면서 떠오른 아이디어를 적다가 다시 잠자리에 들면 된다. 이렇게 해도 별다른 아이디어가 떠오르지 않는다면 걱정하지 말고 계속 그것에 대한 생각을 하면 된다. 머릿속에서 아이디어가 숙성되고 있는데, 아직 때가 안 된 것뿐이다. 이러한 과정을 통하여 창조성이 잉태된다는 사실을 명심해야 한다. 이런 생활을 하다 보면 처음에는 막막하게 보이던 문제도 풀리기 시작하고, 예전에 미처 생각하지 못했던 아이디어도 떠오르면서 그것이 법칙처럼 재현된다는 것을 알게 된다.

기발하다고 해서 그것이 꼭 좋은 아이디어인 것만은 아니다. 사람들은 혼신의 생각 끝에 얻은 기발한 아이디어에 큰 애착을 갖는 경향이 있다. 공들여 생각해서 얻은 만큼 더없이 소중하고 좋은 아이디어라고 생각한다. 그러나 이러한 주관적인 감정에 집착하다 보면 일을 그르칠 수 있다. 따라서 자신의 아이디어가 가치 있는 것인지 객관적인 판단을 내려야 하는데 그러려면 직장 상사나 주위 사람들에게 의견을 듣는 것이 가장 좋다.

이와 같은 방식으로 A라는 일을 끝내면 그 결과가 어떻든 혼자서 자축의 시간을 가져보자. 여러 사람이 팀을 이루어 한 일이라면 참여한 사람들과 함께 시간을 갖는 것도 좋다. 이 시간은 바둑을 두고 난 후 복기를 하는 것과 비슷하게 보내야 한다. 아이디어를 내는 과정에서 어떤 접근이 좋았고, 어떤 접근이 나빴는지 돌아보는 것이다. 그리고 최종 선정된 아이디어로 A를 수행했을 때 어떠한 것이 예상과 맞아떨어졌고, 어떠한 것이 예상과 달랐는지 생각해봐야 한다. 예측한 것과 실제 일어난 것의 차이를 인식하고 그 차이가 왜 나타났는지를 이해하면 예측 능력이 점점 더 정확해진다. 이러한 시간을 통해서 작은 성공이라도 그 기쁨을 만끽하고 그동안 수고한 자신을 격려도 하고, 다음에는 조금 더 잘해보자는 다짐도 하는 것이다. 이로써 A에 관한 약한 몰입은 끝이 난다.

그런 다음에는 바로 다음 문제를 찾아 몰입에 들어가지 말고, A에 몰입하느라 그동안 미뤄왔던 일들에 시간을 할애한다. 그동안 부족했던 가족과의 대화, 미뤄두었던 주변 사람들과의 연락이나 만남에 시간을 할애하는 것이다. 그러고 나서 자신에게 주어진 열 가지 일 중에서 다시 최소 2주 이상 몰입할 문제를 찾아 앞에서 설명한 대로 반복하면 된다.

어떤 일을 하는지보다 어떻게 일하는지가 중요하다

약한 몰입을 통해서도 어느 정도의 몰입 효과를 확인할 수 있다. 의식을 통제하여 한 가지 문제를 집중적으로 생각함으로써 아이디어가 나오는 경험, 관련된 업무에 흥미가 생기고, 업무 수행이 능동적으로 바뀌고, 문제에 쫓기기보다는 쫓는 상황으로 바뀐다는 것을 체험할 수 있다. 그러다 보면 나중에는 A를 생각하는 시간이 즐거워지고 다른 일은 상대적으로 재미가 없어진다. 빨리 끝내고 A에 대한 생각만 실컷하고 싶어진다.

약한 몰입이라도 반복해서 실천하면 의식의 통제 능력과 문제해결 능력이 향상되고, 업무를 즐기는 능력도 올라간다. 그래서 대학에서 학위과정에 있는 것 못지않게 생각이 날카로워진다. 깊은 생각과 경험이 함께 어우러지면 자신이 몸담고 있는 분야에서 점차 달인이 되어간다. 그리고 이런 과정을 거쳐서 해낸 업무에 대해서는 주어진 조건에서 "최선을 다했다"고 자신 있게 이야기할 수 있다. 자신의 일에 대한 애착도 생기고, 내가 무언가 의미 있는 일을 했다는 자부심도 생긴다.

우리가 무엇인가에 시간을 쏟는 것은 우리 인생의 한 부분과 맞바꾸는 것이다. 특히 직장에서 일을 하는 시기는 대개 인생의 황금기다. 내가 하는 일이 과연 꽃다운 나의 청춘과 바꿀 만한 가치가 있는지 잘 생각해봐야 한다. 그것은 어떠한 일을 하느냐의 문제가 아니라 어떻게 일을 하느냐의 문제다.

해결해야 할 문제가 많을 땐?

해결해야 하거나 아이디어를 내야 할 문제가 굉장히 많은 경우가 있다. 그런데 대부분 너무 어려워서 어느 하나 뾰족한 해결책이나 아이디어가 나오지 않는 상황이라면? 이럴 때 여러 가지 문제를 동시에 생각하는 것은 효율적이지 못하다. 한 번에 한 문제씩 다루는 것이 몰입의 효과를 증대시킬 수 있는 방법이다.

먼저 여러 가지 문제 중 한 가지를 선정한다. 이 문제를 A라고 하고, 앞에서 언급한 방식으로 대략 일주일 동안 자투리 시간에에 몰입해보자. 역시 일과 후나 주말에는 아무것도 하지 않고 오직 A만 생각하는 시간을 갖는다. 그럼에도 불구하고 A에 대한 해결책이나 아이디어가 나오지 않을 수 있다. 그러면 A에 대한 생각은 일단 접어두고 그다음 주부터는 B라는 문제로 몰입의 대상을 바꾼다. 생각의 주제를 바꾸어도 A를 풀려는 두뇌활동이 무의식적으로 진행된다. A 문제를 공략하던 것과 같은 방식으로 일주일 동안 B라는 문제를 공략한다. 일주일이 지났는데 역시 B에 관해 뾰족한 해결책이나 아이디어가 떠오르지 않는다면 그다음 주에는 C라는 문제로 몰입 대상을 바꾼다.

이런 식으로 계속 진행해서 머릿속에 해결되지 않은 문제가 10개 이상이 있다고 하자. 그러면 시간이 지날수록 아이디어가 떠오르는 빈도가 높아진다. 떠오르는 아이디어의 빈도는 문제의 수에 비례하기 때문이다. 그래서 어느 날 A에 관하여 다시 생각하고 있는데 갑자기 B나 C의 해결책이나 아이디어가 떠오르기도 한다. A에 관하여 생각한다고 해서 반드시 A에 관한 아이디어만 떠오르는 것이 아니다.

아이디어가 떠오르는 양상은 예측할 수 없지만, 분명한 것은 자신이 문제로 인식하고 있는 것에 대해서만 아이디어가 떠오른다는 것이다. 따라서 많은 문제를 생각할수록 좋다. 단, 그 문제는 구체적이고 명확하게 정의되어야 한다. 해결해야 할 문제가 많을 때에는 각 문제마다 일주일가량 몰입해보자. 이렇게 하면 그 문제의 핵심이 잘 정리되기 때문에 무의식 상태에서 해결책이나 아이디어가 보다 쉽게 나올 것이다.

수험공부 할 때에는 어떻게 몰입할까?

사고에 의한 몰입으로 문제를 해결하는 방식은 남이 만들어놓은 길을 가는 것이 아닌 내가 스스로 길을 만들어가는 경우에 유리하다. 따라서 창의적인 활동에 유리하다. 한편 수험공부는 주로 교과서에 있는 내용을 습득하는 것이고, 공부할 내용이 많고 다양하기 때문에 몰입 적용 방식도 사고에 의한 몰입과는 조금 다르다. 수험공부를 할 때의 몰입은 의식에 다른 잡념이 들어오는 것을 줄이고, 오로지 수험공부에 관련된 내용으로만 의식을 채우는 상태라고 할 수 있다.

나는 사실 수험공부에 몰입을 의도적으로 적용해본 적이 없다. 몰입은 대학을 졸업하고 나서 한참 후에 경험한 일이기 때문이다.

그러나 그동안의 경험으로 미루어볼 때 내가 만약 중요한 입시나 고시를 준비하는 상황이라면 몰입을 어떻게 적용해야 할지 어느 정도 짐작이 된다.

수험공부에 몰입을 성공적으로 적용한 사례

내가 생각한 몰입 방법을 실제 수험공부에 성공적으로 적용한 사람들이 있어 소개한다.

한순간도 공부에 대한 생각을 놓지 않다

한번은 강연을 하기 위해 CHA의과학대학교를 방문했다가 박명재 총장을 만났다. 행정자치부 장관을 역임한 그는 자신도 몰입을 경험했다고 하면서 자신의 몰입 이야기를 들려주었다.[42]

박 총장은 연세대학교 행정학과 재학 시절 학생회장에 뽑혔다. 학생회장이다 보니 시위에 자주 나서게 되었다. 그러다가 영장이 나와 군대를 가게 되었는데, 제대 후 마음속으로 품고 있었던 행정고시 준비를 했다.

복학한 첫해에는 2차 시험이 7개월밖에 남지 않아서 준비기간이 너무 짧았다. 그래서 1차 시험 합격만을 목표로 준비했다. 그 후로 길을 걸을 때나 화장실에 갈 때나 어느 한순간도 고시를 위한 공부를 멈춘 적이 없었다. 숨 쉬는 것은 물론 하루하루의 삶이 완전히 고시를 향해 있었다. 고시공부를 시작한 이후엔 '내 행동 하나하나가 합격에 직결된다'는 각오로 공부했다고 한다.

그가 공부하는 모습을 본 한 친구는 "너는 마치 신들린 듯이 공부를 하는구나"라고 말하기도 했다. 볼펜으로 종이에 써가면서 공부를 했는데, 하루 종일 쓰다 보면 잉크가 닳아 매일 새 볼펜으로 바꾸어야 했다. 사흘이면 300~400페이지 정도 되는 책을 완전히 독파할 수 있어서 머릿속에 지식이 쌓이는 것이 느껴질 정도였다. 그렇게 7개월을 공부한 결과 행정고시에 수석으로 합격했다.

그 당시 학생회장 출신이, 그것도 첫 번째 시험에서 수석을 한 경우가 처음이라서 매스컴의 집중 조명을 받았다. 사무관이 된 날로부터 매일 누구보다도 일찍 7시경에 출근하여 19층까지 운동 삼아서 걸어 올라가 국무회의실의 문고리를 잡고 기도를 했다. 언젠가는 나도 이 회의에 참석할 수 있는 사람이 되게 해달라고. 결국 그 꿈을 이루어 행정고시 동기 중에 유일하게 장관이 되었는데, 그것도 항상 자신의 업무에 몰입했기 때문에 가능한 일이었다고 한다.

식사시간은 줄이고, 수면시간은 충분히

변호사이자 증권투자 전문가로 활동하다 지금은 국회의원으로 활동하고 있는 고승덕 의원은 '고시 3관왕'으로 유명하다. 대학교 재학 시절 사법고시 합격, 외무고시 차석, 행정 고시 수석을 차지

했고 서울대 법대도 수석으로 졸업했다. 그는 하루 24시간 중 잠자는 7시간을 제외하고 나머지 17시간을 공부했다.[43] 참고로 고시생의 하루 평균 공부시간은 10시간 정도니까 남들보다 훨씬 더 많은 시간을 공부에 할애한 셈이다. 밥 먹을 때는 반찬 떠먹는 시간도 아깝고, 씹는 시간도 아까워서 모든 반찬을 밥알 크기로 으깨 밥과 비벼 먹었다고 한다. 그리고 숟가락을 놓는 그 순간부터 공부를 했다. 이를 테면 공부에 철저하게 몰입한 것이다.

여기서 눈여겨볼 점은 깨어 있는 17시간은 공부만 했지만, 수면시간은 7시간으로 비교적 충분히 잤다는 것이다. 공부를 할 때 잠을 줄이면 긍정적인 화학물질이 잘 분비되지 않아 집중이 안 되고 공부하기가 싫어진다. 따라서 절대 잠을 줄이지 말고, 깨어 있는 시간을 알차게 보내야 한다. 그래야 무리한 최선이 아닌 지속적으로 실천 가능한 최선을 할 수 있다.

몰입하는 흉내만 내도 충분하다

공부라는 행위도 그것을 중단 없이 연속적으로 하면 몰입 효과가 나타나서 생각보다 견딜 만하다. 적당히 공부하면 지겹지만 걸어 다니면서, 세수하면서, 화장실에서도 계속 하다 보면 오히려 긍정적인 감정이 생긴다. 이처럼 공부에 몰입하는 사람들은 한결같이 강인한 정신력과 뚜렷한 목표의식을 갖고 있는데, 이 두 가지

요소가 몰입의 장벽을 넘고 고도의 몰입 상태를 유지하는 데 굉장한 힘이 된다.

정신적인 강인함은 몰입의 장벽을 넘기 위해서도 필요하지만 몰입 활동에서 발생할 수 있는 정서적 불안정을 줄이는 데에도 중요한 역할을 한다. 정신적인 강인함은 육체적인 강인함에 의하여 보완될 수 있는데, 박명재 총장의 고시공부는 군대를 막 제대한 후였음을 주목할 필요가 있다.

높은 몰입도를 계속 유지하려면 육체적으로든 정신적으로든 무리하지 말아야 한다. 이를 위해서는 편안한 자세와 마음가짐을 가지는 것이 중요하다. 한편 육체적 그리고 정신적인 무리에 대한 기준은 각 개인마다 다를 수가 있다. 한마디로 개인마다 견딜 수 있는 한계가 다르다.

기억해야 할 점은 몰입도를 올리는 과정이 힘들지, 일단 몰입도를 올려놓은 상태에서 계속 유지하는 것은 상대적으로 덜 힘들고 오히려 긍정적인 감정이 생긴다는 것이다. 따라서 몰입도가 오르내리기를 반복하는 상황보다는 몰입도가 높은 상태를 계속 유지하는 것이 훨씬 더 효율적이고 견디기도 쉽다.

특히 이동할 때는 생각을 하는 것이 가장 효과적이다. 생각할 문제가 없으면 노트에 있는 내용을 외워도 되지만, 책을 읽는 것은 피하는 것이 좋다. 이동 중에 책을 읽으면 어지럼증이 생겨 컨디션이 나빠진다. 이렇게 공부에 몰입한다는 것은 단 1초도 다른 생각을 하지 않고 자나 깨나 오로지 공부에 대한 생각만 하는 것이다. 이때 끊김 없이 연속적으로 하는 것이 중요하다. 처음에는 완벽하게 실행하기 힘들더라도 이러한 방향으로 계속해서 노력해야 한다. 시작할 때는 그냥 몰입하는 흉내만 내면 된다. 그래도 효과가 조금씩 나타난다. 흉내 내기를 지속하면 가속도가 붙어 머지않아 효과가 나타난다.

몰입을 하면 인간관계에 문제는 없을까?

"인간은 사회에서 여러 가지를 배울 수 있지만
영감을 얻는 것은 오직 고독에 의해서만 가능하다."

– 요한 볼프강 괴테

몰입은 누구나, 어떤 일에나 적용 가능한 효율적인 방식이지만 가정생활이 원만하지 않고, 직장에서 원만한 인간관계를 형성하지 못하는 사람이 몰입을 하는 것은 곤란하다. 몰입은 좋은 인간관계에 만족하지 않고 개인적으로 더 큰 무언가를 성취하고자 할 때 필요한 것이다.

주위 사람들과의 관계가 원만하지 않으면 자신의 관심을 온통 주어진 문제에 쏟기가 훨씬 더 어렵다. 따라서 몰입을 하고 싶으면 먼저 가정과 직장에서 원만한 인간관계를 형성해야 한다. 특히 직장에서 지위가 낮을 경우 대체로 일하는 방식에서 자유롭지 못하므로 열심히 노력해서 먼저 상사로부터 인정을 받아야 한다. 인정을 받아야 자유가 생기고, 자유가 생길수록 자신이 원하는 방향으로 노력할 수가 있다. 또한 몰입이 현실과 조화를 이루도록 노력해야 한다. 만약 몰입 활동이 현실과 충돌하고 대립한다면 현실에 더 높은 우선순위를 두어야 한다. 몰입으로 이상적인 삶을 추구하더라도 두 발은 항상 땅을 딛고 있어야 한다.

내가 하는 일에 몰입하는 것이 더 중요하냐, 아니면 각종 모임 등의 활동이 더 중요하냐는 각 개인의 상황 혹은 가치관에 따라 달라진다. 그러나 명심할 점이 하나 있다. 성공적인 사교생활이 후회 없는 삶을 가져다주는 것은 아니라는 것이다. 평균적인 노력을 하고 평균적인 삶을 살면서 성공하기는 힘들다. 각 분야에서 정상에 있는 사람들을 보면 모두 비정상적인 노력을 하고 비정상적인 삶을 살았다. 몰입은 최선의 삶을 구현하는 한 방법이지만 분명 평균적인 삶은 아니다.

'그러면 삶에서 진정 중요한 것이 무엇인가?'라는 의문이 남는다. 무엇을 더 중요하고 소중하게 여기느냐에 따라, 그리고 살아가는 방식에 따라 삶의 결과가 형체 없는 안개로 사라질 수도 있고, 예술 작품에 버금가는 모습으로 완성될 수도 있다. 어떤 삶에 더 가치를 두고 살아가느냐는 각자의 선택에 달려 있다.

8장

몰입과 생각하기 지도 사례

학위 과정에서의
몰입과 생각하기

"일 년에 두세 번 생각하는 사람도 거의 없다.
나는 일주일에 한 번 생각을 해서 세계적인 명성을 얻었다."

– 조지 버나드 쇼

학생들을 지도하다 보면 많은 학생들이 미지의 문제를 스스로 생각해서 해결하는 훈련이 충분히 되어 있지 않다는 생각이 들곤 한다. 그리고 생각하는 훈련이 되어 있는 정도도 개인마다 다르다. 어떤 학생은 비교적 쉽게 생각하기를 실천하는 반면, 어떤 학생은 좀처럼 실천을 못한다.

여기에서 소개할 네 가지 사례 중 첫 번째와 두 번째 사례는 처음부터 생각하기를 잘한 편에 속하고, 세 번째와 네 번째 사례는 처음에는 생각하기를 좀처럼 실천하지 못했던 편에 속한다. 아마 첫 번째와 두 번째 사례가 예외적이고, 상당수의 사람들이 세 번째와 네 번째 사례에 가까울 것이다.

첫 번째 사례 : 정신적으로 성숙한 학생

첫 번째 사례는 고등학생 시절부터 성적이 아주 우수했던 전형적인 모범생으로, 다른 학생들에 비해 정신적으로 아주 성숙한 학생의 이야기다. 이 학생은 내가 어떤 이야기를 해도 항상 귀 기울여 듣고, 배우려는 열의가 남다른 게 특징이다. 보통 학생들은 지도교수를 어려워하며 피하는 경향이 있는데, 이 학생은 이 핑계 저 핑계를 만들어서라도 나를 자주 찾아온다.

이 학생은 대학교를 졸업할 때까지 생각하기의 중요성에 대한 이야기를 그 누구에게서도 들어본 적이 없다고 했다. 내가 생각의 중요성과 몰입에 대한 이야기를 들려주자 몇 주 뒤 이 학생이 이메일을 보내왔다. 생각하기의 중요성에는 공감하는데 좀처럼 생각할 시간이 나지 않는다고 했다. 수업을 듣고, 숙제를 하고, 실험실 미팅에 참석하고 나니 생각할 시간이 없더라는 것이었다.

나는 이 학생을 불러 "생각하는 것에 우선순위를 두지 않으면 평생 생각할 시간이 나지 않는다"고 말해주었다. '나중에 시간 날 때 생각해야지' 하고 계속 미루다 보면 죽는 날까지 생각할 시간을 만들 수 없다. 특히 열심히 사는 사람일수록 바쁘게 시간을 보내기 때문에 일부러 시간을 내지 않으면 생각할 여유가 생기지 않는다.

나는 이 학생에게 등하교 시간에 짬짬이 생각할 것을 권했다. 이 학생은 낙성대 근처에 살았는데 평소 학교에 갈 때 마을버스를 탄다고 했다. 그래서 나는 마을버스를 타는 대신 걸어 다니면서 그 시간에 생각하는 습관을 들이라고 했다. 생각하는 대상은 주로 수업 내용 중 이해가 가지 않는 것이나, 자신의 연구 주제와 관련된 기본적인 개념에 대한 것으로 정하라고 일러주었다.

몇 주가 지난 뒤 그 학생에게서 이메일이 왔다. 내 말대로 하니까 매일 생각을 할 수 있었다는 내용이었다. 그리고 수업시간에 이해하지 못했던 내용을 생각하다 보니 기본적인 개념을 확실하게 깨우칠 수 있어 좋다고 했다. 그러면서 생각하기의 중요성을 새삼 실감하게 되었다고 했다. 이렇게 10개월간 열심히 생각하기를 실천한 결과 새로운 사실을 깨달았다고 했다. 그전까지만 해도 모르는 문제는 해법을 배워야 알 수 있다고 생각했는데, 모르는 문제도 계속 생각하다 보니 스스로 해결할 수 있더라는 것이었다. 그 학생은 이것이 자신의 삶에서 겪은 가장 큰 패러다임의 변화라고 했다.

그 후 이 학생은 마음을 굳게 먹고 무려 40일 동안 자나 깨나 주어진 문제만 생각하며 본격적으로 몰입을 시도했다. 그 기간 동안 연구에 대한 생각을 하지 않은 시간은 오로지 주말에 부모님을 뵈러 갈 때뿐이었다. 이 학생은 내가 지도한 학생 중에 가장 진지하게, 가장 오랜 시간 몰입을 실천했다. 그 과정에서 하루가 다르게 성장해갔다.

흥미로운 것은 이 학생의 몰입 동기가 나와 같았다는 것이다. 이 학생은 대학 시절부터 '어떻게 살아야 죽을 때 후회하지 않을 것인가?'에 대한 물음이 삶의 화두였다고 한다. 그런데 그 답을 찾지 못하고 있다가 나에게서 몰입에 관한 이야기를 듣고 그것이 자신이 찾던 답일지도 모른다는 생각에 그때부터 몰입에 관심을 갖기 시작했다는 것이다.

그는 40일간의 몰입 체험으로 가치관이 바뀐 후 생활 패턴도 달라져 연구와 직간접으로 관련이 없는 활동은 멀리하고 거의 모든 시간을 연구에만 몰두했다. 그러면서 부모님과 친구들에게서 이구동성으로 전과 달라졌다는 이야기를 들었다고 했다.

이 학생은 극단적인 몰입은 아니더라도 슬로우 싱킹을 활용하여 열심히 생각하는 연구생활을 몇 년 동안 실천했다. 규칙적으로 하루에 한 시간씩 운동도 했다. 규칙적인 운동의 위력을 실감한 것이 자신이 삶에서 겪은 두 번째로 큰 패러다임의 변화라고 했다. 그리고 이런 생활을 통해 지극한 행복감을 느끼게 되었다고 했다.

집으로 돌아가는 길에 낙성대로 걸어가다 보면 술에 취한 사람들이 눈에 띄는데 몇 년 전에는 자신도 그들과 같았다고 한다. 그래서 흥청망청 취해 그 순간의 기쁨을 누리는 그들의 기분을 너무도 잘 이해하지만 자신은 분명 그때보다 지금이 훨씬 더 행복하다고 한다. 이처럼 삶에서 중요한 몇 가지 일에만 전념해 단순한 삶을 살면서도 지극한 행복을 느낄 수 있다.

이 학생은 몰입의 놀라운 위력을 체험한 후 친동생에게도 멘토링을 해주었다. 그의 동생은 대학을 졸업하고 여러 회사에 응시했지만 번번히 낙방하다가 결국 군대에 갔다. 그는 동생이 휴가 나올 때마다 몰입의 효과와 중요성을 일러주면서 몰입을 한번 해보라고 권유했다. 그러다가 동생이 군대에서 제대할 무렵 경쟁률이 높은, 좋은 회사에 응시하게 되었다. 동생은 그 회사에 들어가고 싶은 마음이 너무도 간절했지만 여러 회사에서 이미 낙방한 경험이 있었기 때문에 자신이 없다고 했다.

그 회사의 면접시험 문제와 답은 인터넷에서도 얼마든지 구할 수 있었지만, 이 학생은 동생에게 몰입을 통해 보다 독창적인 답을 생각해보라고 권유했다. 형의 말대로 동생은 며칠 동안 자나 깨나 그 문제만 생각했다. 그렇게 며칠이 지나자 인터넷에 있는 답보다 훨씬 더 수준 높은 답이 떠올랐다. 그리고 면접시험을 볼 때 그 답을 이야기하자 징조가 좋았다. 면접관이 아주 훌륭한 대답이라고 칭찬을 해준 것이다. 예감대로 동생은 그 회사에 합격했다.

합격한 뒤 2주 동안 신입사원 연수를 갔는데, 팀별 프로젝트가 주어졌다. 동생은 그 주제에 대해서도 계속 몰입해서 아이디어를 냈고, 그 아이디어는 만장일치로 채택되었다. 팀원들은 어떻게 그런 생각을 했느냐며 모두들 놀라워했다고 한다.

이 학생의 주중 활동은 아주 단순하다. 연구, 수영, 그리고 한 시간 정도 여자친구와 전화통화를 하는 게 전부다. 그리고 주말에는 부모님 댁을 방문하고 여자친구와 데이트를 한다. 이들은 얼마 전에 결혼했다.

나는 학생들에게 쓸데없는 활동에 시간을 낭비하지 말고 인생에서 중요한 일에 전념하라고 권한다. 결혼도 인생에서 중요한 일이므로 좋은 사람을 만나면 모든 것을 걸라고 조언한다. 가정이 화목하고 안정되어야지 그렇지 않으면 절대로 자기 일에 몰입할 수 없기 때문이다. 나중에 이야기를 들어보니 연구에 몰입을 했지만, 죽어도 여한이 없을 정도는 아니었다고 한다. 그런데 2년 전 부친의 소개로 현재의 아내와 만난 이후 그야말로 모든 걸 걸었고 죽어도 여한이 없을 정도로 열애를 했다고 한다.

두 번째 사례 : 도전정신이 강한 학생

두 번째 사례는 이미 중고등학생 시절부터 생각하기 훈련을 잘 해온 학생의 이야기다. 이 학생은 이미 중고등학생 때부터 문제를 풀 때 해답을 보지 않고 끝까지 물고 늘어져 스스로 풀었다고 한다. 게다가 운동을 좋아해서 몰입의 기본 자세를 모두 갖추고 있었던 셈이다.

이 학생은 생각하는 것에 익숙하고 그 중요성을 이미 잘 알고 있어서 그런지, 내 지도학생이 된 후 거의 매 학기 방학 때마다 일주일 이상의 몰입을 시도해서 3년 동안 모두 다섯 번의 몰입을 경험했다. 한 번 몰입을 실천할 때마다 눈에 띄게 발전하는 모습을 보였는데 두 번째 몰입부터는 상당히 중요한 문제들을 해결해서 나를 깜짝 놀라게 하기도 했다. 평소 생각을 많이 하는 이 학생은 생각을 하기 위해 실험실에서 잠을 자는 경우도 많다. 또 지하철로 잠실에서 낙성대를 오가는 등하교 시간에는 항상 자신의 연구 주제에 대해 생각을 한다고 한다. 낙성대에서 전철을 타고 생각에 잠겼다가 잠실역에서 내릴 때가 되어 생각에서 벗어나면 마치 낙성대에서 잠실까지 순간 이동을 한 것처럼 느껴진다고 한다. 이 학생은 생각을 많이 하면 생각을 하지 않았을 때 보이지 않던 것들이 보이기 시작하고, 단순히 생각만 했을 때 보이지 않던 것들이 몰입할 때는 보인다고 한다. 그래서 아이디어를 얻는 효과로 보면 생각을 하지 않을 때와 생각을 많이 할 때의 차이는 엄청나고, 또 생각을 많이 하는 것과 몰입을 하는 것은 분명히 다르다는 것을 경험으로 확인했다는 것이다.

농구 마니아인 이 학생은 매일 오후 4시만 되면 농구장으로 달려간다. 그러다 보니 남들 눈에는 열심히 연구하지 않는 것으로 보이는 모양이다. 한번은 주위 사람이 나에게 이런 이야기를 했다. 우리 연구실에 연구를 열심히 안 하고 놀기만 좋아하는 학생이 한 명 있는데, 바로 이 학생이라는 것이다. 겉보기에는 그렇게 보일지 모르지만 이 학생이 생각하는 방식을 보면 다른 학생들과 확연히 다르다. 가장 큰 차이는 문제의 핵심을 잘 파악한다는 것이다. 그리고 그 핵심에 생각을 집중한다.

나는 이 학생이 문제의 핵심을 파악하는 탁월한 능력을 가진 것은 중고등학생 시절에 스스로 생각해서 문제의 답을 찾는 학습법을 훈련했기 때문이라고 생각한다. 어린 시절 모르는 문제를 스스로 생각해서 해결하는 학습을 통해 약한 몰입을 경험했기 때문에 문제의 핵심을 쉽게 찾아내고 또 그것에 집중해서 생각해 문제를 잘 해결할 수 있을 뿐만 아니라 강한 몰입도 별 어려움 없이 할 수 있는 것이다.

게다가 이 학생은 도전정신이 아주 강한 게 특징이다. 아무리 어려운 문제에 직면해도 전혀 위축되지 않는다. 쉬운 문제 앞에서도 위축되고 그것을 풀 수 없는 이유부터 찾는 다른 학생들과는 아주 대조적이다. 학생들에게 도전정신을 심어주는 것도 대학원에서 해야 할 중요한 교육 중 하나다.

하루는 이 학생에게 남들보다 도전정신이 강한 이유가 무엇인지 물었다. 그러자 자신은 농구시합을 할 때 예선전보다는 준결승전이 더 재미있고, 준결승전보다는 결승전이 더 재미있다고 했다. 게임이 어려워질수록 더 혼신의 힘을 다하게 되고 그럴수록 더 재미를 느낀다는 것이다. 결국 열정과 도전정신은 끊임없는 도전을 통해서만 키울 수 있는 것이다.

세 번째 사례 : 생각보다 행동이 앞서는 학생

세 번째 사례는 성격도 쾌활하고 우리 연구실에서 실험을 가장 열심히 하는 학생의 이야기다. 항상 열정이 넘치는 이 학생은 거의 매일 늦게까지 실험실에 남아 실험을 하고, 주말에도 거의 빠짐없이 학교에 나와서 연구 활동을 한다. 그래서 그룹 미팅에서 발표할 때 보면 실험 결과의 양이 다른 학생의 두세 배는 된다. 게다가 자신의 연구에 대한 애착도 강하다. 이 학생은 실험실에서 약 한 달간을 먹고 자면서 집중적으로 실험에 몰입하는 경험도 했다.

모든 것이 완벽해 보이지만 이 학생에게는 한 가지 문제가 있다. 바로 머리보다 몸이 먼저 나간다는 것이다. 충분한 시간을 들여서 깊이 생각하지 않고 그저 실험만 열심히 하는 것이다. 물론 이 학생은 경쟁력에서 가장 중요한 요소인 열정, 근면, 그리고 성실성을 모두 갖추고 있다. 그러나 나는 지금보다 한 단계 더 발전하려면 생각을 깊이 하면서 연구를 해야 한다고 조언했다.

그리고 나서 몇 달 동안 관찰해보니 실험은 열심히 하는데 역시나 생각은 거의 하지 않았다. 그래서 다시 노력의 방향을 생각하는 쪽으로 돌리라고 했다. 그 후 또 몇 달을 주의 깊게 살펴보니 그래도 생각은 거의 하지 않았다. 그렇게 2년의 시간이 흘렀다. 도저히 안 되겠다 싶어서 하루는 이 학생을 불러 앞으로 내가 별도의 지시를 내릴 때까지 실험은 하지 말고 생각만 하라고 단호하게 말했다. 실험을 중단하고 이제까지 얻은 실험 데이터의 의미가 무엇인지 생각하고, 관련 문헌을 읽고 생각하고, 또 앞으로 어떤 실험을 해야 좋을지에 대해서 생각만 열심히 하라고 했다.

일주일 동안 실험은 하지 않고 책상 앞에 앉아 생각만 했는데 아무 성과도 나오지 않았다고 했다. 그리고 실험을 하면 가시적인 성과가 나오는데 아무 성과도 없이 계속 생각만 하려니 너무나 괴로웠다고 했다. 생각하는 것보다 실험하는 것이 자신의 적성에 더 맞는데 지도교수인 내가 자신의 적성이나 스타일을 잘 모르고 있다고 생각했단다. 아무런 성과 없이 시간만 가는 것이 괴로워서 나 몰래 실험을 할까도 생각했다고 한다.

그래도 하는 수 없이 생각을 계속 했는데 열흘 정도 지나자 작은 아이디어가 하나 떠올랐다고 한다. 그때부터 실험에 관한 아이디어가 조금씩 나오는 것을 경험했다고 했다. 그러면서 생각 없이 실험만 하는 것보다 깊이 생각하는 것이 훨씬 더 부담되고 어려운 일이라는 것을 알았다고 한다. 물론 별 생각 없이 하루 종일 실험만 하는 것도 육체적으로 쉬운 일은 아니다. 하지만 공사장에서 일하거나 이삿짐을 나르는 일의 노동강도에 비하면 아무것도 아니다.

반면 몸을 움직이는 일은 아니지만 생각을 하는 것은 부담이 되면서 힘이 든다. 특히 아무리 생각해도 별 아이디어가 나오지 않고 시간만 흘러가면 더욱 힘들다. 그러나 아무리 힘들어도 계속 생각하는 데 힘을 쏟아야 한다. 그래야 생각이 발전하고 한 단계 더 깊어지면서 예리해진다. 유대인이 강조하는 것처럼 몸만 쓰려고 할 게 아니라 부담이 되고 힘이 들더라도 머리를 쓰기 위해 노력해야 한다.

그러한 경험을 계기로 이 학생은 열심히 생각하는 것이, 생각 없이 실험만 하는 것보다 어렵기는 해도 시간을 훨씬 더 가치 있게 보내는 것이라는 사실을 깨달았다고 한다. 자연스럽게 생각보다 몸이 먼저 나가는 습관도 바뀌어 매일 출근할 때마다 오늘은 어떤 일을 해야 할지 생각하게 되었다고 한다. 충분히 생각하고 하루를 시작하면 보람 있고 알찬 시간을 보내는 반면, 그렇지 않으면 남는 것 없이 바쁘게만 시간을 보내게 된다고 한다. 하루의 성공과 실패가 출근길에 충분히 생각하느냐, 그렇지 않느냐에 달려 있다는 것을 깨달은 이 학생은 이제 생각하는 것을 즐긴다.

네 번째 사례 : 생각하기 연습이 부족한 학생

　네 번째 사례는 운동을 좋아하고 낙천적이며 착실한 학생의 이야기다. 이 학생은 '후회 없는 삶'이나 '최선의 삶'보다는 '재미있게 사는 것'에 관심이 더 많았다. 특히 운동을 아주 좋아해서 자신이 좋아하는 운동만 하면서 살고 싶다고 말할 정도였다. 초등학생 시절 축구선수가 되는 것이 꿈이었는데, 부상으로 그 꿈을 이루지 못해 아쉬움을 갖고 있는 듯했다. 지금은 농구나 축구도 열심히 하지만 제일 좋아하는 운동은 골프라고 한다. 인생을 진지하게 생각하기보다는 약간 낭만적으로 생각하는 경향이 있는 편이다.

　나는 적어도 몇 달에 한 번씩은 학생들에게 생각하기의 중요성을 상기시킨다. 학생들이 연구 발표를 할 때 보면 평소 얼마나 깊이 생각하는지 쉽게 파악할 수 있는데, 이 학생에게서는 일 년이 지나도록 진지하게 생각하는 모습을 찾아볼 수가 없었다. 평소 대화를 나눠보면 이 학생도 생각하기의 중요성에 대해서는 공감하고 있었다. 그럼에도 불구하고 생각하기를 실천하지 못하는 것이었다.

나는 어느 날 이 학생을 불러서 지난 일 년 동안 지켜보니 통 생각을 하지 않는 것처럼 보이더라는 이야기와 함께, 생각을 하지 않는 이유가 무엇인지 물어보았다. 이 학생은 다음과 같이 대답했다. "저는 이제까지 통 생각을 하지 않고 살아왔습니다. 그런데 갑자기 생각을 하려니까 잘 안 됩니다."

이 학생이 '생각하기'를 너무 막연하게 여기는 것 같아서 조금 더 구체적으로 지시를 했다. 자신의 연구와 관련된 문제 하나를 설정해서 등하교, 식사, 세수 등을 할 때 항상 의도적으로 생각해보라고 했다. 일주일 뒤 이 학생은 시도를 해보긴 했는데 일상생활을 하면서 생각을 하는 것이 불가능하더라고 했다. 식사를 하면서 생각을 하려고 했더니 수저를 허공에 둔 채 식사를 멈추고 있더라는 것이다. 그리고 식사를 하는 동안에는 생각을 하지 않게 되고, 또 칫솔질을 할 때는 생각을 하지 않고 생각을 하면 칫솔질을 멈추고 있더라고 했다.

이 말을 듣고 데이트를 해본 적이 있는지 물어봤다. 그 학생은 해보았다고 대답했다. 그럼 데이트를 할 때 식사를 하면서 그 연인을 생각해본 적이 있는지 물었다. 학생은 그렇다고 대답했다. 나는 바로 그런 식으로 생각하면 된다고 이야기해주었다. 식사를 하면서 머릿속에는 좋아하는 연인에 대한 생각을 배경처럼 띄워놓

듯이 자신의 연구에 대한 생각도 다른 일을 하면서 배경에 띄워놓을 수 있어야 하는 것이다. 이 학생은 이러한 훈련이 필요한 듯해 보였다.

이 학생의 솔직한 대답은 통 생각을 하지 않고 자라온 학생들의 입장을 이해하는 데 큰 도움이 되었다. 아마 많은 학생들이 이와 비슷할 것이다. 생각하는 것은 눈으로 확인할 수가 없다. 그래서 어떻게 생각하는지 보여줄 수 없다는 어려움이 있다.

어떤 사람은 심지어 이런 이야기도 한다. "세상에 생각 없이 사는 사람이 있습니까?" 상념도 생각에 속하고, 망상도 생각에 속한다는 점에서 누구나 생각하며 산다고 할 수 있다. 그런데 문제를 해결하기 위해서 많은 생각을 해본 경험이 없으면 '문제해결을 위한 생각'의 의미를 잘 깨닫지 못한다. 그리고 어떻게 해야 하는지도 잘 모른다.

학생들을 지도하면서 늘 절감하는 것은 학생들에게 '생각하기'를 실천하도록 유도하는 것이 의외로 어렵다는 것이다. 내가 교육에서 추구하는 것 중 하나는 '어떻게 하면 생각하지 않는 학생들을 생각하는 학생으로 바꿀 수 있는가?'이다. 궁극적인 목표는 학생들에게 생각의 위력과 즐거움을 반복 경험하도록 함으로써 스스로 생각하기를 실천하도록 하는 것이다. 그리고 이것이야말로 경쟁력을 더 높여 성공적인 삶을 살 수 있고 행복의 총량도 더 높일 수 있는 방법이라는 것을 확신하게 하는 것이다. 거기까지만 할 수 있다면 그다음에는 저절로 굴러간다.

학생들에게 생각을 유도할 수 있는 방법을 고민하다가 생각해 낸 것이 종전의 회의식 미팅을 토론식 미팅으로 바꾸는 것이었다. 토론식 미팅을 통해 이 학생을 포함한 여러 학생들에게 어떻게 생각해야 하는지 일깨워줄 수 있었다. 이 학생은 이제 생각을 잘 실천하고 있으며, 생각을 통해 자신의 연구에서 중요한 아이디어들을 도출하고 있다.

회의식 미팅과
토론식 미팅

"사람들은 생각하기를 죽기보다도 싫어한다."
– 버트란트 러셀

연구실에서 회의식 그룹미팅은 우선 학생들이 자신의 실험 결과를 발표하는 것으로 시작한다. 그러면 지도교수는 그 실험 결과를 보다 명확하게 이해하기 위해서 몇 가지 질문을 한 다음, 앞으로 실험할 방향을 지시한다. 이와 같은 회의는 회사에서 의사결정권자가 보고를 받고 지시를 하는 방식과 비슷하다. 그런데 이런 방식으로 회의를 하면 보고하는 학생이나 그룹미팅에 참여하는 다른 학생들에게 생각을 유도할 기회가 별로 주어지지 않는다. 원래 열심히 생각하는 학생이라면 괜찮겠지만 생각을 잘 하지 않는 학생이라면 문제가 된다.

한편 우리 연구실에서 하는 토론식 그룹미팅은 생각하는 방법을 모르거나 생각하는 것이 습관화되지 않은 학생들을 생각하게 끔 유도하기 위한 방식으로 진행된다. 한마디로 내가 수업시간에 적용하는 '사고기반학습'을 위한 질문식 수업을 회의에 적용한 것이라고 보면 된다.

토론식 미팅의 특성

토론식 미팅에서는 학생들이 실험 결과를 발표했을 때 지도교수가 일방적으로 다음 실험의 방향을 지시하지 않는다. 그 대신 참석한 그룹원들이 그 실험 결과가 무엇을 의미하는지, 혹은 왜 이런 실험 결과가 나왔는지에 대해 생각하고 차례로 자신의 의견을 내놓는다. 대개는 저학년부터 대답할 기회가 주어진다.

토론식 미팅에서 질문을 하면 처음에는 대부분 학생들이 "잘 모르겠는데요"라고 대답한다. 이렇게 대답하면 깊이 생각해봤지만 잘 모르겠다는 것인지, 생각을 별로 해보지 않아서 잘 모르겠다는 것인지 알 수 없다. 그래서 나는 "잘 모르겠는데요"라는 대답은 가급적 자제하고 어떻게든 자신의 의견을 이야기해보라고 한다.

이때 문제가 어려워서 학생들이 힘들어하면 문제의 수준을 약간 낮춘다. 그 문제를 조금 더 쉬운 몇 단계로 나누는 것이다. 문제의 난이도를 낮추는 또 다른 방법은 문제의 핵심을 찾도록 하는 것이다.

생각을 잘 못하는 학생들의 공통점은 문제의 핵심을 파악하지 못한다는 것이다. 문제의 핵심을 파악하지 못하면 아무리 생각을 해도 문제를 해결할 확률이 낮다. 그러나 먼저 문제의 핵심을 파악한 후 그것을 집중적으로 생각하면 해결할 확률이 매우 높아진다. 축구에서 공이 미드필드보다 골문 앞에서 왔다 갔다 할 때 골인될 확률이 높은 것과 같은 이치다.

나는 학생들이 대답을 잘 하지 못하면 문제의 핵심이 무엇인지 물어본다. 문제의 핵심을 파악하는 것은 상대적으로 쉬워서 몇몇 학생은 올바른 대답을 한다. 이때 전체 학생들에게 문제의 핵심을 정확히 이야기해준다. 그러면 문제의 수준이 낮아져서 학생들이 보다 쉽게 답을 찾는다.

주어진 실험 결과에 대해 이야기할 때 보면 내가 기대하던 답이 나올 때도 있고, 드물기는 하지만 내가 기대한 것 이상의 대답을 듣게 되는 경우도 있다. 만약 어느 학생이 기대 이상의 답을 내놓으면 나는 칭찬을 아끼지 않는 동시에 그 학생의 의견이나 아이디어에 대한 크레디트를 준다. 즉, "이 아이디어는 어떤 학생이 제안한 것이다"라고 공개적으로 선언을 하는 것이다.

실험 결과에 대한 해석을 놓고 토론이 끝나면 최종적으로 그 실험 결과가 무엇을 의미하는지, 혹은 왜 그런 결과가 나왔는지에 대해 정리를 해준다. 그런 다음 실험 결과의 의미를 알았으니 이제 어떤 실험을 하는 것이 좋을지 질문한다. 만약 지도교수라면, 혹은 회사의 의사결정권자라면 어떠한 실험을 지시하면 좋을지 물어보기도 한다. 그리고 학생들이 돌아가면서 의견을 이야기하면 내가 그것을 종합해서 최종 결론을 내린다.

가끔 학생들이 발표한 실험 결과의 의미가 나조차 명확하게 파악되지 않을 때가 있다. 그러면 나도 학생들과 함께 그 자리에서 생각을 한다. 경우에 따라서는 10분, 30분 혹은 1~2시간의 시간을 정해주고 주어진 문제에 대해 각자가 편안하게 생각한 뒤 의견을 내도록 하기도 한다.

이렇게 하는 이유는 지도교수도 답이 보이지 않을 경우 많은 시간 동안 생각한다는 것을 학생들에게 보여주기 위해서다. 내가 며칠이나 몇 주일, 혹은 몇 달이고 풀리지 않는 문제를 포기하지 않고 끊임없이 생각하는 모습을 학생들에게 보여줄 수는 없지만, 토론식 미팅을 통해 한두 시간이라도 지도교수가 자신들과 똑같이 미지의 문제를 해결하기 위해 막막한 시간을 보낸다는 것을 보여주려는 것이다. 그렇게 해서 학생들에게 아무 성과가 없어도 생각하면서 시간을 보내는 것이 최선의 시간을 보내는 것이고, 그런 시간이 일상이 되어야 한다는 것을 깨닫게 해주고 싶다.

나는 이때에도 학생들에게 슬로우 싱킹 방식으로 편안하게 생각하다 졸리면 책상에 엎드려 자라고 한다. 물론 나도 생각하다가 졸리면 책상에 엎드려 잔다. 일정 시간을 두고 생각하는 동안에는 자유롭게 산책을 해도 좋고, 자신이 생각하기 좋은 장소에서 생각을 해도 된다. 장소에 구애받지 않고 자유롭게 생각하는 것은 좋지만 컴퓨터나 전화통화 등 다른 일을 하는 것은 허용되지 않는다. 그리고 나서 정해진 시간까지 회의실로 돌아와 생각한 내용을 이야기하면 된다.

이 회의 방식을 바둑 두는 것에 비유하면 이해하기 쉽다. 종전의 보고와 지시 방식은 학생이 바둑을 두는데 지도교수가 옆에서 "여기에 둬라, 저기에 둬라" 지시하고 학생은 그대로 바둑알을 놓는 상황과 같다. 반면 보고-토론-지시의 방식은 상대방이 어디에 바둑알을 두었을 때 그것이 무엇을 의미하는지, 그것에 대응해서 어디에다 두면 좋을지 질문을 하는 것이다. 그러면 학생들은 나름대로 생각해서 어디에 두면 좋을지에 대한 의견을 제시하고, 지도교수는 그 수가 이러저러해서 좋지 않으니 여기에 두어야 하고 그 이유는 이러저러하다고 설명해주는 방식이다.

토론식 미팅의 장점 3가지

토론 방식으로 회의를 진행할 때의 단점은 시간이 많이 걸린다는 것이다. 예를 들어 30분이면 끝날 회의가 2~3시간으로 길어지게 된다. 이러한 단점에도 불구하고 토론식 미팅은 장점이 더 많다.

가장 좋은 점은 의사결정의 결과가 종전보다 훨씬 더 좋아진다는 것이다. 종전의 회의는 30분 만에 지도교수인 내가 의사결정을 해야 했다. 그런데 회의시간이 2~3시간으로 길어지면 내가 생각에 투자하는 시간이 4~6배로 늘어나면서 훨씬 더 수준 높은 의사결정을 내릴 수 있다. 바둑에서 제한시간이 30분에서 2~3시간으로 늘어나면 판단력이 훨씬 좋아지는 효과와 비슷하다.

두 번째 장점은 학생들이 연구를 하면서 어떻게 생각해야 되는지 구체적으로 이해할 수 있다는 것이다. 제대로 생각해본 경험이 없어서 생각하는 것 자체를 막연하고 어렵게 느끼는 학생들도 이런 토론식 회의에 몇 번 참석하고 나면 '생각한다는 것이 바로 이런 것이구나!' 하고 쉽게 이해하게 된다.

세 번째 장점은 학생들 사이에 활발한 토론이 벌어진다는 것이다. 학생들이 연구 과정에서 생각하는 방법을 파악하게 되면 실험을 어떻게 계획해야 하는지, 실험 결과가 무엇을 의미하는지 고민하는 습관을 갖게 된다. 각자 이런 생각을 해서 자기 나름대로의 의견을 갖거나 결론을 내리다 보면 자연스럽게 자신의 생각이 맞는지, 혹은 잘못되었는지 다른 사람의 검증을 받고 싶다는 생각이 든다. 그 결과 주위 동료나 선배들에게 자신의 생각을 이야기하게 되고, 자연스럽게 토론으로 이어진다. 생각하는 습관이 자연스럽게 토론하는 습관으로 연결되는 것이다.

서두르지 말고 충분한 시간을 두고 생각하라

일반 회사에서도 토론식 미팅을 활용할 수 있다. 그런데 상황에 따라 의사결정권자도 답을 쉽게 얻지 못하는 경우가 있을 수 있다. 그럴 때는 해결책을 도출하기 위해 구성원들끼리 충분히 토론하는 시간을 갖는 것이 좋다. 이런 회의 방식은 구성원들에게 생각하는 습관을 갖게 하고, 생각하는 방법을 배울 수 있는 기회를 제공할 것이다.

일반적으로 실험을 시작하기 전에는 어떤 실험을 해야 하는지 충분한 시간을 두고 생각해야 한다. 그리고 실험 결과가 나오면 그것이 무엇을 의미하는지에 대해 충분히 생각해야 한다. 그렇다면 각각의 과정에 얼마의 시간을 투자해야 할까? 경우에 따라 차이가 있겠지만, 나는 학생들에게 보통 실험을 하루 종일 한다고 치면 4~5일은 실험을 계획하는 데 투자하고, 4~5일은 실험 결과의 의미를 생각하는 데 사용하도록 권유한다. 연구활동에서 10퍼센트가 실험이라면 나머지 90퍼센트는 생각하거나 관련 논문을 읽으면서 보내야 한다. 이렇게 보내야 창의적인 연구를 할 수 있고 빠른 속도로 사고력과 창의력을 발달시킬 수 있다.

실험 결과에 대해 충분히 생각해서 그 결과가 의미하는 바를 최대한 도출해내는 것이 연구 능력이다. 이 능력이 발달하면 남들이 발표한 논문을 읽을 때도 직접 연구를 수행한 저자들보다 결과의 의미를 더 잘 파악할 수 있다.

사과나무에서 사과가 떨어지는 것은 누구나 관찰할 수 있지만, 뉴턴은 그 관찰 결과로부터 만유인력을 발견했다. 이처럼 실험 결과나 현상을 보고 그것이 의미하는 것을 끄집어내는 능력은 사고 훈련에 의해 끝없이 발달한다.

9장

몰입과 엔트로피, 그리고 뇌과학

엔트로피 법칙으로 본 삶

자연현상이나 생명현상이 예외 없이 자연법칙을 따르듯이 우리의 삶 역시 우리가 원하는 방향으로 흘러가는 것이 아니라 정확하게 법칙대로 흘러간다. 이러한 법칙을 올바로 이해하고 활용할 때 비로소 우리가 원하는 방향으로 삶을 통제할 수 있다. 이 법칙 중의 하나가 바로 엔트로피 법칙이다.

　엔트로피 법칙은 수많은 천재들의 합작품으로 인류에게 남겨진 위대한 유산이다. 이 소중한 유산을 잘 활용하는 것은 이 시대를 살아가는 우리의 몫이다. 이 법칙이 그토록 중요한 이유는 유용성과 보편타당성 때문이다. 엔트로피 법칙은 시공을 초월해 어떠한 상황에서도 예외 없이 성립한다.

엔트로피 증가의 법칙

　엔트로피 법칙이란 모든 현상은 항상 전체 엔트로피가 증가하는 방향으로, 다시 말해 우주의 모든 현상은 본질적으로 보다 더 무질서한 방향으로 진행된다는 것을 뜻한다. 전체 엔트로피가 증가하는 양상과 감소하는 양상이 어떻게 다를까? 이 차이를 이해할 수 있는 아주 쉬운 방법이 있다.
　다양한 상황을 비디오로 촬영했을 때 화면 속의 장면은 현실 세계에서 일어나는 현상이고, 이는 곧 전체 엔트로피가 증가하는 모습이다. 그 비디오를 거꾸로 돌리면 촬영된 화면이 시간을 거슬러 가는 모습이 나타나는데 이 상황이 바로 전체 엔트로피가 감소하는 모습이다. 가령 폭포에서 물이 떨어지는 것을 비디오로 촬영하고 이것을 거꾸로 돌리면 폭포의 물이 거슬러 올라가는 모습이 된다.
　공을 높은 곳에서 떨어뜨리면 처음에는 높이 튀어 오르다가 그 높이가 점점 낮아진다. 점점 낮게 튕기다가 마침내 땅 위에 정지한다. 이 모습을 비디오로 촬영해 거꾸로 돌리면 정지하고 있던 공이 스스로 점점 더 높이 튀어 오른다. 또 화재 현장에서 불에 타는 모습을 촬영한 후 거꾸로 돌리면 화염과 흩어지는 연기 속에서 원래의 건축물이 복원되는 모습을 확인할 수 있다. 이것이 바로 전체 엔트로피가 감소하는 모습이다.
　내가 어떤 생각을 할 때 생각의 흐름도 엔트로피가 증가하는 방향이 된다. 그리고 이 생각을 거꾸로 하는 것이 엔트로피가 감소하는 방향이다. 이와 같이 전체 엔트로피를 낮추기 위해서는 시간을 되돌릴 수 밖에 없다. 그런데 시간을 되돌릴 수 없기 때문에 전체 엔트로피를 감소시킬 수 없는 것이다. 그래서 엔트로피를 '시간의 화살time's arrow'이라고도 한다.

엔트로피 법칙과 확률의 관계

엔트로피의 물리적 의미는 '확률'이다. 따라서 '전체 엔트로피는 항상 증가한다'는 엔트로피 법칙은 '전체 확률은 항상 증가한다'는 이야기와 같다. 즉, 확률이 낮은 상태에서 높은 상태로의 변화는 가능하지만 그 반대로의 변화는 불가능하다는 것이다. 나중 상태의 확률에서 처음 상태의 확률을 뺀 값을 그 변화를 야기시키는 '구동력'이라고 할 수 있는데, 이 값이 양positive이면 그 변화는 가능하지만 이 값이 음negative이면 그 변화는 불가능하다.

엔트로피 법칙은 어떠한 현상이 일어나기 위한 필요조건이 된다. 한마디로 어떤 현상이 발생 가능한지 불가능한지를 판단하는 기준이 된다. 엔트로피 법칙으로 주어진 현상이 발생 가능하다는 것을 알았다면, 그다음은 그 현상이 얼마나 빨리 일어나는지 알아야 한다. 이와 관련된 것이 '속도론kinetics의 법칙'이다.

속도론의 법칙은 '세상은 가장 확률이 높은 방식으로 진행된다'

는 것이다. 장벽이 높으면 그 경로의 진행 속도가 느리고, 장벽이 낮으면 그 경로의 진행 속도가 빠르다. 그런데 자연은 진행 속도가 빠른 경로를 택한다. 진행 속도가 빠르다는 것은 그만큼 확률이 높다는 것을 뜻한다. 속도론의 법칙은 주어진 현상이 일어날 필요충분조건이 된다. 이러한 자연의 기본법칙이 우리 삶에 어떻게 적용되는지 살펴보자.

가령 어떤 일이 어렵다고 하는 것은 그 일이 구현될 확률이 낮다는 것을 의미한다. 철광석으로부터 철을 만드는 것보다 엔진을 만들고 자동차를 만드는 일이 더 구현될 확률이 낮다. 이보다 더 구현될 확률이 낮은 것은 LCD TV를 만들고 반도체를 만들고 휴대전화를 만들고 컴퓨터를 만드는 것이다. 이와 같이 산업적으로 고도화되고 고부가가치를 가진 물건들을 개발한다는 것은 확률이 지극히 낮은 상태를 구현하는 것이다.

첨단산업이나 고도로 발전된 사회일수록 구현될 확률이 낮고 엔트로피가 낮은 방향으로 움직인다. 공부를 잘하는 것은 낮은 확률 상태를 구현하는 일이다. 아무도 생각하지 못한 참신하고 유용한 아이디어를 내는 것, 많은 돈을 버는 것, 성공적인 삶을 사는 것 모두 낮은 확률 상태를 구현하는 것이다. 이런 일이 가능한 이유는 전체 엔트로피는 항상 증가하지만 부분적인 엔트로피는[44] 감소할 수 있기 때문이다. 그러나 엔트로피나 확률이 감소하는 것은 특별한 경우여서 부분적으로라도 감소하려면 힘과 같이 특별한 무언가가 반드시 작용해야만 한다. 결국 낮은 확률 상태를 구현하려면 적절한 노력에 의해 구현되기 어려운 상태였던 것을 구현되기 쉬운 상태가 되도록 확률을 올려야만 한다.

자연계의 힘과 확률

어떠한 변화도 확률이 증가하는 방향으로 진행된다면, 우리가 관심을 갖고 있는 변화를 통제하고 예측하기 위해서는 확률에 영향을 미치는 요소가 무엇인지 아는 것이 중요하다. 자연계에서 확률에 영향을 미치는 요소는 무엇일까? 그것은 바로 자연계에 존재하는 중력이나 전기력과 같은 힘force이다. 이 우주의 모든 현상은 방향성이 있고 질서를 만들려는 힘에 의한 경향과 방향성 없이 임의의 방향으로 무질서해지려는 경향이 서로 통합적으로 작용해 균형을 이룬다. 그렇다면 힘이 어떻게 확률에 영향을 미치는지 자세히 살펴보자.

정육면체 모양의 주사위를 던지면 모든 면이 나올 확률은 6분의 1로 같다. 그런데 정육면체 모양 대신 성냥갑 모양의 직육면체로 된 주사위를 만들었다고 가정하면 정육면체 주사위와 달리 모든 면이 나올 확률은 똑같지 않을 것이다. 즉, 넓은 면이 나올 확률은 6분의 1보다 더 커지고, 좁은 면이 나올 확률은 6분의 1보다 더 낮아질 것이다. 이 경우 각 면이 나올 확률을 결정하기는 쉽지 않지만 그래도 확률적이라는 사실 자체에는 변함이 없다.

직육면체 주사위의 각 면이 나올 확률이 달라지는 이유는 무게중심의 위치가 달라지기 때문이다. 넓은 면이 나올 때에는 무게중심이 낮아져 위치에너지가 작고, 좁은 면이 나올 때에는 무게중심이 높아져 위치에너지가 크다. 따라서 위치에너지가 클수록 그 면이 나올 확률이 낮아지고, 위치에너지가 작을수록 그 면이 나올 확률이 높아진다. 이로써 중력이라는 힘에 의해 작용하는 위치에너지가 달라지면 확률이 달라진다는 것을 알 수 있다. 위치에너지에 따라 확률 분포가 달라진다는 것이 엔트로피 법칙의 또 다른 개념이다. 이 개념 역시 우리 눈앞에 펼쳐지는 어떠한 현상에도 똑같이 적용된다.

지구 표면과 멀어질수록 압력이 낮아지고 공기는 희박해진다. 즉, 공기가 존재할 확률은 지구 표면으로부터 멀어질수록 낮아진다. 그 이유는 지구 표면과 멀어질수록 공기분자의 지구 중력에 대한 위치에너지가 커지기 때문이다.

예를 들어 물의 경우 기체 상태인 수증기와 액체 상태의 물의 같은 부피당 물 분자의 수를 비교하면 액체 상태에서 훨씬 더 많다. 이는 물 분자가 물로 존재할 확률이 기체로 존재할 확률보다 훨씬 높다는 것을 의미하는데, 이러한 확률의 차이는 물 분자가 액체 상태로 있을 때와 기체 상태로 있을 때의 위치에너지 차이 때문에 생긴다.[45] 이 위치에너지의 차이는 물 분자 사이의 전기력 때문에 생긴다. 따라서 세상의 모든 현상은 확률적인데, 이 확률을 결정하는 데에는 힘이 깊숙이 관여하고 있음을 알 수 있다.[46]

엔트로피 법칙은 어디에나 적용된다

확률 혹은 엔트로피의 개념은 어떠한 문제에도 적용될 수 있다는 점에서 지극히 유용하고 강력하다. '공부를 잘하기 위해서는 어떻게 해야 하나?' '성공하기 위해서는 어떻게 해야 하나?' '선진국이 되기 위해서는 어떻게 해야 하나?' 등의 물음에 확률 개념을 적용하면 다음과 같이 바뀐다. '공부를 잘할 수 있는 확률을 올리려면 어떻게 해야 하나?' '성공할 확률을 올리려면 어떻게 해야 하나?' '선진국이 될 확률을 올리려면 어떻게 해야 하나?'

위의 두 가지 물음에 큰 차이가 없는 것 같지만 확률 개념을 적용해보면 훨씬 더 구체적이 된다. 엔트로피 법칙은 우리가 원하는 변화를 이끌어내기 위해서는 그 변화가 일어날 확률을 올리는 방향으로 노력하는 것 이외에 다른 방도가 없음을 명백하게 보여준다. 따라서 목표를 성취하기 위해서는 변화가 일어날 확률에 영향을 주는 요소가 무엇인지 가려내서 보다 체계적으로 접근할 필요가 있다.

예를 들어 공부를 잘하려면 먼저 자신이 과연 공부를 열심히 할 구동력을 어느 정도 갖고 있는지 알아야 한다. 구동력이 없다면 그것을 만들어주어야 하는데, 이를 만들 수 있는 대표적인 방법이 왜 공부를 열심히 해야 하는지 그 이유를 찾는 것이다. 각 과목에 대해서도 왜 그 과목을 공부해야 하는지 명확한 이유를 찾아야 구동력이 생긴다.

구동력을 갖고 있다면 충분한지, 부족하지는 않은지 조사해서 부족하다고 판단되면 그 구동력을 늘리도록 노력해야 한다. 공부에 대한 구동력을 늘리려면 공부를 열심히 해야 하는 이유를 반복해서 생각해서 그 당위성에 대한 내적 중요성을 증대시키면 된다. 또한 그 구동력이 수동적인지 능동적인지 조사해서 수동적이라면 능동적으로 바꾸어야 한다.

만약 구동력은 충분한데 공부를 실천하기 힘들다면 속도론적 장벽이 높다는 것을 의미한다. 이는 곧 실천하는 방법이 잘못되었다는 것을 의미하므로 보다 더 실천하기 쉬운 방법을 찾아야 한다. 요컨대 공부를 열심히 하는데 실제 성적이 오르지 않는다면 그 이유가 어디에 있는지 가려내어, 그것을 집중적으로 보완하는 것이 문제해결에 가장 효율적이다.

내가 추구하고자 하는 변화를 이끌어내기 위해서 관련된 구동력과 확률을 바꾸는 방법을 알고 이를 실천할 수 있다면 앞으로의 인생을 얼마든지 자기 뜻대로 바꿀 수 있는 것이다. 이러한 확률적 접근은 개인을 변화시키는 데에도 도움이 될 뿐 아니라 어떤 제도를 도입할 때나 정책을 결정할 때, 그리고 다양한 상황에서 의사결정을 내려야 할 때에도 유용하게 적용할 수 있다.

엔트로피 법칙과 교통질서

예를 들어 엔트로피 법칙을 교통질서 문제에 적용해보자. 일본이나 미국을 방문해본 사람은 그들의 철저한 교통질서 의식에 깊은 인상을 받는다. 흔히 우리 국민이 상대적으로 교통질서 의식이 낮은 이유는 국민성 때문이라고 이야기한다. 그래서 교통질서를 지키지 않는 것은 개선할 수 없다고 생각하는데 이 문제를 엔트로피적으로 접근해보면 일본이나 미국에서는 교통질서를 지킬 확률이 높을 수밖에 없는 제도를 시행하고 있는 반면, 우리나라는 그렇지 않기 때문이라는 결론이 나온다.

예를 들어 우리나라에서는 불법주차에 대한 단속이 허술하기 때문에 불법주차를 예삿일로 여긴다. 그러나 일본이나 미국에서는 불법주차를 하면 거의 어김없이 교통범칙금 고지서가 날아온다. 즉, 범칙금의 부과가 힘과 같은 역할을 해 주차질서를 지키는 사람들의 확률 분포를 바꾸는 것이다. 여기서 눈여겨봐야 할 점은, 교통질서를 지킬 확률에 주된 영향을 주는 요소가 국민성이라고 판단하면 이 문제는 해결되지 않는다는 것이다. 확률에 영향을 주는 요소에 대해 올바른 판단을 내려야 문제가 효과적으로 해결된다는 것이 엔트로피 법칙이 주는 시사점이다.

생명현상의 엔트로피

세상은 확률에 따라 움직인다는 것이 예외 없이 성립하는 법칙이라면 확률을 바꾸는 근본 요소가 중요하다는 것을 알 수 있다. 자연현상의 경우 확률에 영향을 주는 요소는 중력이나 전기력과 같은 힘이다. 그렇다면 삶에서 확률에 영향을 주는 요소는 무엇일까? 삶에서 엔트로피 법칙을 활용하려면 먼저 이 요소를 가려내야 한다. 생명체의 경우 확률을 바꾸는 근본 요소는 무엇인지 살펴보자.

먼저 생명활동을 생각해보면 우리는 숨을 쉬고, 음식을 먹고 소화를 시킨다. 또한 우리 몸은 피를 만들어 순환시키면서 영양분과 산소를 몸 구석구석에 공급하고, 신체의 온도를 일정하게 유지시키고, 다양한 활동을 할 수 있는 다른 에너지로 변환시킨다. 이처럼 생명체가 생명현상을 유지하는 것은 대단히 낮은 확률, 즉 낮은 엔트로피를 구현하는 것이다.

전체 엔트로피는 항상 증가하지만 생명체의 엔트로피를 감소시키는 것은 가능하다. 물론 부분적인 엔트로피라도 저절로 감소하기는 어려우므로 거기에는 특별한 이유가 있어야 한다. 생명체의 행위나 행동의 확률에 영향을 주는 근본 요소를 알기 위해서는 이 특별한 이유를 찾아야 한다.

죽은 상태가 살아 있는 상태보다 엔트로피가 더 증가한 상태이므로 인간은 결국 죽는다. 이것이 자연의 법칙이다. 그러나 우리는 죽음으로부터 멀어지기 위해 노력하고 삶을 지속하기 위해 애쓴다. 이를 위해 우리 몸에서 엔트로피가 증가하려는 경향을 계속적으로 막아야 한다. 결국 환경으로부터 계속해서 음의 엔트로피를 얻어야 하는 것이다. 우리가 음식을 먹고 몸에서 대사하는 과정의 핵심은 결국 신체에 음의 엔트로피를 공급하는 것이다.

엔트로피를 감소시키는 생명현상

우리는 매일 엔트로피가 증가하는 경향에 맞서서 엔트로피를 낮추면서 살고 있다. 이처럼 엔트로피가 낮아지는 현상을 음의 엔트로피라는 의미로 '네거티브 엔트로피*negative entropy*'라고 하는데, 이를 줄여서 '네겐트로피*negentropy*'라고 한다.

생명현상은 스스로 엔트로피를 줄일 수 있는 특성이 있는데, 이는 엔트로피 법칙으로 볼 때 대단히 놀랍고 특별한 것이다. 이런 이유로 양자역학을 정립한 물리학자 중 한 사람인 슈뢰딩거는 그의 책 『생명이란 무엇인가?』[47]에서 "생명은 네겐트로피를 먹고 사는 존재다"라고 말했다.

그렇다면 무엇이 생명현상의 낮은 확률을 구현 가능하도록 하는 것일까? 이 질문을 통해 생명체의 확률에 영향을 주는 근본 요소를 생각해볼 수 있다. 생명현상은 어떻게 스스로 엔트로피를 낮출 수 있을까?

슈뢰딩거는 생명의 핵심인 네겐트로피를 가능하게 하려면 어떤 정보가 생명체에 있어야 한다고 생각했고, 그것을 '코드*code*'라고 불렀다. 그의 통찰은 정확했다. 후에 왓슨과 크릭이 슈레딩거의 책을 읽고 영감을 받아 DNA 이중나선구조를 찾아냈기 때문이다. 즉, 슈뢰딩거가 이야기하는 코드는 이중나선구조를 갖고 있는 DNA에 해당한다. 한마디로 유전자 속에 들어 있는 유전 정보가 네겐트로피를 가능하게 했고 확률을 낮춘 것이다.

식물을 예로 들어보자. 식물은 태양에너지와 땅속의 양분을 흡수해 나뭇잎과 열매 등을 만드는데 나뭇잎과 열매는 극히 엔트로피가 낮은, 즉 확률적으로 절대 저절로 생길 수 없는 결과물이다. 이렇게 낮은 확률로 보이는 결과가 구현될 수 있는 것은 바로 유전 정보 때문이다.

결국 정보가 확률을 바꾸는 요소라는 것을 알 수 있다. 이 사실은 대단히 중요하다. 우리가 공부를 해서 지식을 습득하는 것은 정보를 저장하는 행위다. 그렇게 저장된 정보는 앞으로의 인생 경로에서 보다 낮은 확률을 구현할 수 있게 해준다.

생존과 번식의 확률을 올리는 요소

동물의 경우 식물과 달리 운동을 하기 때문에 스스로 확률을 변화시키는 행위가 더욱 분명하게 드러난다. 그리고 확률을 변화시키는 요소 중에 식물과는 다른 것이 있다. '동물動物'은 움직이는 물체라는 의미를 가지고 있는데, 이때 움직임은 예측할 수 없는 상황에서도 적절히 대처할 수 있는 기능을 수반해야 한다. 그래야 생존과 번식의 확률을 올릴 수 있다. 이러한 기능을 가지고 있는 동물만이 진화의 경쟁에서 살아남았다고 볼 수 있다. 이는 단순히 정보만 가지고 해결될 문제가 아니다. 정보 이외에 다른 무엇인가가 있어야 한다.

그것은 과연 무엇일까? 바로 자연계의 힘과 같이 방향성이 있어야 스스로 엔트로피를 감소시킬 수 있다. 자연계에서 힘에 의한 위치에너지는 인간의 감정과 비슷하다. 위치에너지 자체는 방향성이 없지만, 거리에 대한 위치에너지의 변화는 힘이 되어 방향성이 생긴다. 마찬가지로 감정 자체는 방향성이 없지만 감정의 변화는 방향성을 갖는다.

예를 들어 어떠한 행위가 점점 더 즐거움을 준다거나 점점 더 고통을 준다면 우리는 즐거움을 증가시키는 방향으로, 혹은 고통을 감소시키는 방향으로 행동할 것이다. 이와 같이 확률 분포에 영향을 준다는 면에서 우리의 감정이 자연계의 힘과 같은 역할을 한다는 것을 알 수 있다. 우리의 감정은 우리에게 삶을 끌어당기고 죽음을 밀어내는 방향성을 만든다.

자연계에 존재하는 중력이나 전기력의 크기는 일정한 공식에 따라 정해진다. 따라서 지구 표면과의 거리에 따른 공기의 분포와 같은 것은 공식에 의해 정해지므로 예측이 가능하다. 반면 확률에 영향을 주는 우리의 감정은 임의로 변하기 때문에 우리의 생각이나 행동은 예측하기 어렵다.

예를 들어 내가 어떤 일에 의도적으로 몰입을 하면 그것에 대한 내적 중요성이 증가해 감정이 변하게 되고, 이에 따라 나의 생각이나 행동의 확률이 바뀐다. 자연현상은 주어진 조건이 같으면 재현 가능하고 예측 가능한 경우가 많지만, 우리의 생각이나 행동은 주어진 조건이 같다 해도 똑같이 재현되지 않을뿐더러 예측하기도 어려운 것이다.

쾌감, 불쾌감, 두려움과 분노 같은 인간의 감정은 대뇌변연계에서 만들어진다. 보통 감정은 하나의 신경전달물질에 의해 만들어지기보다 다양한 신경전달물질들이 어우러져 복잡하고 특별해진다. 흔히 "스릴을 즐긴다"는 말을 하는데, 이는 독사의 독 못지않게 독성이 강한 아드레날린이나 노르아드레날린, 그리고 쾌감물질인 도파민 등이 서로 어우러져 특별한 재미의 감정을 만들어내는 것을 의미한다. 마치 매운맛 자체는 통증을 줘서 거부감이 들지만 고추장을 넣은 비빔밥이나 비빔냉면은 즐기는 것과 마찬가지다.

　이러한 감정 때문에 우리는 주사위가 던져지는 것처럼 임의로 행동하지 않고 필연적으로 먹을 것과 짝을 찾으려는 노력을 한 결과 생존과 번식 확률을 극단적으로 올려 치열한 진화의 경쟁에서 살아남은 것이다. 동물들은 새끼를 양육하는 방법을 배운 적이 없는데도 새끼를 낳으면 자연스레 젖을 물린다. 만약 동물들의 행위가 방향성이 없고 임의적이라고 한다면 이러한 행위는 확률적으로 거의 제로에 가까울 것이고, 동물들은 이미 오래전에 멸종되었을 것이다.

'왜?', '어떻게?'라는 질문의 위력

● 오늘날 고도로 발달된 문명은 대단히 낮은 확률 상태를 구현한 것이다. 이러한 일이 어떻게 가능했는지 정보엔트로피의 관점으로 접근해보자.

원시인류는 동물과 크게 다를 것이 없었다. 그러다가 언어가 발달하면서 다른 동물들과 구별되기 시작했다. 인류는 언어를 통해 다른 사람이 획득한 지식과 정보를 공유할 수 있게 되면서 낮은 확률 상태를 구현할 수 있었다. 이것이 선사시대의 문명이다. 이후 문자가 발명되었고, 이에 힘입어 선사시대가 역사시대로 바뀌었다. 문자의 발명은 조상들이 획득한 지식과 정보를 후손들에게 전해주는 역할을 했다. 이로써 더욱 낮은 확률 상태를 구현할 수 있게 되었다. 그 결과 고대문명이 구축된 것이다.

이후 고대국가의 탄생, 전쟁, 상거래나 무역 등으로 지식과 정보의 확산이 가속되었다. 역사가들이 중세를 암흑시대라고 하는데 이는 문명의 발전이 정지되었기 때문이다. 그렇다면 왜 문명의 발전이 정지되었을까? 바로 인류가 '왜?'와 '어떻게?'라는 질문을 하지 않았기 때문이다. 즉, 생각을 하지 않은 것이다.

중세시대에 자연현상을 포함한 모든 것은 성서에 따라 해석되었고, 이에 반하는 생각은 금기시되었다. 그러다 천동설이 무너지고 지동설이 등장하면서 인류는 기존의 모든 믿음에 대해 회의를 갖기 시작했다. 그리고 성서적 해석에 구애받지 않고 스스로 자유롭게 생각하고 표현하기 시작했다. 이러한 시도는 커다란 성공을 거두었다. 결과적으로 낮은 확률 상태를 구현할 수 있었는데, 이것이 바로 인류문명을 꽃피운 르네상스다.

결국 암흑시대는 인류가 생각하기를 멈춘 상태라고 볼 수 있고, 생각하기를 멈추면 발전도 멈춘다는 것을 보여주는 역사적 실험 결과라고 할 수 있다. 이 개념은 개인에게도 적용된다. 항상 '왜?'와 '어떻게?'라는 질문을 하고 이에 대해 끊임없이 생각하면 각자의 인생에서 르네상스를 꽃피울 수 있지만, 생각을 하지 않거나 게을리하면 별다른 발전 없는 암흑시대를 맞이할 것이다.

엔트로피 법칙과 시냅스

감정은 정보 전달에 의해 만들어지므로 정보와 감정이 우리의 행위와 사고의 확률을 바꾸는 핵심요소라는 것을 알 수 있다. 그렇다면 정보와 감정을 처리하는 가장 근본적인 부분은 어디일까? 우리 몸에서 정보의 저장과 전달이 일어나는 곳은 시냅스이고, 여기서 감정도 만들어진다. 바로 시냅스가 우리의 행위와 사고의 확률을 변화시킬 수 있는 근본인 것이다. 이처럼 엔트로피 관점에서 보면 시냅스에 대한 이해가 삶을 이해하는 데 가장 중요한 요소인 동시에 삶의 방정식을 푸는 핵심이 된다.

엔트로피 관점으로 본 몰입

무언가에 몰입한다는 것은 의식이 산만해지려는 경향에 맞서 집중된 상태로 가는 것이다. 즉, 의식의 엔트로피가 증가하는 경향에 맞서 이를 감소시키는 방향으로 가는 것이다. 칙센트미하이는 "몰입도가 증가하면 의식의 엔트로피는 감소한다"고 하였다.[48] 그런데 이와 같은 일은 결코 저절로 일어나지 않는다.

생각을 하나의 문제에 집중한다는 것은 흩어지는 담배 연기를 좁은 공간에 모으는 것과 비슷하다. 흩어지는 담배 연기를 좁은 공간에 모으는 것은 쉬운 일이 아닌데 이것을 엔트로피 장벽이라고 할 수 있다. 몰입이 어려운 이유는 이러한 엔트로피의 장벽을 넘어야 하기 때문이다.

몰입도가 낮은 산만한 상태는 다양한 시냅스가 무작위로 활성화되는 상태라고 할 수 있다. 이때 잡념이 임의로 떠오른다. 반면 몰입도가 높은 상태는 특별한 관계를 갖는 뉴런과 시냅스들이 선택적으로 활성화되는 상태다. 따라서 몰입을 이해하려면 우리 몸의 뉴런과 시냅스의 작용을 이해해야 한다.

자기 능력의 한계를 발휘하고 이를 확대해나가는 삶은 엔트로피가 가장 낮은 상태 혹은 가장 낮은 확률 상태를 구현하는 것이다. 고도의 몰입 상태 역시 의식의 엔트로피가 가장 낮은 상태다. 이러한 상태는 시냅스가 가장 낮은 엔트로피를 갖는 상태이므로 엔트로피가 가장 높은 상태인 죽음과는 가장 반대되는 상태다. 따라서 몰입하는 삶은 죽음에 대한 최대의 저항이고 죽음과 가장 반대되는 삶, 가장 삶다운 삶이라 할 수 있다.

바람직한 시냅스를 형성하기 위한 노력

인간이 자유의지를 가졌다고는 해도, 우리의 어떠한 행동도 자연의 법칙을 거스를 수는 없다. 이 한계를 벗어날 수 없다는 점에서 우리 역시 자연의 일부이고, 우리가 살아가는 모습도 자연현상의 하나라고 할 수 있다. 이러한 사실로부터 한 가지 깨달음을 얻을 수 있다. 세상에는 우리가 할 수 없는 것과 할 수 있는 것이 있으며, 그중에서도 하기 쉬운 것이 있고 하기 어려운 것이 있다는 것이다. 이것을 구별함으로써 우리의 한계와 능력을 분명하게 인식할 수 있다. 그리고 이러한 인식은 '어떻게 살아야 하는가?'라는 질문에 중요한 가이드라인을 제시해준다.

우리가 경험하고 행동하고 생각하는 것 중 우리 뇌에서 중요하다고 판단한 내용은 모두 시냅스에 장기기억 형태로 기록된다. 이는 시냅스를 항구적으로 만들거나 변형시킨다. 그리고 이러한 기록들은 다시 우리의 생각과 행동에 영향을 미쳐 생각과 행동의 방향성이나 확률을 바꾼다. 결과적으로 인격이 바뀌는 것이다. 미미하지만 작은 변화가 누적되면 커다란 변화를 일으킨다.

시냅스의 형성은 유전자에 의해 영향을 받기도 한다. 선천적인 요소는 우리가 바꿀 수 없는 것이므로 제외하고, 여기서는 후천적으로 생성되고 변화하는 시냅스에 대해서만 살펴보자.

시냅스의 형성에 영향을 주는 것은 정보의 입력이다. 이는 경험에 의해 이루어진다. 좋은 환경에서 좋은 경험이 얻어지고 결국 좋은 시냅스가 만들어진다. 이것이 맹모삼천지교孟母三遷之敎의 뇌과학적 근거다. 이런 사실은 정보의 입력을 통제하는 것이 대단히 중요하다는 것을 말해준다. 경험은 두 가지로 나뉘는데, 육체적 경험은 제약이 많아 통제가 어렵지만 정신적 경험인 사고에는 제약이 없으므로 의도적인 노력에 의하여 비교적 쉽게 통제할 수 있다. 즉, 의도적인 생각으로 의도적인 시냅스를 생성시킬 수 있다.

지금으로부터 약 100년 전 "아무리 사소한 생각이라도 예외 없이 두뇌의 구조를 변화시켜서 흔적을 남긴다"는 놀라운 통찰을 한 사람이 있다.[49] 그 주인공은 1875년 하버드 대학교에서 미국인 최초의 심리학 전담 교수가 된 윌리엄 제임스 교수로 나중에 철학과 교수가 되어 미국 실용주의 철학을 정립한 것으로도 유명하다.

아주 사소한 생각조차 영향을 미쳐 뇌 구조를 바꾼다. 생각 하나하나가 뇌 구조를 쉬지 않고 바꾼다. 좋은 생각이든 나쁜 생각이든 뇌에 배선을 만든다. 같은 생각을 여러 번 반복하면 습관으로 굳어버린다. 성격도 생각하는 방향으로 바뀐다. 그러니 생각을 원하는 방향으로 바꾸고 그 상태를 단단히 유지해 새로운 습관을 들여라. 그러면 뇌 구조가 거기에 맞게 변경될 것이다.

나를 움직이게 하는 힘

삶에서 자기 자신을 올바로 이해하는 것은 대단히 중요하다. 자신을 이해해야 다른 사람도 이해할 수 있고 세상을 이해할 수 있으며 앞으로 어떻게 살아야 할지, 또 어떠한 방향으로 노력해야 할지도 알 수 있다. 내가 어떤 목적지를 향해서 걸어간다는 것은 수십 킬로그램의 물체가 한 곳에서 다른 곳으로 이동하는 것이다. 엔트로피 법칙에 의하면 이러한 변화는 구동력이 없으면 결코 일어날 수 없다. 그렇다면 우리 몸에서는 이러한 구동력이 어떻게 형성되고 작용할까? 내 행동의 구동력이 만들어지는 원리를 알면 내 행동이 어떤 과정을 거쳐 나오는지 알 수 있고, 궁극적으로 나를 통제할 수 있는 방법도 알게 된다.

쾌감에 의해 조정되는 행동

보통 동물을 훈련시킬 때에는 '신호 *cue*'와 '보상 *reward*'을 사용한다. 훈련사의 신호에 잘 따르면 먹이를 주고 그렇지 않으면 먹이를 주지 않음으로써 신호에 따르는 행동을 하게 하는 것이다. 뉴욕 주립대학교의 탈와 *Talwar* 교수팀은 〈네이처〉지에 이와 관련된 재미있는 실험 결과를 보고했다.[50]

이 실험에서 탈와 교수팀은 쥐를 훈련시키면서 신호와 보상을 뇌 자극으로 대신했다. 즉, 신호는 쥐의 감각신호를 처리하는 뇌 부위에 전극을 심어 무선으로 대신하고, 보상은 쾌감을 느끼게 하는 뇌 부위에 전극을 심어 무선으로 자극했다.

쥐에게 신호 역할을 하는 자극을 주어 오른쪽 수염이 당겨지는 느낌을 받으면 똑바로 가던 쥐가 오른쪽으로 방향을 돌렸다. 쥐가 계속 그 방향에서 진행을 하면 보상 역할을 하는 자극을 주어 도파민을 분비시켰다. 이러한 방식으로 훈련시킨 결과 쥐는 쾌감물질인 도파민 보상이 주어지는 쪽으로 행동을 하게 되었다. 원격조정을 해서 쥐가 임의로 설정된 다양한 경로를 따라 움직이게 하는 데 성공한 것이다.

쥐의 등에 카메라를 장착하면 쥐 주위의 정보를 알 수 있으므로 멀리서도 쥐를 원하는 방향으로 이동시킬 수 있다. 다시 말하면 쥐를 첩보활동에도 활용할 수 있다. 이런 쥐를 쥐로봇 *rat robot*이라고 한다.

| 그림 9 | 신호와 보상 자극에 의한 쥐의 행동 조절

〈그림 9〉는 실험에서 쥐가 움직인 경로를 나타낸 것이다. 〈그림 9-(a)〉는 스키의 회전경기(slalom) 모양 코스를 따라 움직이도록 한 것이고, 〈그림 9-(b)〉는 수직계단을 올라가 좁은 판자를 가로지른 다음 몇 개의 커다란 계단을 내려가 입구가 좁은 테두리 속을 통과한 후 가파른 70도의 경사 아래로 내려오도록 한 것이다. 〈그림 9-(a)〉의 경우 평지라서 도파민 자극을 적게 주어도 쥐를 계획된 경로로 유도하기에 충분하지만, 경사가 높아 가기를 꺼려하는 〈그림 9-(b)〉의 경로로 쥐를 유도하려면 더 많은 도파민 자극이 필요하다.

이 실험은 쾌감신경을 이용해 쥐의 행동을 조절한 것으로, 평소라면 쥐가 거의 하지 않을 행동도 자극을 이용하면 얼마든지 가능하다는 것을 보여준다. 물론 이때 쥐는 자기 기분대로 행동했다고 느낄 것이다. 즉, 스스로 능동적으로 행동했다고 여기겠지만 엄밀히 말하면 쾌감회로에 의한 수동적인 행동을 한 것이다.

인간도 마찬가지다. 쾌감과 불쾌감, 노여움이나 두려움을 만드는 물질의 분비가 인간의 사고와 행동에 영향을 미친다. 물론 우리의 사고와 행동도 이들 물질의 분비에 영향을 미치므로 상호의존적이다. 우리가 이러한 화학물질의 영향에서 벗어날 수 없고 이것이 우리의 진화론적 한계라는 사실을 이해하는 것은 나를 이해하고 다른 사람을 이해하는 데 대단히 중요하다.

행동을 유도하는 화학물질

신경전달물질이나 호르몬은 외부에서 주입할 수 있다. 또한 그렇게 함으로써 효과를 더 명확히 확인할 수도 있다.

오오키 고오스케 교수는 그의 책 『알고 싶었던 뇌의 비밀』에서 갑상선자극-방출호르몬 100만 분의 1그램을 잠든 병아리의 뇌에 주사했던 경험을 소개했다.[51] 잠든 병아리에게 갑상선자극-방출호르몬을 주사하자 갑자기 벌떡 일어나서 아무런 목적 없이 저돌적으로 직진하다가 벽에 부딪치면 또 다른 방향으로 직진하는 식으로 행동했고, 5분 정도 지나자 지친 듯이 다시 잠에 빠졌다고 한다. 이로부터 갑상선자극-방출호르몬은 '행동력의 바탕', '의욕의 분자'라는 것을 알 수 있다.

갑상선자극-방출호르몬은 기유맹*Guillemin*과 앤드류 샬리*Andrew Schally*가 발견했는데, 이들은 그 공로를 인정받아 1977년 노벨상을 수상했다. 이 발견을 시발점으로 뇌의 시상하부로부터 각종 소형단백질 호르몬이 분비되는데 그것이 정신 활동의 원인이 된다는 사실이 밝혀졌다. 이러한 사실을 통해 신경전달물질과 호르몬의 분비가 사람의 생각과 행동에 영향을 준다는 것을 알 수 있다. 반대로 환경이나 행동이 화학물질의 분비에 영향을 주기도 한다. 같은 환경이나 상황에서도 개인마다 다르게 반응하는데, 이는 신경전달물질과 호르몬의 분비가 저마다 다르기 때문이고, 또한 그것은 각 개인마다 형성된 시냅스가 다르기 때문이다. 결국 한 개인의 사고방식과 행동양식, 나아가 인격까지도 시냅스에 의해 결정된다는 것을 알 수 있다.

도파민의 과잉 분비와 몰입의 관계

도파민은 우리 뇌에서 분비되는 대표적인 쾌감 물질이다. 우리가 어떤 행위를 하든 그로 인해 쾌감을 느꼈다면 그 근본 원인은 도파민에 있다고 보면 된다. 몰입의 즐거움은 바로 이 도파민의 과잉 분비에 의한 결과다.

도파민의 분비

도파민은 궁극적으로 생존과 번식의 확률을 올리기 위한 화학물질이므로 식욕이나 성욕과 깊은 관계가 있다. 우리가 초콜릿과 아이스크림을 좋아하는 것도 이를 먹으면 도파민이 분비되기 때문이다. 이러한 고칼로리 음식이 다른 음식보다 더 많은 도파민을 분비시키는 이유는 고칼로리 음식이 생존에 더 유리하기 때문이다. 물론 갈증이 날 때는 물만 마셔도 도파민이 분비된다.

매력적인 이성에게 끌리는 이유 역시 도파민이 분비되기 때문이다. 첫사랑을 할 때 도파민의 과잉 분비를 거의 처음으로 경험하게 된다. 사랑이 강렬할수록 도파민의 분비가 증가한다. 도파민과 더불어 사랑과 관련된 다른 화학물질들도 활발하게 분비된다. 이전까지 경험하지 못했던 색다른 차원의 즐거움과 행복을 느끼면서 이러한 긍정적인 감정을 상대방이 만들어준 것이라고 생각하게 된다. 첫사랑을 특별하게 생각하고 못 잊는 이유가 바로 여기에 있다.

열애에 빠졌을 때는 여러 가지 긍정적인 화학물질이 분비되어 강렬한 행복감을 느끼지만, 사랑하던 연인과 원치 않는 이별을 하게 되면 고통스럽고 우울해진다. 이때는 긍정적인 화학물질의 분비가 평소에 비해 급격히 떨어져 마치 약물중독자들이 약물복용을 중단할 때 겪는 금단현상과 비슷한 상태를 경험하게 된다. 그래서 견디기가 어려운 것이다. 이를 빠른 시일 안에 치유하려면 긍정적 화학물질이 분비되는 활동을 해야 된다. 예를 들어 자신이 좋아하는 스포츠 또는 취미활동을 하거나 새로운 이성을 사귀는 것이다.

우리가 새로움을 추구하는 것도 도파민의 분비 때문이다. 새로운 것을 시도하거나 낯선 곳을 여행하는 것이 도파민의 분비를 유도하는 것이다. 낯선 이성에게 끌리는 이유도 마찬가지다. 영화 관람, 독서, 스포츠 경기 관람 등 각종 취미활동도 도파민을 유도한다. 모험적인 행위를 통해 스릴을 느낄 때도 도파민이 분비되고, 목표를 달성했을 때도 도파민이 분비된다. 어려운 수학문제를 끙끙대다가 풀었을 때 희열을 느끼는 것도 도파민이 분비되기 때문이다. 심지어 자선을 베풀었을 때 느끼는 쾌감도 도파민에서 비롯된다.

자기공명영상(MRI) 장치를 이용해 뇌 부위를 관찰하면 술, 흡연, 카페인, 쇼핑, 도박, 마약, 인터넷, 컴퓨터 게임에 빠질 때 복측피개영역*Ventral Tegment Area: VTA*이 활성화된다고 한다. 쾌락의 중추라고 알려져 있는 이 부위는 도파민 회로의 출발점이며, 중독과 관련이 있다.

약물의 부작용

동물실험 결과 마약을 복용할수록 도파민 수용체*receptor*[52]의 수가 줄어드는 것이 확인되었다. 도파민 수용체가 줄어들면 두 가지 부작용이 나타난다.

첫째, 처음에 쾌락을 느꼈던 마약의 양으로는 만족할 수 없게 되어 사용량을 점점 늘리지 않으면 동일한 수준의 쾌락을 얻지 못한다. 이것을 '내성'이라 한다.

둘째, 평소에 정상적인 양의 도파민이 분비되더라도 도파민 수용체가 줄어들었기 때문에 도파민의 양이 감소한 것과 같은 효과가 나타난다. 그래서 의욕이 없어지고 무기력해진다.

결과적으로 마약 중독자나 알코올 중독자는 평소에도 도파민이 결핍되어 보통 사람보다 활기 없는 삶을 살게 된다. 그러다 보니 약물에 더 의존하게 되어 악순환이 계속되는 것이다.

한편 모르핀 중독은 진통 작용을 하는 엔도르핀을 감소시킨다. 평소 엔도르핀은 우리 몸이 고통을 느끼지 않도록 균형을 이루고 있는데, 이것이 감소하면 몸에서 아프지 않은 곳이 하나도 없을 정도로 고통스럽다고 한다. 이것이 '금단현상'이다.

특정 행위에 따라 도파민의 분비가 반복되면 해당 신경조직들이 발달하기 때문에 더 많은 자극을 요구하게 된다. 그러면 그 행위에 더욱 끌리게 되는데, 이것이 '중독현상'이다. 음주, 흡연, 쇼핑, 도박, 인터넷, 컴퓨터 게임에 중독되어도 도파민을 분비하는 신경조직들이 발달해 더 많은 자극을 요구하게 된다. 심한 경우 알코올 중독자는 술잔만 봐도 도파민이 분비되고, 니코틴 중독자는 담배만 봐도 도파민이 분비된다고 한다. 중독의 원리나 정도는 마약과 다르지만 도박 역시 내성과 금단현상이 나타난다. 도박에 중독되면 하는 횟수와 배팅하는 돈이 늘어나고 알코올에 중독되면 술을 마시는 횟수와 양이 늘어나는데 이 역시 도파민에 대한 내성이 생기기 때문이다.

도파민 회로의 경로

인간은 도파민과 같은 화학물질의 작용에 수동적이기 때문에 일단 중독되면 헤어나기 힘들다. 도파민 회로가 우리 뇌에서 어떠한 경로를 지나는지 한번 살펴보자.

쾌감중추인 복측피개영역에서 시작된 도파민 회로는 식욕과 성욕 중추가 있는 시상하부를 지나 감정중추인 편도체에 도달한다. 그리고 '의욕적 목표 추구'를 위한 자발적 행동을 담당하는 측좌핵을 경유한다. 그다음 감정연합과 이성을 매개하는 중간기지 역할을 하는 대상회에 도달하고 감정과 기억의 폐쇄회로인 파페츠 회로에 들어간다. 이 폐쇄회로를 벗어나면 신피질에 도달하게 되고 다양한 정보에 대한 평가, 분석, 비교, 판단, 계획을 담당하는 전두연합령에 도달하게 된다.

전두연합령은 생각하고 학습하고 추론하고 계획을 세울 뿐 아니라 의욕과 감정을 지배하는 뇌의 최고 중추기능을 한다. 즉, 우리 몸의 사령관이나 최고경영자CEO인 셈이다. 전두연합령은 우리가 스스로의 의지로 무언가를 계획하고, 그것을 실행하기 위해 전략을 짜고, 그것을 추진하게 할 뿐만 아니라 어려운 과업에 도전하게 하고 창조성을 발휘하게 한다. 그리고 그 결과에서 성취의 희열과 가슴 떨림을 맛보게 한다.

복측피개영역에서 전두연합령으로 가는 상행선과 그 역방향의 하행선은 한 개의 신경회로 속에 같이 있는데, 상행 회로는 선천적으로 발달해 있지만 하행 회로는 그렇지 않다. 정신적으로 성숙하거나 깊이 생각하거나 사고력을 발달시킨다는 것은 전두연합령을 발달시킨다는 것을 의미하는데, 이로 인하여 하행 회로가 발달하게 된다.

하행 회로가 발달하면 쾌락을 선별할 수 있는 능력이 생긴다. 주어진 쾌락이 파멸적인지, 소모적인지, 아니면 생산적인지를 판별해 자신을 통제하고 조정하는 것이다. 당장 눈앞에 보이는 쾌락을 억제함으로써 더 많은 쾌락을 얻을 수 있다면 그것을 택할 수 있게 된다. 소위 '만족 지연 능력'이 발달하는 것이다. 뿐만 아니라 지금 당장은 힘들고 고통스러운 일이라도 미래의 행복을 약속한다면 기꺼이 그것을 택할 수 있게 된다. 반면 하행 회로를 발달시키지 않으면 동물적 속성이 강하게 나타나고 쾌락에 쉽게 이끌리는 행동을 하게 된다.

파멸적인 쾌락, 소모적인 쾌락, 생산적인 쾌락

인간은 누구나 쾌락을 추구한다. 이러한 기능 때문에 생존과 번식이 가능했고 그 결과 현재 존재하는 것이기 때문에 쾌락의 추구는 숙명적인 것이다. 그리고 생물학적 특성상 인간의 사고와 행위는 뇌 내 화학물질에 대하여 대단히 수동적이다. 그러나 쾌락을 추구하는 방식은 노력하면 얼마든지 능동적으로 선택할 수 있다.

알코올 중독자가 탐닉하는 쾌락, 컴퓨터 게임에 몰입하는 아이가 느끼는 쾌락, 과학자들이 연구에 몰입하면서 누리는 쾌락, 성직자들이 영성 활동을 통해 얻는 쾌락 모두 그 본질은 뇌 내 화학물질의 작용에 있다. 어떤 행위든 쾌락을 만드는 근본 물질은 동일하다. 보통 성직자들이 금욕적인 생활을 한다고 생각하지만 아마도 그들은 일반인들보다 더 많은 행복을 누리면서 살아갈 것이다. 영성 활동은 도파민, 세로토닌, 옥시토신과 같은 긍정적 화학물질을 가장 많이 분비시키기 때문이다.

어떤 쾌락을 추구하느냐에 따라 그것이 파멸을 불러올 수도 있고, 소모적일 수도 있고, 생산적일 수도 있다. 파멸적인 쾌락을 느끼는 쾌감회로나 식욕과 성욕에 관련된 쾌감회로는 특별히 노력하지 않아도 선천적으로 잘 발달되어 있다. 이미 고속도로가 잘 닦여 있는 것이다. 소모적인 쾌락을 위한 쾌감회로 역시 선천적으로 발달되어 있어 조금만 노력하면 쉽게 길이 난다. 그러나 생산적인 쾌락의 회로는 거의 발달되어 있지 않기 때문에 이를 발달시키기 위해서는 부담과 도전의 장벽을 넘어야 한다. 결국 자신이 해야 할 일을 즐기게 되려면 장벽을 넘을 수 있는 능력을 발달시키는 것 외에는 달리 방법이 없다.

시냅스의 유전적인 배선은 선천적 진화에 해당하고, 시냅스의 후천적 배선은 후천적 진화에 해당한다. 그런데 선천적 진화의 속도는 너무 느려서 인류문명의 발달속도를 도저히 따라갈 수가 없다. 결과적으로 선천적 진화에 해당하는 우리의 본능만으로는 문명사회에 적응하기 힘들다. 이 점이 동물과 달리 인간들이 갖고 있는 불리한 점이고 문명의 혜택을 누리면서 치러야 하는 대가다. 고도로 발달된 현대문명에 얼마나 잘 적응하여 성공적인 삶을 사느냐는 각 개인의 후천적 진화에 달려 있다. 후천적 진화에 주된 역할을 하는 것이 바로 교육이다.

어린아이의 뇌는 시냅스가 형성되는 초기이므로 마음대로 형태를 바꿀 수 있는 밀가루 반죽처럼 말랑말랑한 상태이지만 나이가 들면서 점점 굳어진다. 부모의 가장 중요한 역할은 아이의 뇌에 생산적인 쾌감회로의 고속도로를 만들고 이를 발달시키는 것이다. 그리고 그 방법은 아이에게 적절한 부담과 도전의 경험을 하게 해서 배움은 꿀처럼 달다는 것을 반복 체험시키는 것이다.

보람을 수반하는 재미와 후회를 수반하는 재미

어린아이들은 컴퓨터 게임이나 전자오락을 좋아한다. 재미가 있기 때문이다. 그런데 그런 재미에는 보람이 따르지 않는다. 컴퓨터 게임이나 전자오락을 즐기는 순간에는 좋을지 몰라도 그 시간이 지나면 허탈감과 후회라는 부정적 감정만 남는다.

한편 한 번도 접해보지 않은 미지의 문제를 혼자 해결하면 재미를 느끼는데 이 경우에는 보람이 뒤따른다. 지적 능력의 한계를 뛰어넘어 도저히 풀 수 없을 것 같았던 문제를 해결해낸 자신이 대견하게 느껴진다. 시간이 흐른 뒤에 다시 생각해도 마냥 즐거운 기억이 된다. 그야말로 평생 기억하고 싶고, 자랑하고 싶은 영웅적인 경험으로 남는 것이다. 이런 이유로 보람이 수반되지 않는 재미는 보람이 따르는 재미를 결코 넘어설 수 없다.

어린 나이에, 쾌감에 쉽게 길들여지는 컴퓨터 게임에 노출되기 전에 보람이 수반되는 재미를 경험하도록 해야 한다. 소모적인 행위에 대한 시냅스가 형성되기 전에 생산적인 재미에 대한 시냅스가 만들어지고 뻗어나가도록 해야 하는 것이다. 보람이 수반되는 재미를 충분히 경험한 아이는 보람은커녕 후회만 남는 일에 쉽게 중독되지 않는다.

코카인의 작동 원리

● 코카인과 같은 약물이 어떻게 시냅스에서 도파민의 과잉 분비를 유도하는지 살펴보자.[53]

〈그림 10-(a)〉는 뉴런 축색 말단에 도파민과 표적세포에 있는 도파민 수용체, 그 사이 20나노미터 정도의 간극인 시냅스를 보여준다. 도파민이 축색 말단에서 분비되면 시냅스 간극을 지나 인접한 뉴런 수상돌기에 있는 표적세포의 도파민 수용체에 도달해 인접한 뉴런에 정보가 전달되는 것이다. 이러한 현상이 수많은 뉴런들 사이에 도미노처럼 반복해 일어나 정보가 전달된다.

〈그림 10-(b)〉와 같이 축색 말단에 도파민의 자가수용체가 존재한다. 자가수용체는 자기가 방출한 신경전달물질을 스스로 회

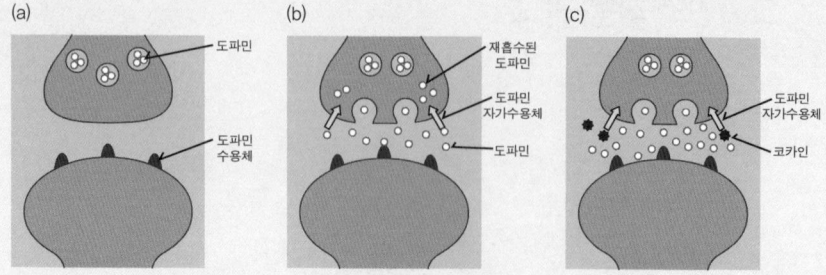

| 그림 10 | 시냅스에서 도파민 과잉을 유도하는 코카인의 작용 원리

수하는 수용체다. 그래서 축색 말단에서 분비된 도파민의 일부는 이 도파민 자가수용체로 흡수된다. 자가수용체의 역할은 도파민의 과잉 분비로 인한 부작용을 막는 것이다. 이와 같이 자가수용체에서 어떤 신경전달물질 등이 과도하게 방출되는 것을 조절하는 기능을 '마이너스 피드백'이라고 한다.

코카인이 주입되면 〈그림 10-(c)〉와 같이 코카인이 도파민 자가수용체를 차단시킨다. 결과적으로 시냅스에 도파민이 과잉 분비됨으로써 쾌감이 증가한다. 이것이 코카인의 작용이다. 수치로 환산하면 성행위가 도파민의 수치를 평소보다 50~100퍼센트 정도 늘려주는 데 비해 코카인의 수치는 무려 500~800퍼센트나 늘려준다.[54] 따라서 코카인에 의한 중독은 그 어떤 중독보다 무서운 것이다. 현재 남용되고 있는 대부분의 약물은 도파민의 과잉 분비를 유도하는 것으로 알려져 있다.

우울증 치료 원리

우울증은 세로토닌의 부족으로 인해 생기는 것으로 알려져 있는데, 역시 시냅스에서 세로토닌 자가수용체에 세로토닌 재흡수를 억제하면 세로토닌의 부족 현상을 방지할 수 있다.

〈그림 11〉은 우울증의 치료 원리를 도식적으로 설명한 것이다. 〈그림 11-(a)〉와 〈그림 11-(b)〉는 일반인과 우울증 환자의 시냅스에서 세로토닌의 양을 비교한 것으로 우울증 환자가 일반인보다 세로토닌의 양이 적은 것을 알 수 있다. 〈그림 11-(c)〉는 우울증 환자가 프로작*Prozac*과 같은 선택성 세로토닌 재흡수 억제제를 복용할 경우 이들이 자가수용체를 막음으로써 세로토닌이 재흡수

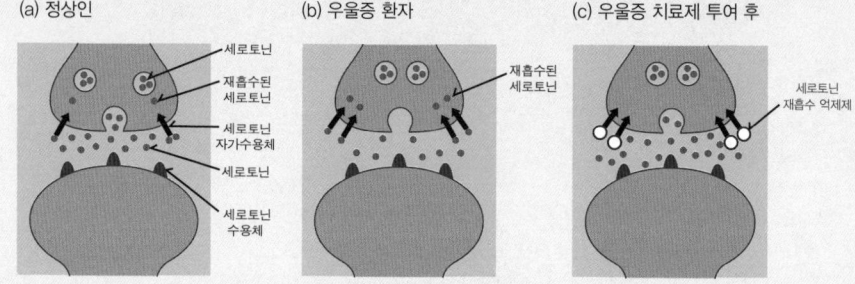

| 그림 11 | 우울증과 세로토닌의 관계 및 우울증 치료제의 약리 작용

되는 것을 억제해 시냅스에서의 세로토닌이 많아진다는 것을 보여준다.

따라서 우울증을 감소시키려면 세로토닌의 분비를 유도하는 활동을 하는 것이 바람직하다. 운동과 명상은 세로토닌 분비를 유도하는 대표적인 활동이다. 이외에 햇볕을 쪼인다거다 세로토닌 합성재료인 트립토판*tryptophan*을 함유한 현미나 콩, 치즈와 같은 식품을 섭취하는 것도 도움이 된다.

뇌는 사용하지 않으면 퇴화한다

〈그림 12〉는 토머스 울지*Thomas A. Woolsey* 박사의 역사적인 실험으로 두뇌는 사용하지 않으면 퇴화한다는 것을 극명하게 보여준다.[55] 이 실험은 생후 2~3일 후 쥐의 수염을 제거하고 그것이 뇌세포에 어떠한 영향을 주는지 조사하기 위해 시행되었다.

쥐에게는 수염의 촉각이 대단히 중요한 역할을 한다. 각 수염의 촉각은 해당되는 뇌 부위와 뉴런을 통해 연결되어 있다. (a)에서 (d)까지 각각 두 개의 뇌세포 그림이 있는데, 이 중 왼쪽 뇌세포는 초기의 변화를 나타내고 오른쪽 뇌세포는 시간이 더 흐른 후의 변화를 나타낸다.

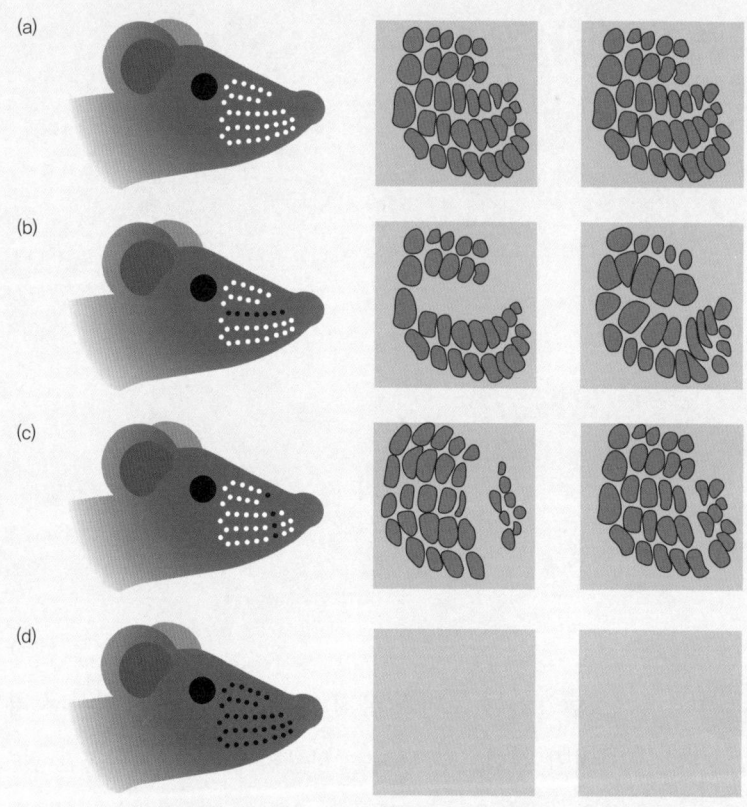

| 그림 12 | 쥐의 수염과 그에 해당하는 감각피질의 뇌세포

〈그림 12-(a)〉는 수염을 제거하지 않은 상태이므로 오른쪽의 뇌세포는 모두 정상이다. 〈그림 12-(b)〉는 중앙의 수염을 제거한 상태로(검은 점으로 표시된 부분), 이 수염에 해당하는 뇌세포는 없어지고 나중에는 주변 뇌세포가 더욱 발달해 그 부위를 메우고 있음을 보여준다. 〈그림 12-(c)〉는 〈그림 12-(b)〉와 동일하지만 수염

을 세로 방향으로 제거했다. 역시 제거된 수염에 해당하는 뇌세포는 없어지고 주변 뇌세포가 발달해 이 부위를 메운다. 〈그림 12-(d)〉는 수염을 모두 제거할 경우 그에 해당하는 대뇌감각피질의 모든 뇌세포가 사멸되는 것을 보여준다. 결국 제거된 수염에 해당하는 뇌세포는 퇴화하고 그 옆에 있는 뇌세포는 더 발달한다.

이 실험을 통해 외부의 자극이 두뇌의 발달에 얼마나 중요한 영향을 미치는지 알 수 있다. 우리의 두뇌는 사용하지 않는 그 순간부터 퇴화하는 것이다. 운동을 하면 근육이 발달하듯이 사고를 하면 사고와 관련된 뇌세포가 발달한다.

자극이 풍부한 환경과 그렇지 않은 환경에서 성장한 쥐의 두뇌를 비교한 연구 결과가 여러 차례 발표된 바 있다. 이 모든 연구에서 자극이 풍부한 환경에서 성장한 쥐는 빈약한 환경에서 성장한 쥐보다 해마의 뉴런 수가 현저하게 증가하고, 심지어 뇌의 무게까지 증가하기도 했다.

예를 들어 여러 쥐들에게 튜브를 기어오르고 쳇바퀴를 돌리고 새로운 음식과 사회적 상호작용을 할 수 있는 풍요로운 환경을 제공했더니 2개월 후 쥐들의 양쪽 해마에서 뇌세포가 각각 5만 개씩 증가했다. 우리가 항상 논리적이고 깊은 사고를 하면서 두뇌의 가동률을 높여야 하는 이유는 두 말 할 필요도 없다.

의식과 몰입

뇌과학적 관점에서 몰입을 다루기 위해서는 의식의 원리를 이해해야 한다. '의식'은 신경과학 분야에서 가장 중요한 연구 주제 가운데 하나지만 아직 명확하게 정립되지 않고 있다. 의식에 관한 최소한의 지식을 이해하고, 이에 입각하여 몰입의 원리를 보다 구체적으로 살펴보자.

'오늘 저녁에는 무엇을 먹을까?'라는 상념이 의식의 표면으로 떠오를 때 그와 관련된 수많은 뉴런과 이들 사이를 연결하는 수많은 시냅스가 동시에 활성화되는데, 이를 '시냅스 활성이 동기화 synchronizing되었다'고 한다. 그리고 이 상념을 만드는 데 관여한 뉴런들을 가리켜 '뉴런연합체'라고 한다.

하나의 풍경을 쳐다볼 때도 수천만 개의 시냅스가 서로 동기화되어 활성화되고 수많은 뉴런들이 관여한다. 의식 근처에서 활성화된 여러 종류의 뉴런연합체들은 그 내용이 의식의 표면에 떠오르기 전까지는 무의식으로만 존재한다. 즉, 뉴런연합체가 충분히 크지 않아서 의식을 야기할 만큼 커다란 자극을 만들지 못하면 무의식으로 존재하는 것이다.

몰입도는 뉴런연합체에 비례한다

의식은 대단히 작은 기억 용량을 가지고 있다. 그렇다면 '의식 근처에 잠재적인 수많은 상념을 만들 수 있는 활성화된 뉴런연합체 중에서 무엇이 이 작은 용량의 의식을 차지하게 될까?'라는 의문을 가질 수 있다. DNA를 발견한 크릭과 공동으로 오랜 기간 의식에 관한 연구를 한 캘리포니아 공과대학의 크리스토퍼 코흐에 의하면[56] 활성화된 뉴런연합체들이 서로 경쟁적으로 자극을 야기하다가 우연히 경쟁에서 이긴 뉴런연합체의 내용이 의식의 표면으로 떠오른다고 한다.

의식의 자리를 누가 차지하느냐는 뉴런연합체들이 만드는 자극의 세기의 경쟁이다. 그리고 자극의 세기는 뉴런연합체의 크기에 비례한다. 결국 우리 뇌는 커다란 자극에 의식의 우선순위를 부여하는 것이다. 언제고 의식으로 떠오를 가능성이 있지만 아직 의식으로 떠오르지 않은 상태에 있는 뉴런연합체들은 의식 근처에 머물러 있다고 할 수 있다. 또한 의식되지는 않지만 행동이나 사고에 직접적인 영향을 주는 활성화된 암묵기억도[57] 의식의 근처에 있다고 할 수 있다.

몰입도가 낮다는 것은 여러 상념들이 머릿속에 떠올랐다가 사라지기를 반복하는 상태를 말한다. 이는 각 상념에 해당하는 뉴런연합체들이 수시로 종류를 바꿔가면서 의식으로 떠올랐다가 사라지기를 반복하는 것이다. 한마디로 이 생각 저 생각이 떠오르는 상태다. 반대로 몰입도가 높다는 것은 관련된 내용이 의식에서 차지하는 비중이 큰 상태를 말하는데, 이는 관련된 뉴런연합체의 크기가 크다는 것을 의미한다. 따라서 몰입도는 곧 뉴런연합체의 크기와 같다고 할 수 있다. 결국 고도의 몰입 상태는 뉴런연합체가 극도로 커져 있는 상태다.

몰입도가 기분을 좌우하는 이유

그렇다면 왜 몰입 상태가 되면 재미를 느낄까? 한 가지 정보가 의식을 통해 입력되면 그 정보에 의해 관련된 뉴런연합체의 시냅스들이 동시에 발화를 한다. 몰입도가 높다는 것은 입력된 하나의 정보 혹은 신호에 따라 동시에 작동될 수 있는 시냅스의 수가 대단히 많다는 것을 의미한다. 결과적으로 다량의 신경전달물질이 분비되는 것이다. 우리가 월드컵 경기를 몰입해서 관람할 때 선수들 동작 하나하나에 흥분하고 일희일비하는 것은 바로 축구 광경의 정보가 의식을 통해 들어올 때 다량의 시냅스가 동시에 발화하기 때문이다. 이때 쾌감물질인 도파민이 다량 분비되어 몰입의 즐거움을 유도하는 것으로 보인다.

반면 몰입도가 낮다는 것은 입력된 하나의 정보가 흥분시킬 수 있는 시냅스의 수가 적은 것을 의미한다. 그래서 산만한 상태에서는 기량도 떨어지고 재미도 없는 것이다. 몰입도가 낮은 대표적인 심리 상태는 권태다. 권태에 빠지면 아무것도 하기 싫고 극도로 게을러진다.

높은 몰입도를 유지한다는 것은 커다란 뉴런연합체의 크기가 감소하지 않고 유지된다는 것을 의미한다. 엔트로피적 관점에서 보면 바인딩*binding*된 커다란 뉴런연합체가 개개의 독립적인 뉴런으로 나뉘는 것이 자연스럽다. 자극이 더 이상 입력되지 않으면 시간이 경과하면서 몰입도가 떨어지는 것이 자연스러운 것이다. 따라서 몰입도를 떨어뜨리지 않으려면 관련 자극을 계속해서 입력해야 한다. 이러한 자극은 몰입도가 떨어지려는 자연스러운 경향에 맞서는 무언가를 제공한다. 그것은 뉴런연합체를 바인딩시키는 힘을 제공하는 것으로써 각성을 야기시키는 신경전달물질일 것이다. 그중에서도 특히 도파민이 핵심적인 역할을 하는 것으로 보인다.

몰입도에 관여하는 신경전달물질

사고에 의한 몰입을 할 때 몰입도를 올리는 데 깊이 관여하는 신경전달물질의 역할은 다음과 같다.

첫째, 가바는 잡념이 들어오는 것을 막는 역할을 한다. 가바는 각성에 의해서뿐만 아니라 이완에 의해서도 증가시킬 수 있다. 슬로우 싱킹은 이완에 의해 가바의 수준을 올리는 방법이다.

둘째, 아세틸콜린은 관련된 장기기억을 인출하고 활성화시키는 역할을 한다. 아세틸콜린의 분비는 수면 상태에서 증가하므로 선잠이 몰입도를 불연속적으로 올려준다는 사실을 뒷받침해준다. 특히 아세틸콜린은 꿈을 꾸는 렘수면 중에 분비량이 최대가 되므로 주어진 문제를 잠들기 직전까지 생각하는 것이 몰입도를 올리는 데 중요하다.

셋째, 도파민은 뉴런연합체를 바인딩하는 역할을 하는 것으로 보인다. 도파민은 주어진 문제에 대한 생각을 끊임없이 할 수 있도록 돕지만, 반대로 의도적으로 생각을 끊임없이 하려고 노력할 때 분비가 유도되기도 한다.

시냅스의 시간적 가중과 공간적 가중

몰입도를 올린다는 것은 결국 관련된 주제에 대한 자극을 지속적으로 입력하여 뉴런연합체의 크기를 증가시키는 것이다. 이때 왜 자극이 지속적이어야 효과적인지 이해하기 위해서는 시냅스가 발화하는 특성을 알아야 한다. 이와 관련된 뇌과학 지식이 시냅스의 시간적 가중과 공간적 가중이다.

한 뉴런에서 다른 뉴런으로 자극이 전달될 때 신경전달물질의 양이 다른 뉴런을 흥분시키기에 충분하지 않을 때가 있다. 즉, 시냅스를 발화시키기에 충분하지 않은 것이다. 이때 자극이 일정 시간 내에 반복되면 신경전달물질의 양이 충분해져 흥분이 전달된다. 이런 현상을 '시냅스의 시간적 가중'이라고 한다.

반면 한 개가 아닌 여러 개의 뉴런에서 동시에 자극이 전달되면 개개의 뉴런에 의해 분비되는 신경전달물질이 충분하지 않더라도 이들의 합이 흥분을 야기시키기에 충분할 때가 있다. 이런 현상을 '시냅스의 공간적 가중'이라고 한다.

시냅스의 시간적 가중은 어떤 행위에 대한 몰입도를 올리기 위해서는 중단 없이 연속해야 효과적이라는 것을 알려준다. 다시 말해 걸어가거나 운전을 하거나 식사를 하는 등의 활동을 할 때 중단하지 않고 계속해서 주어진 문제를 생각하면 시냅스의 시간적 가중 효과 때문에 몰입이 쉬워지는 것이다.

시냅스의 공간적 가중은 뉴런연합체의 크기가 커질수록 시냅스의 발화가 점점 쉬워진다는 것을 의미한다. 몰입도가 올라갈수록 점점 더 몰입하기가 용이해지는 것이다. 반대로 몰입도가 낮을수록 몰입하기가 어렵고, 이것이 몰입의 장벽으로 작용한다. 공부나 일도 발동이 걸리기 전에는 힘도 들고 효율도 떨어지지만 일단 발동이 걸리기 시작하면 효율도 올라가고 집중도 잘 되며 재미도 느낄 수 있다.

신념의 뇌과학

어떤 문제를 풀기 위해 슬로우 싱킹 방식으로 자나 깨나 생각하기를 지속하다 보면 신념의 변화를 확연하게 느낄 수 있다. 평생을 노력해도 풀리지 않을 것 같던 문제도 머지않아 반드시 해결될 거라는 확신이 생긴다. 이러한 확신은 1~2주일의 비교적 단기간에 형성된다. 일단 그 문제를 풀 수 있다는 믿음이 생기기 시작하면 무서운 힘이 발휘된다. 인생을 걸고 매달리게 하는 것, 이것이 신념의 위력이다. 문제의 수준이 높아 해결하지 못한 상태에서 몇 개월이 지나도 이 신념은 조금도 흔들리지 않고 오히려 점점 더 강해진다. 열애를 하는 듯한 감정을 느끼기도 한다.

몰입이 몇 개월 이상 지속되면 내가 하는 일이 세상에서 가장 중요하다고 느껴진다. 가치관의 변화가 생기는 것이다. 이러한 변화는 대단히 설득력 있게 일어나고 더욱 쉽게 그 문제에 빠져들게 한다. 그래서 그 일이 자신의 인생과 바꾸어도 결코 아깝지 않게 느껴지는 것이다. 신념의 형성에 대해 논하기 전에 먼저 몰입을 통해 자신이 하는 일에 대한 새로운 가치관이 형성되는 과정을 개인적인 경험을 예로 간략히 소개한다.

몰입에 의한 가치관의 변화

원시시대 인류의 화석에서 뼈나 이빨에 나이테가 종종 발견되고 있다. 고고학자들에 따르면 뼈에 나이테가 생기는 것은 몇 년에 걸쳐 성장이 불균일하게 일어났다는 것을 의미하고, 이는 여러 해 동안 거의 먹지 못해 뼈가 성장하지 못했기 때문에 나타나는 현상이라고 한다. 또 이빨에 나이테가 생기는 것은 몇 개월 동안 거의 먹지 못하는 상황을 반복적으로 경험했을 때 나타나는 현상이라고 한다. 문명이 없던 시절 우리 조상들은 이처럼 어렵고 힘겨운 삶을 살았다. 그런데 지금 우리는 얼마나 풍요로운 세상에 살고 있는가? 또 얼마나 품위 있는 삶을 누리고 있는가?

우리는 옛날의 왕이나 귀족보다도 더 풍요롭고 품위 있는 삶을 누리고 있다. 이를 누구에게 감사해야 하는가? 이런 현실이 어떻게 가능해졌을까? 바로 고도로 발달한 문명 덕택이다.

그렇다면 문명을 누가 발달시켰는가? 문명을 만드는 데 기여한 사람들은 창조적인 사람들이었다. 과학이든 문학이든 예술이든 어떤 분야에서도 창조적인 사람들이 커다란 기여를 했다.

우리가 과학기술 문명 덕택에 누리고 있는 혜택을 한번 생각해 보자. 만약 마이클 패러데이가 전기를 발견하지 못했다면 세상은 어떻게 됐을까? 전기를 사용하는 기구가 없는 세상을 한번 상상해 보자. 만약 제임스 와트가 엔진을 발명하지 않았더라면 세상은 어떻게 됐을까? 엔진을 사용하는 기구가 없는 세상을 한번 상상해보자. 우리는 지금 수백 년 전의 왕이나 귀족의 삶과도 바꾸지 않을 만큼 값진 현대문명의 축복 속에 살고 있는 것이다.

이와 같은 생각을 하게 되면 인류의 문명을 발전시키는 데 크게 기여한 과학자나 기술자들을 한없이 존경하고 흠모하게 된다. 특히 뉴턴이나 아인슈타인과 같은 위대한 과학자들에게는 매일 감사의 기도를 올려야 할 것 같다. 그와 동시에 비록 능력은 모자라지만 나도 연구라는 활동을 통해 이들이 걸어간 창조의 길을 가고 있다는 생각을 하면 감개무량하기까지 하다. 나도 인류 문명이라는 성을 쌓는 이 성스러운 작업에 벽돌 하나나마 나르고 있다는 생각이 들기 때문이다. 그러니 내가 하는 일이 숭고하게 느껴지고, 내 인생을 송두리째 던져도 아깝지 않은 것이다.

몰입에 의한 이러한 가치관의 형성은 자신이 하는 일에 대한 소명의식을 갖게 하고 삶을 의미 있게 만든다. 소명의식을 갖게 되면 자신이 해야 할 일을 좋아하게 되고, 자신이 하는 일에 신앙과 같은 믿음이 생긴다. 결과적으로 지극히 행복하면서도 높은 경쟁력을 갖게 되는 것이다.

프로와 아마추어의 차이

돌이켜보면 연구에 임하는 자세에 있어 아마추어였던 내가 몰입 후에는 프로로 바뀌었다. 그리고 아마추어와 프로가 어떻게 다른지 나름대로의 철학을 갖게 되었다. 조치훈 프로기사는 "나는 바둑 한 수 한 수에 목숨을 건다!"라고 말했다. 이 말처럼 프로와 아마추어의 차이를 극명하게 보여주는 것은 없다.

프로는 자신이 하는 일 하나하나에 의미를 두고 목숨을 걸고 혼신을 다하는 반면, 아마추어는 자신이 하는 일에서 평생 목숨을 걸 만큼 중요한 의미를 찾지 못한다. 자신의 일 하나하나에 목숨을 걸고 살아가는 프로는 흥분되고 희열에 넘치는 삶을 산다. 매사에 목숨을 걸기 때문에 자기 능력의 한계를 발휘하고 그것을 넓혀나갈 수 있다. 자아실현을 하는 것이다. 그 과정에서 능력은 급속도로 향상되고 자신의 가치 또한 올라간다. 그리고 시간이 지날수록 자신을 필요로 하는 곳이 많아지고 여기저기서 스카우트 제의도 받게 된다.

반면 평생 목숨을 걸 만한 일을 찾지 못한 아마추어는 삶이 시들하고 지루하게 느껴진다. 그래서 자신을 흥분시키는 무언가를 찾기 위해 다른 취미활동에 기웃거린다. 목숨 걸 일이 없으니 평생 능력의 한계를 발휘할 기회도 없고, 시간이 지날수록 자신의 가치는 떨어지기만 한다. 당연히 자신을 필요로 하는 곳도 점점 없어진다. 심지어 자신이 몸담고 있는 직장에서조차 불필요한 사람으로 낙인 찍혀 정리해고 대상이 되기도 한다.

프로는 선택과 집중을 통해 필요한 곳에 모든 에너지를 쏟아붓지만, 아마추어는 불필요한 곳에 에너지를 흩뿌린다. 나도 몰입을 하기 전에는 우리 사회에서 일어나는 일들에 사사건건 관심을 쏟으며 혼잣말로 참견을 하곤 했다. 신문이나 TV 뉴스에 나오는 정치인들의 적절치 못한 행동을 보고 "저렇게 정치를 하니 이 나라가 밤낮 이 꼴이지!" 하며 분개했고, 국가대표 축구선수들이 골문 앞에서 실수하는 것을 보면 "이것이 바로 우리 축구의 문제야!"라며 흥분을 하기도 했다. 그러나 몰입을 시작한 이후 신문이나 TV를 보면서 흥분하는 시간과 에너지도 아깝게 느껴졌고 이 모든 에너지를 아껴서 내가 하는 일에 쏟아붓기에도 바빴다.

프로 선수들을 보면 자신이 하는 일을 세상에서 가장 중요한 것으로 생각하고 그 외의 부분은 과감하게 포기한다. 그리고 자신이 선택한 분야에 기꺼이 인생을 던진다. 아주 단순한 삶을 사는 것이다. 그리고 남들이 보기에는 아주 좁게 느껴지는 그 세계에서 희로애락을 느끼고 아름다움을 발견하고 자기 능력의 한계를 발휘하며 살아간다.

스포츠라는 분야는 보통 사람들에게 취미나 오락으로 간주되는 것으로 그것 자체가 특별한 의미를 갖는 것은 아니다. 그럼에도 프로 선수들이 이러한 활동에 커다란 의미를 부여하고 목숨을 걸고 인생을 던질 수 있는 이유는 가치관의 형성이 임의적으로 만들어졌기 때문이다. 결국 가치관은 어떤 일을 하느냐가 아니라 어떻게 일을 하느냐에 따라 달라지는 것이다. 자신의 일에서 의미와 보람을 느끼지 못한다면 그것은 가치관이나 소명의식이 형성되지 않았기 때문이다.

KBS TV 프로그램 〈생활의 달인〉에 소개된 의류시장에서 옷 봉투를 나르던 한 젊은이는 "이건희 회장님과도 나의 일을 바꾸지 않겠다"라고 말했다. 그처럼 일에 대한 긍지와 보람을 가질 수 있는 것은 그가 자신이 하는 일에 혼신을 다하기 때문이다.

신념의 순기능과 역기능

가치관보다 더 일반적인 개념은 신념이다. 신념은 가치관뿐만 아니라 종교적인 믿음도 포함한다. 최근 인지과학 분야에서 신념이 어떻게 형성되는지에 대한 연구가 활발하게 이루어지고 있다. 그 결과 신념체계와 지식체계가 형성되는 메커니즘이 다르다는 사실이 확립되었다. 엄청난 위력을 발휘하는 가치관이나 신념은 인위적인 노력으로 만들어질 수 있다. 그러나 잘못된 가치관이나 신념의 형성은 많은 폐해를 가져오므로 신념에 대한 올바른 이해를 통해 역기능에 의한 피해는 최소화하고 순기능을 활용할 필요가 있다.

신념의 힘은 목숨보다 더 강하게 나타나는 경우가 많다. 대표적인 예로 종교인들이 위험한 상황에서도 믿음을 포기하지 않고 순교를 하는 경우를 들 수 있다. 기사도 정신과 사무라이 정신도 마찬가지다. 기사나 사무라이는 명예를 중히 여기고 목숨까지도 기꺼이 바친다. 이것도 일종의 신념이다. 애국심도 일종의 신념이고, 자신의 직업에 대한 소명의식도 신념이다. 신념은 기꺼이 목숨을 버릴 수 있을 만큼 위력적이다. 신념이라는 것은 일정한 기준 없이 임의로 생긴다. 그런데 쉽게 꺾이지 않는 특성을 가지고 있어 신념끼리 서로 부딪힐 때가 있다. 신념이 서로 다를 경우, 목숨을 바칠 만큼 강력한 신념끼리 서로 충돌하는 것이다. 신념의 속성상 어느 쪽도 절대로 쉽게 물러서지 않기 때문에 신념끼리 충돌하면 화해하기가 어렵다. 이것이 신념의 역기능이다.

신념체계와 지식체계

신념체계와 지식체계의 개념을 조금 더 과학적으로 접근하기 위해 용어부터 다시 정의해보자.[58] 신념은 경험에 의해 교정되는 것에 저항하는 경향을 보이고, 지식은 경험에 의해 끊임없이 수정과 갱신을 거친다. 즉, 신념체계는 자신이 믿는 지식을 계속 고수하도록 하는 반면, 지식체계는 어떤 지식을 믿고 있었다 해도 더 나은 지식이 나타나면 기존의 지식을 새로운 지식으로 대체한다.

최근의 인지과학 연구에 의해 신념체계와 지식체계는 뇌의 서로 다른 영역에서 활동하고 정보처리 방식도 서로 다르다는 사실이 밝혀졌다. 신념체계는 뇌의 피질-편도체, 피질-선조체 회로의 상호작용에 의해 중재되는 반면, 지식체계는 피질-해마 회로의 상호작용에 의해 중재된다고 한다. 편도체는 공포 반응을 담당하고, 선조체는 무언가를 절실히 바라는 감정을 담당하며, 해마는 장기 기억을 담당한다.

신념체계와 지식체계는 상호 보완 작용을 하면서 효율적으로 작동한다. 예를 들어 우리가 가지고 있는 지식들이 종종 서로 상충할 때가 있다. 이럴 경우 뇌가 적절한 판단을 내리기 어렵다. 어떤 지식을 믿고 어떤 지식을 믿지 말아야 할지, 그 기준이나 우선순위가 있어야 적절한 판단을 내릴 수 있다.

지식의 우선순위를 정하기 위해 우리의 뇌는 기억에 감정을 신는다. 카프그라 증후군은 감정이 신념에 어떤 영향을 미치는지 명확하게 보여주는 대표적인 예다. 개개인의 얼굴을 인식하는 기능을 하는 뇌 부위에 문제가 생기면 다른 사람의 얼굴을 인식하지 못하게 되는데, 이러한 증상을 '안면인식장애'라고 한다. 그리고 이 부분에는 문제가 없는데, 거기서 감정의 뇌로 연결되는 통로에 문제가 생겼을 때 나타나는 증상을 '카프그라 증후군'이라 한다.

카프그라 증후군에 걸린 환자는 자신의 어머니를 보고 단지 얼굴이 똑같다고 생각할 뿐 어머니로부터 느꼈던 감정을 느끼지는 못한다. 그리고 자신의 어머니와 똑같이 변장한 사기꾼이라고 생각한다고 한다. 이 사례는 지식은 있지만 그 지식에 대한 감정이 없을 때 우리가 어떻게 반응하는지를 명백히 보여준다. 똑같은 모습이라는 지식이 있음에도 어머니에 대한 감정을 느끼지 못하기 때문에 어머니가 아니라고 믿는 것이다. 이로부터 감정이 없는 지식은 신념을 형성하지 못한다는 사실을 알 수 있다. 달리 말하면 감정은 신념을 형성하는 데 필수적인 것이다.

감정이 없는 지식은 중요성이나 우선순위가 낮아 어떤 판단이나 의사결정에 큰 영향을 미치지 못한다. 즉, 감정이 실리지 않은 지식은 힘이 없다. 지식에 감정이 실릴 때 비로소 믿음이 형성되고 열정이 생긴다. 이러한 이유로 공부나 일을 할 때 감정을 실어 신념을 형성하는 것이 중요한 것이다.

우리는 누가 뭐라 해도 만유인력을 믿는다. 누군가 만류인력에 어긋나는 현상을 발견했다고 주장하더라도 그 현상의 해석 과정에 무엇인가 오류가 있을 것이라고 단정하고 그 주장을 무시해버린다. 만유인력은 이제 지식의 수준을 넘어 확고한 신념이 되었기 때문이다. 이와 같이 어떠한 지식이 여러 단계의 검증을 거쳐 불변의 진리라고 인정되면 신념이 된다. 일단 신념이 형성되면 강력한 우선순위를 갖게 되어 이와 상충된 정보가 들어올 때에도 효율적인 판단을 내릴 수 있다.

한편 신념의 이러한 속성 때문에 부작용이 생기기도 한다. 예를 들어 지동설이 받아들여지기 전 시대의 사람들은 천동설을 확고하게 믿었다. 기원후 2년에 프톨레마이오스에 의해 천동설은 더 정교해지고 체계화되었고, 결과적으로 몇 개의 예외를 제외하고는 별들의 모든 운동이 설명되는 듯했다. 그러다가 1543년에 코페르니쿠스가 지동설을 주장했다. 처음에는 지동설을 뒷받침하는 설득적인 증거들을 제시해도 모두 무시당했다. 최종적으로 지동설이 받아들여지기까지는 많은 진통이 있었는데, 이는 천동설에 대한 확고한 신념 때문이었다.

마찬가지로 창조론을 굳게 믿었던 대중에게 다윈의 진화론이 받아들여지기까지는 숱한 난관을 넘어야 했다. 이와 같이 신념은 올바른 진리에 기반을 두고 생겨나기도 하지만 잘못된 이해 때문에 생겨나기도 한다. 즉, 신념의 형성은 아주 임의적이고 신념이 형성되기 위해 반드시 논리적 체계가 필요한 것도 아니다.

비논리적 체계에 의해 신념이 형성되는 경우도 있다. 종교적 신념의 경우 지구상에 수많은 종교가 존재하고 각 종교마다 확고한 신념을 가진 신도들도 수없이 많다. 정치적 신념도 마찬가지다. 신념의 형성은 아주 임의적이고 또 비논리적인 체계에 기반을 두고 만들어지기도 하지만, 한번 형성된 신념은 강하게 고수된다. 그리고 바로 여기서 문제가 발생한다. 서로 다른 신념체계를 가진 사람들이 자신들의 신념을 강하게 고수하는 경향 때문에 합의나 타협이 이루어지기 어렵고, 이는 분쟁의 씨앗이 될 수도 있다.

지구상에 끊임없이 벌어지고 있는 종교 간의 갈등, 그리고 지난 세기까지 심각했던 공산주의와 자본주의 사이의 이데올로기 갈등과 정치에서 보수와 진보의 갈등이 바로 서로 다른 신념 간의 대립에 해당한다. 역사가 보여주듯이 서로 다른 신념의 대립은 많은 경우 서로에게 깊은 상처를 입히고 좀처럼 합의나 타협으로 이어지기가 어렵다. 신념은 설득되지 않는 속성을 가지고 있기 때문이다.

신념의 대립은 소모적이다

습득된 정보는 지식체계와 신념체계로 명확하게 분리되기보다 두 가지 요소를 모두 내포하고 있다. 단지 어느 한 가지 요소가 우위에 있을 뿐이다. 자신이 어떤 견해를 가지고 있고 어떤 주장을 했더라도 보다 나은 견해나 주장의 합리성과 타당성을 인지하면 기꺼이 수용하는 소위 열린 마음을 가지고 있는 사람은 지식우위체계의 성향을 가지고 있다고 볼 수 있다. 반면 자신이 한번 주장한 사항에 대해서는 누가 뭐라 해도 절대 바꾸지 않는 사람은 신념우위체계의 성향을 가지고 있다고 볼 수 있다. 나이가 들수록, 그리고 새로운 지식을 흡수하지 않을수록 신념우위체계의 성향이 강해진다.

피질-해마 회로의 상호작용이 중재한다고 생각되는 지식체계에서는 서로 주장이 다르더라도 논리에 입각한 합리적인 토론과

대화에 의해 합의점에 도달할 수 있다. 하지만 피질-편도체, 피질-선조체 회로의 상호작용이 중재한다고 생각되는 신념체계에서는 서로 주장이 다른 경우 본질적으로 합의점에 도달하기가 어렵다. 따라서 어떠한 갈등이 있을 경우 먼저 이것이 지식체계의 대립인지, 아니면 신념체계의 대립인지를 생각해볼 필요가 있다. 지식체계의 대립일 경우 명확한 의사표현과 의사전달이 중요한 문제가 된다. 그러나 신념체계의 차이에 기인한 대립이라면 피하는 것이 좋다. 신념체계의 대립은 결론을 기대하기 힘들고 소모적일 뿐만 아니라 서로에게 상처만 입히는 경우가 많기 때문이다.

사람들 가운데는 자신의 일에 몰입한 나머지 자신의 분야는 중요하지만 다른 분야는 전혀 가치 없는 것으로 간주하는 사람들이 있다. 그러나 내가 하는 분야가 중요한 만큼 다른 사람이 하는 분야도 중요할 것이라고 생각하는 자세를 가져야 한다. 내 일이 존중받기 위해서는 남의 일도 존중해야 한다. 이러한 열린 자세는 서로 다른 종교, 서로 다른 이념, 서로 다른 가치관에 몰입하는 사람들이 우선적으로 가져야 할 덕목이다.

10장

몰입으로 인생에
'행복엔진'을 달아라

절망도 희망으로 바꾸는
의식의 힘

박문호 박사의 책 『뇌, 생각의 출현』[59]을 보면 탁구공을 예로 들어 조건반사와 무조건반사에 대해 설명한다. 탁구공을 떨어뜨리면 몇 번 튕겨 오르다가 멈춘다. 탁구공은 무생물이라서 무조건반사를 하는 것이다. 그러나 동물은 조건반사를 하기 때문에 외부로부터 자극이 입력되었을 때 즉각적으로 반응을 출력하지 않는다. 고등동물로 갈수록 이 시간은 길어진다.

예를 들어 메뚜기는 풀만 살짝 건드려도 탁 날아간다. 자극을 받자마자 그대로 반응하는 것처럼 보일 정도로 메뚜기의 행동은 지연 시간이 굉장히 짧다. 반면 비둘기는 지연 시간이 조금 더 길다. 그리고 인간의 경우 자극 후 반응까지의 지연 시간이 더욱 길다. 외부의 자극에 대해 이런 지연 반응을 보이는 것이 인간의 특징이다. 반응을 지연한다는 것은 곧 대뇌에서 많은 계산을 한다는 것을 뜻한다.

얼마나 생각하느냐에 따라 운명이 달라진다

무생물의 운명은 완전히 주위 환경에 의해 결정되지만, 동물의 운명은 하등동물이라 하더라도 전적으로 주위 환경에 의해 결정되지는 않는다. 그리고 고등동물일수록 주위 환경에 의해 좌우되는 경향이 확연하게 줄어든다. 즉, 진화할수록 확률을 변화시켜 자신의 운명을 스스로 개척하는 능력이 발달한 것이다.

운명의 개척 능력은 외부의 자극에 대해 대뇌에서 얼마나 많은 계산을 하고 반응하느냐에 달려 있다. 대뇌에서 계산을 한다는 것은 생각한다는 것을 의미한다. 한마디로 얼마나 많이 생각하며 살아가느냐에 따라 운명의 개척 능력이 달라진다. 따라서 외부로부터 어떠한 자극이 입력되었을 때 즉각적으로 대응하는 본능적 행동보다는 충분히 생각한 다음 대응하는 행동이 진화론적으로도 한 차원 더 높다는 것을 알 수 있다.

생각을 하지 않는 삶은 인생의 바둑을 두는데 주어진 제한 시간을 충분히 활용하지 않고 속기바둑을 두듯이 살아가는 것과 같다. 고등동물인 인간만이 누릴 수 있는 특권을 포기하는 것이다.

절망적인 상황에서도 희망을 찾는 의식의 힘

행동이 타의에 의해 결정되면 수동에 가깝고, 자의로 결정하면 능동에 가깝다. 이것을 조금 더 일반화하면, 외부 자극에 의해 결정되는 요인이 크면 수동성이 증가하고 내부적 요인이 크면 능동성이 증가한다. 이런 관점에서 볼 때 무생물이 가장 수동적이고 고등동물로 갈수록 능동성이 증가한다고 할 수 있다. 무생물은 외부 자극에 대한 선택의 폭이 아예 없지만, 동물은 고등동물로 갈수록 선택의 폭이 높아진다. 이 선택의 폭을 '자유의지'라고 할 수 있다.

선택의 폭은 얼마나 생각하느냐에 따라 한없이 늘어날 수 있다. 이 선택의 폭을 늘리면 절망적인 상황에서도 희망을 찾을 수 있고, 단점만 보이는 사람에게서도 장점을 찾을 수 있다. 설사 실패를 한다 해도 이를 교훈 삼아 더 많은 것을 얻을 수 있는 지혜가 생긴다. 스티븐 코비는 그의 책 『성공하는 사람들의 7가지 습관』[60]에서 첫 번째로 주도적인 습관을 가지라고 말했다. 주도적이라 함은 주어진 자극에 대해 본능적으로 반응하는 것이 아니라 충분히 생각한 후 자발적인 선택에 의한 결정을 내려서 대응하는 것을 말한다.

행복한 삶을 부르는
의도적인 몰입

"인생은 우리가 하루 종일 생각하는 것으로 이루어져 있다."
— 랄프 왈도 에머슨

우리의 삶은 우리의 의식이 어떤 내용으로 채워져 있느냐에 따라 달라진다. 따라서 의식을 통제한다는 것은 곧 삶을 통제하고, 행복을 통제한다는 것을 의미한다.

통제되지 않은 의식은 불필요한 생각으로 채워진다. 이는 엔트로피 증가의 법칙에 따른 자연스러운 현상이다. 그런데 의식을 통제하지 않으면 본능에 이끌리는 삶을 살게 된다. 그렇게 되면 주도적인 삶을 살 수 없고, 당연히 인생이 의도하지 않았던 방향으로 흘러가게 된다.

의식을 필요한 생각으로 채우면 그와 관련된 시냅스가 형성되고 활성화되고 관련된 구동력이 만들어진다. 따라서 의식을 통제하는 능력은 임의로 구동력을 바꿀 수 있는 능력이라고도 할 수 있다. 내 의지와 노력에 의해 내가 원하는 삶, 행복하고 의미 있는 삶을 만들어갈 수 있는 것이다.

의식을 통제하기 위해서는 의도적인 몰입을 활용하는 것이 좋다. 몰입을 하면 원하는 것에 대한 내적 중요성을 증폭시킬 수 있기 때문이다. 이는 삶에서 대단히 강력한 효과를 발휘한다.

누구나 자신을 둘러싼 환경에는 비관적인 부분도 있고 낙관적인 부분도 있다. 이때 비관적인 부분에 몰입하면 그것과 관련된 시냅스가 발달해서 비관적인 생각이 증폭되고 결국 그 상황을 비관적으로 보게 된다. 반대로 낙관적인 부분에 몰입하면 낙관적인 생각이 증폭되고 마침내 그 상황도 낙관적으로 보게 된다.

마찬가지로 이 세상에 역기능 없이 순기능만 있는 것도 없고, 순기능 없이 역기능만 있는 것도 없다. 이때 순기능에 몰입하면 순기능을 최대한 활용할 수 있고 역기능의 폐해는 상대적으로 감소시킬 수 있다. 똑같은 상황이라도 어느 쪽에 몰입하느냐에 따라 결과가 달라지는 것이다. 낙관적인 선택에는 작은 구동력이 관여하지만 그 결과는 큰 차이를 만든다.

걱정과 불안의 기원

초식동물들은 풀을 뜯어 먹다가도 수시로 고개를 들어 주위를 살핀다. 혹시 포식자가 근처에 있지 않나 확인하기 위해서다. 진화론적으로 보면 이처럼 수시로 걱정이나 불안한 생각을 하는 동물들은 생존 확률이 높다. 진화에 성공한 인간들 역시 이러한 성향을 갖고 있다. 즉, 우리는 수시로 걱정하고 불안해하는 성향을 태생적으로 갖고 있다. 이는 뇌에서 분비되는 화학물질과 편도체의 작용에 의한 것이다.

문제는 걱정하고 불안해할 이유가 없는 상황에서 쓸데없이 부정적 감정이 생기곤 한다는 것이다. 일단 이러한 화학물질이 분비되면 우리 뇌는 걱정하고 불안해야 할 마땅한 이유를 스스로 찾아낸다. 일례로 선진국 부유한 가정의 아이들은 아무 걱정 없이 살 것 같지만 '혹시 3차 대전이 일어나서 핵전쟁이 일어나면 어쩌나?' 하는 걱정을 한다고 한다. 이렇게 걱정할 이유를 찾으려고 하면 끝이 없다.

인류는 태곳적부터 이런저런 걱정과 불안 속에 살면서 자연스럽게 이로부터 벗어날 수 있는 길을 찾았다. 그래서 찾은 것 중 하나가 종교 활동으로 보인다. 어떤 종교든 시간과 공간을 초월해서 존재하는데, 이는 인간이 그것을 반드시 필요로 했기 때문이다. 종교의 중요한 역할은 불안한 마음을 안정시켜주는 것이다.

불안한 생각이나 걱정거리를 뿌리친다고 하더라도 의식은 온갖 상념으로 채워지는 경향이 있다. 이 생각 저 생각이 부초처럼 의식 속을 떠다닌다. 소위 산만한 상태가 된다. 별다른 자극이 없는 한 이처럼 의식의 엔트로피는 증가하게 마련이다. 이는 결코 유쾌

하지 않은 상태이므로 사람들은 이를 피하려 한다. 의식의 엔트로피를 감소시킬 수 있는 방법으로 기도, 묵상, 참선, 그리고 명상과 같은 영성 활동을 들 수 있다. 의식의 엔트로피를 낮춘다는 점에서 영성 활동도 일종의 몰입이라고 할 수 있다.

현대인들은 불안함을 떨치거나 의식의 무질서 상태를 피하는 방법으로 영성 활동보다 한층 더 쉬운 대안을 찾는다. 바로 강한 자극을 입력하는 것이다. 강한 자극은 관심을 유도해 순간적으로 몰입을 하게 하는데, 이러한 자극을 제공해주는 것들은 주위에 널려 있다. 바로 신문, TV, 인터넷, 채팅, 컴퓨터 게임 등이다. 이러한 활동들은 의식의 엔트로피를 순간적으로 낮추고 잠시나마 불안하거나 무료한 상태에서 벗어나게 한다.

여기서 앞에서 설명한 이완에 의한 집중인 영성 활동과 각성에 의한 집중인 강한 자극은 모두 가바 레벨을 상승시킨다는 사실에 주목할 필요가 있다. 외부의 자극에 의해 유도된, 각성에 의한 집중 상태는 뇌파로 보면 베타파 상태다. 베타파는 심리적으로 긴장된 상태에서 나타나기 때문에 '스트레스파'라고도 한다. 베타파 상태가 장시간 지속될 경우 긍정의 심리 상태를 유지할 수 없게 된다. 자극이 우리에게 재미를 주는 것은 분명하지만 정신적인 피로도 수반하기 때문이다. 결과적으로 산만하게 만들어 의식의 엔트로피를 어느 수준 이상으로 낮추지 못한다. 그래서 베타파 상태에서는 마음의 안정에서 오는 평온함이나 행복감을 얻기 힘든 것이다.

몰입을 외부의 자극에 의존해서 하는 습관을 들이다 보면 의식의 통제능력 또한 발달시키지 못한다. 결과적으로 주도적인 삶을 살지 못하고, 본능에 이끌리는 삶을 살게 된다. 몰입이나 긍정적 감정을 외부의 자극에 의존하는 것은 효율적이지도 않고 바람직하지도 않다. 의식의 통제능력을 발달시키기 위해서는 TV 시청보다는 독서가, 독서보다는 문제해결을 위해 생각하는 활동이 더 바람직하다.

의식의 통제를 위한 슬로우 싱킹

슬로우 싱킹은 이완에 의한 집중을 유도하고 의식을 깊게 하므로 의식을 통제하기에 이상적인 방식이다. 슬로우 싱킹에 의한 의식의 통제를 다양한 상황에서 어떻게 활용할 수 있는지 살펴보자.

부부 혹은 연인 사이에서의 의도적인 몰입

열애 끝에 결혼을 한 부부라도 시간이 흐르면서 서로에게 별다른 애정을 느끼지 못하는 경우가 종종 있다. 실제로 도파민, 엔도르핀, 페닐에틸아민, 그리고 노르아드레날린 등 사랑의 호르몬이 분비되는 기간은 고작 1년 6개월이라고 한다. 그 이후에는 여성의 경우 옥시토신이, 남성의 경우 바소프레신이 분비되어야 서로에게 애착을 느끼고 바람기를 막아준다고 한다. 그러나 이는 의도적인 노력 없이 자연스러운 감정의 흐름을 따를 때의 이야기이고,

부부관계에서도 의식을 통제함으로써 서로에 대한 내적 중요성을 한층 더 올릴 수 있다. 슬로우 싱킹을 이용해 편안하게 힘을 빼고 앉아서 상대에 대한 좋은 감정 혹은 좋은 기억이나 함께한 추억에 명상을 하듯이 천천히 의도적으로 몰입을 하면 되는 것이다. 그러면 관련 시냅스가 활성화되어 상대에 대한 좋은 감정이 증폭된다.

아내 또는 남편을 마주하기 전에 의도적으로 상대의 매력과 호감이 가는 점에 대해 몇 시간 동안 슬로우 싱킹으로 몰입해보자. 그러고 나면 상대에 대한 감정이 예전과 다르다는 것을 느낄 수 있을 것이다. 연인들도 이 방법을 사용하면 좋은 감정이 더욱 증폭되는 것을 경험할 수 있을 것이다. 이 방법은 상대와 함께 동시에 실천하는 것이 바람직하다.

이러한 시도를 몇 시간이 아니라 며칠 이상 하면 어떻게 될까? 그 효과는 더욱 증폭된다. 만약 이러한 노력을 자나 깨나 몇 주일 이상 시도한다면 자신의 배우자와 함께 사는 하루하루가 기적처럼 행복하게 느껴질 수 있다. 자신이 바로 소설이나 영화에나 나오는 기적 같은 사랑 이야기의 주인공처럼 느껴질 것이다. 처음 열애에 빠졌을 때 상대를 '하늘에서 내려온 천사' 혹은 '백마 타고 온 왕자'처럼 느꼈던 것은 자연스럽게 상대에 대해 좋은 감정으로 몰입했기 때문이다. 그런데 의도적으로 몰입을 해도 우리 뇌는 열애할 때와 유사한 반응을 보인다. 슬로우 싱킹에 의한 의식의 통제로 식었던 사랑의 열정을 계속해서 불태울 수 있는 것이다.

대인관계에서의 의도적인 몰입

직속상관이 자신의 스타일과 아주 달라서 매사에 맞지 않고 어긋난다고 하자. 그 상사와 같이 일하는 것을 피할 수 있는 상황이라면 문제가 없겠지만 현실적으로 그럴 수 없다면 심한 스트레스를 받을 수밖에 없다. 이 경우 자연스럽게 그 상사의 단점이나 부정적인 면에 대한 생각을 많이 하게 되고, 그에 대한 내적 중요성이 높아져 부정적인 면이 증폭된다. 직원들끼리 모이면 그 상사에 대한 험담만 늘어놓게 된다. 그러다 보면 상황은 더욱 나빠진다.

장점은 없고 단점만 있는 사람은 없다. 마찬가지로 단점은 없고 장점만 있는 사람도 없다. 반감이 생기는 사람은 장점보다 단점이 조금 더 많은 사람이고, 호감이 가는 사람은 장점이 조금 더 많은 사람이다. 그러므로 그 사람의 장점에 의도적인 몰입을 하면 그 장점에 대한 인식이 증폭된다. 처음에 10퍼센트로 보였던 장점도 90퍼센트로 증가할 수 있는 것이다. 그러면 그 사람에게도 배울 점이 많다는 것을 알게 되고, 그 사람의 행동이 이해되기 시작한다. 결국 그 사람의 장점과 자신의 장점의 연결고리를 찾게 되고 서로 윈윈 할 수 있는 방법도 찾게 된다. 나는 이와 같이 의도적인 몰입에 의해 상대방에 대한 나의 감정이 변화하는 것을 수도 없이 많이 경험했다. 피할 수 없다면 즐길 수 있는 방법을 스스로 찾아야 하는 것이다.

부부 사이에서의
의도적 몰입 사례

● 나는 어느 대학의 요청으로 몰입에 관한 강의를 한 적이 있다. 직장인들을 대상으로 한 이 강의는 일주일에 한 번 저녁 7시에 시작해서 10시에 끝났다. 강의 마지막 날 각자의 약한 몰입 사례를 발표하는 시간을 가졌다. 그중 한 여성이, 남편을 좋아할 당시의 기억을 떠올려 의도적으로 몰입을 했더니 그에 대한 좋은 감정이 증폭되어 효과를 발휘했다는 자신의 경험을 들려주었다.

수업을 듣고 집에 돌아가려고 하는데 남편에게서 전화가 왔다. 남편은 다짜고짜 "지금 도대체 어디에 있느냐?"며 화를 냈다. 이런 상황이면 거의 대부분 집에 들어가서 심한 말다툼을 하곤 했다. 하지만 그날은 수업이 끝나고 남편을 만나기까지 지하철을 타고 집에 가는 한 시간 동안 남편의 긍정적인 면을 의도적으로 떠올리며 슬로우 싱킹을 했다.

먼저 '한 살과 두 살 된 아이들을 혼자 돌보느라 얼마나 힘이 들었으면 내 수업이 늦게 끝난다는 사실도 잊어버리고 화를 냈을까!'라는 생각이 들었다. 그렇게 생각하자 두 달 동안이나 저녁에 수업을 들을 수 있도록 배려해준 남편에게 감사하는 마음이 들기 시작했다. 그리고 가족을 위해 열심히 노력하는 남편의 모습이 사랑스럽게 느껴졌다. 그런 생각을 의도적으로 하면서 집에 이르렀을 때 가슴속에서 남편에 대한 뜨거운 사랑이 솟아나는 것을 느꼈다.

집에 들어간 순간, 아이들을 재우고 나온 남편은 아주 어두운 표정으로 화가 난 모습이 역력했다. 나는 다른 때와 달리 진심으로 남편에게 아이들을 돌보느라 힘들지 않았냐, 아이들을 돌봐줘서 감사하다고 이야기했다. 그랬더니 정말 신기한 일이 일어났다. 그렇게 어둡고 잔뜩 화난 표정을 짓고 있던 남편의 얼굴이 갑자기 환하게 변하는 것을 보고 속으로 정말 깜짝 놀랐다. 남편도 예전과 달리 부드럽게 나오는 나의 태도에 금세 자신이 화를 내서 미안하다며 사과를 했다. 그리고 남편과 화기애애한 대화를 나누었다. 이런 상황에서 싸움을 하지 않고 사이 좋게 끝난 것은 거의 처음 있는 일이었다.

대인관계에서의
의도적 몰입 사례

● 나에게 몰입을 지도받고 있던 한 젊은 연구원이 어느 날 자신이 속한 팀에서 몰입을 통해 중요한 문제 몇 가지를 해결했다는 이야기를 했다. 그런데 자신의 성과를 높이 평가해주는 사람이 있는가 하면, 무언가 부정적으로 이야기하는 사람도 있어 기분이 상했다고 했다. 그중에서도 업무상 매일 보아야 하는 사람이 있었는데 특히 그가 제일 부정적인 반응을 보였다고 했다. 그래서 나는 그가 언급한 사람도 틀림없이 장점이 있을 테니 그 장점에 대해 슬로우 싱킹으로 의도적인 몰입을 한번 해보라고 권했다. 다음은 그가 몇 주일 실천한 후 내게 보낸 이메일이다.

지난 몇 주 동안 선생님의 말씀대로 다른 사람들의 다양한 면을 보려고 시도했습니다. 그렇게 1~2주 정도 지나자 확실히 다른 면이 보이기 시작하더군요. 저와 불편한 관계에 있던 직장 동료도 계속 다양한 면에서 관찰해보니 일을 처리하고 풀어가는 모습이 그전과 다르게 느껴졌습니다. 집중해서 일하는 모습이 보기 좋았고, 하나의 일을 시작해서 마무리하기까지 오랫동안 한 분야의 일을 해온 숙련된 사람에게서 풍기는 멋이 있었습니다. 그동안의 갈등으로 인해 그분에게 갖고 있던 부정적인 마음속에 애잔한 마음이 생기고 그분에 대해 높이 살 부분들이 보였습니다. 제 마음이나 시선이 이렇게 바뀌니 저에 대한 상대방의 시선도 좀더 긍정적으로 바뀐 것 같습니다.

저는 사소한 부분들에 쉽게 상처받는 타입인데, 그분이 이야기를 할 때 자신의 위치에서 어떠한 역할로서 말을 하는지 받아들이고 나니 저도 일하기가 훨씬 수월해진 느낌입니다. 다른 사람들에 대한 시선도 점점 더 장점 위주로 바뀌고 있습니다.

부정적 생각에서 벗어나 가치 있는 생각을 하라

"내일이면 귀가 안 들릴 사람처럼 새들의 지저귐을 들어보라.
내일이면 냄새를 맡을 수 없는 사람처럼 꽃향기를 맡아보라.
내일이면 더 이상 볼 수 없는 사람처럼 세상을 보라.
내일이면 더 이상 할 수 없는 일임을 알게 되면
오늘 내가 할 수 있는 일들이
얼마나 소중하고 놀라운 기적 같은 일인지 깨달을 수 있을 것이다."

— 헬렌 켈러

사람들은 쉽게 삶에 대한 자세나 대인관계에 불만을 갖는 경향이 있는데 이는 지극히 자연스러운 현상이다. 다른 사람의 장점보다 단점을 더 쉽게 찾는 것이 인간의 성향이다. 문제는 이러한 부정적 성향이 순기능으로 작용하기보다 역기능으로 작용하는 경우가 더 많다는 것이다.

먼저 부정적 성향은 스트레스와 갈등을 유발하고, 상황을 악화시키는 악순환을 초래한다. 또한 전염성이 있어 주위 사람들에게 쉽게 확산된다. 부모와의 갈등, 부부 간의 갈등은 물론 사회적 갈등과 대립도 이와 관련되어 있다. 이러한 갈등과 대립이 해결된다면 생산적일 수도 있지만, 대개의 경우 불행으로 귀착된다. 이러한 문제가 너무 심각하다 보니 이것을 학문의 한 분야로 편입시켜 체계적으로 연구하는 긍정심리학이 생겨나기도 했다.

어려운 환경의 순기능은 그 환경에 처한 사람을 끊임없이 시험하고 도전하게 한다는 것이다. 이러한 시험과 도전은 그 사람을 발전시키고 정신적으로 성숙하게 한다. 오히려 어려운 환경이 최선의 삶을 위한 구동력을 제공하는 경우가 많다. 그래서 자연스럽게 능력을 발휘하며 그 한계를 넓혀갈 수 있게 되고 경쟁력을 높일 수 있는 것이다.

어린 시절을 불우하게 보냈던 사람 중에 위대한 업적을 남긴 대표적인 인물로 뉴턴을 꼽을 수 있다. 뉴턴은 그의 아버지가 세상을 떠난 후에 태어났다. 뉴턴의 출산을 도운 조산원에 따르면 그가 미숙아로 태어나 제대로 성장할 수 있으리라는 기대조차 하지 않았다고 한다. 뉴턴의 어머니는 뉴턴이 세 살 때 이웃 동네 목사와 결혼했다. 그래서 뉴턴은 외할머니 손에서 자랐다. 서양 나이로 세 살이면 우리 나이로는 대략 다섯 살이다. 이 시기에 부모는 거의 신적인 존재다. 그런데 신과 다름없는 존재인 어머니가 자신을 버리고 떠난 것이다. 이러한 상황에 놓인 어린 뉴턴의 고뇌와 시련은 우리가 상상조차 하기 힘든 정도였을 것이다. 환경 자체가 엄청난 도전이었던 셈이다. 평소 말이 없던 뉴턴은 학교에서도 왕따를 당했다고 한다. 이러한 환경이 뉴턴을 자기만의 깊은 사색의 세계에 들어가도록 인도하는 동시에 그의 천재성을 키웠던 것으로 보인다.

　루게릭병에 걸린 상태에서도 세계적인 물리학자가 된 스티븐 호킹이나 장님이자 벙어리이면서 귀머거리였던 헬렌 켈러 역시 극단적인 역경에도 불구하고 위대한 업적을 남기며 가치 있는 삶을 살았다. 이들에게 역경은 커다란 도전이었고, 그들은 이 도전을 극복해냈다. 그들에게 역경이 없었더라면 오히려 그러한 가치 있는 삶을 살지 못했을 것이다. 역경의 순기능도 많은 것이다. 물질적으로 풍요하고 시간적인 여유가 있다고 해서 가치 있는 삶을 사는 것은 아니다. 부질없는 일과 생각으로 일상의 삶을 채운다면 절대 가치 있는 삶을 살 수 없다.

규칙적인 운동은
쾌감을 준다

"신이 인간에게 준 성공에 필요한 두 가지 도구는 교육과 운동이다.
둘은 함께 추구해야만 완벽함에 이를 수 있다."

— 플라톤

몰입 상태가 되면 밤에 잠이 오지 않아 고생을 할 수도 있는데, 나는 이 부작용을 해소하기 위해 규칙적으로 테니스를 치기 시작했다. 하루에 한 시간 정도 오랜 기간 테니스를 치면서 규칙적인 운동의 효과를 실감하게 되었다. 그러면서 몰입을 부작용 없이 지속하기 위해 운동은 필수조건이라는 생각이 들었다. 나는 몰입 상태에서 빠져나올 때에도 규칙적으로 테니스를 계속 친다. 한 시간 정도 테니스를 치고 나면 테니스와 관련된 시냅스가 발달되어서 그런지 확실히 재미있고 기분이 좋아지는 것을 느낀다. 마치 재미가 보장되는 느낌이다. 즐거움이나 쾌감의 크기로 치면 몰입 중 테니스를 칠 때가 가장 큰 것 같다.

규칙적인 운동이 몰입을 돕는다

규칙적으로 운동을 하면 최상의 컨디션을 유지하고 솟구치는 의욕과 자신감을 매일 공급받을 수 있기 때문에 살면서 부딪치는 많은 문제들이 해결 가능해진다. 행복한 삶을 누리는 것은 물론 성공적인 삶을 향해 갈 확률도 높다. 설사 월급을 두 배로 준다고 해도 규칙적인 운동만큼 장기적으로 의욕을 상승시키지는 못할 것이다. 운동은 몰입에 대한 장벽을 낮추어줄 뿐 아니라 해야 할 모든 일에 대한 장벽을 낮추어준다.

운동을 하면 시간을 빼앗겨 일할 시간이 더 모자랄 것 같지만 실제로 해보면 삶을 훨씬 더 알차게 보낼 수 있다. 가장 두드러지는 효과는 일에 쫓기는 상황에서 일을 쫓는 상황으로 바뀐다는 것이다. 쓸데없이 소모되는 시간이 줄어들고 마음의 여유가 생기기 때문이다. 그리고 해야 할 일에 대해 보다 능동적이고 자율적으로 행동하게 된다. 이런 이유로 나는 하루 일과 중 운동에 가장 높은 우선순위를 부여하고 업무를 수행하듯이 의무적으로 실천한다.

무엇인가 불편하고 불만족스럽다고 느끼면 본능적으로 우리 뇌는 우선 그 문제부터 해결하려고 한다. 이런 상태에서는 마음의 중심을 자신의 일에 놓고 몰입하기가 어렵다. 이때 규칙적인 운동을 하면 기분이 좋고 만족스러운 상태가 되어 몰입하기가 한결 쉬워진다.

규칙적인 운동은 일일이 열거를 할 수 없을 정도로 매우 효과적이다. 성공적인 삶을 위해 가장 중요한 실천사항 하나를 꼽으라면 그것은 명백히 규칙적인 운동이다. 새해에 거창한 계획을 세우기보다 매일 운동할 것을 결심해보자. 그러면 나머지 일들이 다 잘 돌아가는 것을 몸소 체험할 수 있을 것이다.

운동을 할 때와 하지 않을 때의 삶의 질 차이

운동은 재미있으면 열심히 하고 재미없으면 안 할 것이 아니라 의무감을 갖고 매일 규칙적으로 해야 한다. 추우나 더우나, 컨디션이 좋으나 안 좋으나 상관없이 규칙적으로 해야 한다. 밥을 먹고 잠을 자는 것처럼 일상의 하나로 여기는 것이 좋다. 단순히 운동에 재미를 붙여보라는 것이 아니다. 운동을 하는 데도 어느 정도의 통제가 필요하다. 운동은 그 자체에 목적이 있는 것이 아니라 심신을 단련해 삶의 질을 높이고 업무의 효율을 더 높이는 데 목적이 있다.

운동은 2시간씩 하루 걸러 하루 하는 것보다 매일 1시간씩 하는 것이 더 효과적이다. 운동도 매일 하면 몰입 효과가 나타나는 것 같다. 땀 흘리는 운동을 2시간가량 하고 나서 업무를 할 때는 약간 피로감을 느껴 컨디션이 최상의 상태가 되지는 않는다. 그런데 운동을 한 시간 정도 하고 나서 약간 아쉽고 부족하다는 느낌이 들 때 그만두면 최상의 컨디션으로 업무를 할 수 있다. 운동을 시작하기 전, 그리고 운동을 마친 후에 스트레칭 체조를 하면 몸에 무리를 주지 않아 효과적이다.

나는 가급적이면 재미를 느낄 수 있는 운동을 추천한다. 재미가 있어야 지속적으로 할 수 있기 때문이다. 주로 공을 가지고 하는 운동이 집중을 유도하고 몰입 효과를 준다. 공으로 하는 운동에는 테니스 외에도 배드민턴, 족구, 농구, 축구, 라켓볼, 스쿼시 등이 있다. 전문가들에 의하면 단순한 달리기보다 공을 이용한 운동이 두뇌 발달에도 효과가 높다고 한다. 이런 운동들은 명백히 집중력을 높여주어 업무를 할 때도 많은 도움이 된다.

나는 테니스를 칠 때 도대체 어떤 활동이 마법을 일으켜서 나의 정신과 신체를 그토록 극적으로 변화시키는지 궁금해서 한동안 테니스를 칠 때마다 이를 추적했다. 그러던 중 조금이라도 더 집중하고 혼신을 다해 잘하려고 바동거리는 나 자신을 발견했다. 이렇게 바동거리다 보면 몰입도가 올라가고 세포가 활성화되어 긍정적인 상태로 바뀌는 것이었다. 이처럼 세포가 최대로 활성화되면 긍정적 화학물질의 분비를 촉진시켜 삶에 대한 자신감과 의욕이 솟구친다.

삶에서도 이러한 자세가 필요하다. 자신을 조금 더 긍정적인 상태로 만들기 위해서는 조금 더 잘해보려고 바동거리는 자세가 필요하다. 그런데 사실 일상에서는 혼신의 힘을 다해 바동거릴 만한 일이 별로 없다. 심리적으로 바동거림을 느낄 때는 자극적인 영화나 컴퓨터 게임을 통해 수동적으로 경험할 때뿐이다. 이때 세포가 활성화되면 삶이 조금 더 생생하게 느껴져 긍정적 감정을 느낀다. 그러나 그 외에 육체적으로 숨이 차서 헐떡거리는 상태는 결코 경험할 수 없다. 정신적으로만 활성화될 뿐 육체적으로는 활성화되지 않는 것이다. 따라서 세포가 활성화되는 정도를 양으로 따지면 영화나 컴퓨터 게임이 운동의 효과를 절대로 대체할 수 없다.

사실 몰입 상태에서 느끼는 긍정적인 감정도 몰입도를 올리는 과정에서 경험하는 바동거림에 의해 생긴다. 몰입도를 올린다는 것은 바로 바동거리는 것이다. 따라서 바동거려야 할 시점에 이를 피하려고 해서는 안 된다. 피해버리면 몰입의 장벽을 넘을 수 없기 때문이다. 이것이 인생의 진리다. 긍정적인 상태는 돈으로 살 수 있는 것이 아니라 이러한 혼신의 '바동거림'에 의해 만들어진다.

운동에 관한 전문가들의 이야기

과학적 근거를 바탕으로 운동이 주는 긍정적 효과를 다룬 책들이 있다. 먼저 하루야마 시게오는 그의 책『뇌내혁명2』[61]에서, 뇌에서 나오는 모르핀인 엔도르핀의 양은 근육의 양과 비례해 근육이 많은 사람일수록 뇌 내 모르핀을 잘 분비한다고 했다.

하버드 대학 존 레이티 교수의『운동화 신은 뇌』[62]에서는 미국의 한 고등학교의 사례를 소개한다. 이 학교의 신입생들은 매일 아침 정규수업 전에 소위 '0교시 체육수업'이라고 해서 심장박동 측정기를 단 채 1.6킬로미터의 운동장을 달린다. 이 학교는 1년간 정규수업 전에 '0교시 체육수업'을 한 학생들이 그렇지 않은 학생들보다 읽기 능력이 17퍼센트 향상되었음을 증명해 보였다. 2005년부터 실시한 '0교시 체육수업' 덕분에, 이 학교는 학업 성취도 평가 팀스TIMSS에서 과학 1위, 수학 6위를 기록했다. 이외에도 일리노이 대학의 찰스 힐먼 교수는 일리노이 주의 초등학교 3학년과 5학년생 259명을 대상으로 체질량을 측정하고 기초운동을 시킨 다음 아이들의 운동 능력과 수학, 읽기 능력을 비교했다. 그 결과 운동 능력이 뛰어난 아이들의 지능 수준이 높게 나타났다.

KBS 〈생로병사의 비밀〉 300회 특집에서는 민족사관고등학교(민사고)에서 운동을 통해 학생들의 학업 성취도를 크게 높여온 이야기를 소개했다. 민사고에서는 기상 후 첫 일과를 체육활동으로 시작하고, 학생들의 아침운동은 필수라고 한다. 이와 관련해 2010년에 열린 강원도민체전에서 농구, 배구, 야구, 검도 등 7개 종목에 101명이나 되는 민사고 학생들이 횡성군 대표로 출전하여 횡성군을 종합우승으로 이끌었다는 뉴스가 소개되었다. 이 대회에서 민사고 학생들은 남녀 농구와 야구에서 1위, 여고 배구에서 2위 등 뛰어난 성적을 올렸다.

『운동화 신은 뇌』는 이 분야의 세계적인 전문가가 쓴 책으로 수많은 사례와 통계적인 데이터에 근거해 운동의 효과를 다루고 있기에 신뢰할 수 있고 주목할 만하다. 이 책에서 밝히는 운동의 효과는 다음과 같다.

첫째, 심장혈관계가 튼튼해진다. 이로 인해 혈관이 막히는 일이 예방된다. 둘째, 비만이 줄어든다. 셋째, 스트레스를 견딜 수 있는 한계점이 높아진다. 넷째, 기분이 좋아진다. 운동이 시냅스 형성을 촉진시키고 긍정적 신경전달물질을 분비시키기 때문이다. 다섯째, 면역체계가 강화된다. 그래서 암이나 기타 질병에 걸릴 확률이 낮아진다. 여섯째, 의욕이 강해진다. 운동을 하면 의욕과 관련된 도파민 수치가 올라가기 때문이다. 일곱째, 신경 가소성이 촉진된다. 운동이 신경영양인자 *Brain-derived neurotrophic factor; BDNF*의 생성을 촉진시켜 신경세포가 잘 자라도록 돕기 때문이다. 이로 인해 시냅스 형성이 촉진되어 기억력과 뇌기능을 증진시킨다. 다시 말해 학습 효과가 증진된다.

규칙적인 운동은 뇌를 가장 바람직한 방향으로 변화시킨다. 학습능력을 획기적으로 올리는 것은 물론 우울증, 불안장애, 주의력 산만, 각종 중독, 스트레스로부터 해방시켜주어 삶의 질을 끌어올린다. 뿐만 아니라 능동적인 삶을 살 수 있는 인프라를 구축해준다. 내가 해야 할 학습이나 일에 대한 부담을 감소시켜 최대한 즐겁게 할 수 있도록 두뇌의 환경을 조성해주기 때문이다. 규칙적인 운동이야말로 행복하고 성공적인 삶을 사는 데 가장 효과적인 활동이라고 할 수 있다.

최상의 컨디션을 위한 운동 효과

오래전 대전에 있을 당시 친척 한 분이 재수하고 있는 아들을 데리고 나를 방문한 적이 있다. 그 친척은 그동안 재수학원에서 아들의 성적이 우수해서 목표로 하는 대학에 합격하는 것은 전혀 문제없어 보였다고 했다. 그런데 얼마전 예비고사 결과가 아주 엉망이었다는 것이다. 한 달 정도 있으면 대입 본고사를 보는데 도저히 목표한 대학에 합격할 자신이 없다고 했다. 그러면서 고3 때에도 학교 성적은 좋았으나 본고사를 잘못 치러 재수를 하게 되었는데 그 악몽이 되살아나는 것 같다고 했다.

나는 그 아이에게 좋아하는 운동이 있는지 물었다. 농구를 좋아한다고 하기에 하루도 빠짐없이 매일 30분에서 1시간 정도 농구를 하라고 했다. 그리고 잠은 반드시 6~7시간 정도 자고, 낮에 혼자 공부하다 졸리면 엎드려 선잠을 자라고 했다. 이것은 내가 최선을 다해야 하는 상황에서 실천하는 방식이다. 그는 내 말대로 실천했고 본고사를 잘 치러서 목표한 대학에 무난히 합격했다. 주변에 이와 비슷한 고민 상담을 해와서 상담을 해준 경우가 몇 번 더 있었는데 대부분 결과가 좋았다.

입시와 같은 중요한 시험을 치를 때에는 최상의 컨디션을 갖기 힘들다. 그래서 많은 학생들이 시험을 망친다. 중요한 시험을 앞두고 있을 때일수록 잠자는 시간도 아끼고 운동도 하지 않기 때문에 몸과 정신 상태가 최악의 컨디션에 놓이기 쉽다. 이런 상태에서는 두뇌회전이 잘 되지 않아 절대로 좋은 결과를 얻을 수 없다. 사실 나 역시 그랬다.

지금까지 나에게 두 번의 중요한 입시 기회가 있었는데 두 번 다 최악의 컨디션에서 치렀다. 오랜 시간 열심히 공부했는데 시험만 보면 뻔히 알고 있는 문제도 부지기수로 틀리는 것이었다. 이런 뼈아픈 경험 때문에 어떻게 하면 입시와 같이 중요한 순간에 최상의 컨디션을 만들 수 있는지 많은 고민을 했다. 그리고 오랜 시간 몰입과 규칙적인 운동을 실천하면서 비로소 최상의 컨디션을 만드는 법을 알게 되었다.

규칙적인 운동을 하면 컨디션이 좋아지는데 그 정점에 달하려면 한 달 이상이 걸린다. 따라서 중요한 시험을 앞두고는 최소한 한 달 이상 반드시 매일 30분에서 1시간 정도 자신이 흠뻑 빠져들 수 있는 운동을 하고 수면시간이 부족하지 않도록 주의해야 한다. 최상의 컨디션에서 시험을 봐야 좋은 결과를 얻을 수 있다. 이는 고시나 임용고사 혹은 중요한 오디션을 보는 사람들도 마찬가지다.

최선의 삶을 살려면 하루하루를 생에서 가장 중요한 날로 생각하고 최상의 컨디션을 유지해야 한다. 이를 위해서는 규칙적인 운동을 꾸준히 하는 것 외에 달리 방법이 없다. 위에서 소개한 미국의 한 고등학교에서 실시한 '0교시 체육수업'처럼 규칙적인 운동이 하루 일과 중에서 가장 높은 우선순위가 되어야 한다.

운동의 학습 효과

한 『몰입』 독자가 초등임용고사를 준비하는데 몰입을 적용해보고 싶다고 연락을 해와서 몇 번 이메일을 주고받은 적이 있다. 내가 일러준 대로 일주일 동안 몰입을 실천하고 그 결과를 나에게 보내주면 내가 다시 일러주는 방식이었다. 일주일 동안 실천한 내용을 보니 운동을 전혀 하지 않고 있었다. 그래서 다음에는 매일 30분에서 1시간 정도 자신이 즐길 수 있고 땀을 흘릴 수 있는 운동을 규칙적으로 하라고 일러주었다. 그분은 일주일 동안 날짜별로 어떻게 시간을 보냈는지 간략하게 정리해서 나에게 이메일을 보내주었는데 운동의 효과를 잘 보여주기에 소개한다.

교수님의 메일을 확인한 날 바로 운동을 했어요.

저희 집에서 가장 가까운 데가 동사무소 체력단련실이에요. (주변에 테니스 할 만한 장소가 없어요.) 30분 운동을 꾸준히 월~금요일까지 했습니다.

1일차(화)

내 최종 목표를 '수석의 꿈을 안고 어디서든 공부하기'로 세웠습니다. 확실한 목표를 세우니 도전의식이 생기고 공부하고 싶은 마음이 부쩍 커졌어요.

운동할 만한 마땅한 장소를 찾아봤더니 동사무소 체력단련실이 제일 가깝고 좋아서 그곳 러닝머신에서 30분 동안 뛰었어요. 처음엔 시간이 너무 안 가서 힘들었지만 점점 공부 생각을 잊고 운동에 집중할 수 있었습니다. 그 이후 공부할 때 예전보다 좀더 집중력이 향상되었어요.

2일차(수)

포켓노트를 샀어요. 거기에는 꼭 알아야 하지만 외우기 쉽지 않은 각 과목별 교수학습 모형 절차를 적고 어디서든 펴고 읽어보았습니다. 걸으면서 외우니 한결 더 잘 외워져요.

오늘 운동을 40분 내외로 하고 샤워를 했더니 그다음 공부가 훨씬 잘됐습니다. 운동하면서 스트레스도 풀리고 성취감도 생겨서 좋았습니다.

3일차(목)

오늘은 교사 TO가 발표된 날이었습니다. 마음이 뒤숭숭했습니다. 그런 와중에 운동을 했더니 근심을 싹 잊을 수 있었고 난 그래도 할 수 있다는 의지가 불끈 생겼습니다.

하지만 주변에서 자꾸 연락이 와서 연락을 받다 보니 (오늘 하루만 전화기를 켜놓았어요.) 공부에 집중이 안 돼서 1시간 동안 TV를 봤습니다. 나중에 엄청 후회하고 다시는 안 그러기로 다짐했습니다.

4일차(금)

오늘은 아침에 늦게 일어나서 약간 멍하지만 금방 평상심을 찾고 공부에 임했어요. 이젠 운동할 때에도 덜 힘들고 내 페이스에 따라 조절할 수 있어 좋아요. 포켓노트를 계속 가지고 다니다 보니 머리맡에 두고 자요. 다음 날 아침에 일어나자마자 보려고 했는데 생각처럼 보게 되지 않았어요.

7일차(월)

오늘 오전에는 집중이 잘 안 되고 무기력했습니다. 아무래도 주말에 체력단련실이 문을 열지 않아서 운동을 못한 탓인 것 같아요. 다음부터는 주말에도 다른 곳에서 운동을 해야겠다는 생각이 듭니다. 이제 운동은 제 삶의 중요한 일부분이 되었습니다.

몰입과 행복의
밀접한 관계

몰입도를 올리는 과정에는 지루하고 답답하고 우울한 기분 등 온갖 부정적인 감정이 느껴지지만 일단 몰입의 장벽을 극복하고 고도의 몰입 상태에 들어가면 자신감, 의욕, 희열과 같은 온갖 긍정적 감정을 느끼게 된다. 몰입 상태에서 오랜 기간 행복한 상태로 지내는 것은 아주 특별하고도 귀중한 체험이다. 몰입의 절정 상태에서 몇 주일을 보내면 희열과 행복감이 고조되어 '매일 마약주사를 한 대씩 맞으면 이런 기분일까?'라는 생각이 들 정도가 된다. 행복을 마음대로 통제할 수 있는 것 같고 마치 행복을 정복한 듯한 생각마저 든다.

재미있는 사실은 행복이 넘치는 상태를 오랜 기간 경험하다 보면 행복에 대한 비중이 점점 줄어든다는 것이다. 이 상태에서는 지금보다 더 행복한 상태를 추구하지 않고, 하나밖에 없는 인생을 조금 더 의미 있게 사는 문제에 더 많은 관심을 갖게 된다.

행복은 인생의 목적이라기보다 무엇인가 보람 있고 가치 있는 일을 찾고 이를 보다 더 잘하기 위해 거쳐야 하는 하나의 과정이자 수단이다. 따라서 행복은 추구하기보다 활용해야 한다. 내가 해야 할 일을 좋아하고 즐기는 것은 행복을 활용하는 것이다. 단순한 행복을 추구하기보다 보람과 가치가 수반되는 행복을 추구할 때 비로소 행복을 생산적으로 활용하게 된다.

행복을 정복하려는 노력

뇌과학에 따르면 행복한 감정은 긍정적 화학물질의 분비와 관계가 있다. 이처럼 확실한 과학적 근거에 기반을 두고 행복을 추구해야 어떠한 방향으로 노력을 해야 하는지 알 수 있다. 이러한 사실을 모른 채 행복을 추구하다 보면 잘못된 방향으로 노력을 하는 경우가 많다.

행복을 정복하려면 먼저 부작용 없이 뇌 속의 긍정적 화학물질의 분비를 유도하는 활동과 추구 방식을 파악하여야 한다. 명확한 것은 어떤 일을 하든 몰입을 하면 긍정적 화학물질이 분비된다는 것이다. 살아가면서 피할 수 없는 것이 '일'이다. 그리고 대개 일생에서 가장 많은 시간을 쏟게 되는 것도 일이다. 따라서 자신이 하는 일에서 긍정적 감정을 얻어야 행복을 최대화할 수 있다. 자신이 해야 할 일에 몰입해야 하는 이유가 여기에 있다.

몰입을 돕는 슬로우 싱킹은 정신적인 집중이고, 운동은 육체적인 집중이다. 모두 낮은 엔트로피 상태를 만드는 것이다. 결국 긍정적 감정을 만들기 위해서는 엔트로피 장벽을 넘어야 한다. 이 장벽을 넘기 위해 혼신의 힘을 다할 자세가 되어 있지 않으면 행복을 얻기 힘들다. 생산적인 몰입의 장벽을 넘는 능력을 배양하고 의식을 통제할 수 있을 때 비로소 일과 놀이가 하나로 어우러진 삶을 살 수 있고 행복을 정복할 수 있다.

주

1 참고문헌: 레너드 쉴레인, 『자연의 선택, 지나 사피엔스』, 강수아 옮김, 들녘, 2005.

2 인류의 조상인 호모사피엔스는 지금으로부터 15만 년 전 지구에 출현했으나 처음 11만 년 동안은 원숭이와 크게 다르지 않은 삶을 살았다. 그러다가 4만 년 전에 지구 전 지역에 걸쳐 거의 동시에 비약적인 발전이 일어났다. 이때부터 인류의 문명이 급속도로 발달한 것이다. 인류학자들은 이것을 가리켜 '창조적 폭발creative explosion' 혹은 '위대한 도약great leap forward'이라고 부른다.

3 참고문헌: 미하이 칙센트미하이, 『몰입의 즐거움』, 이희재 옮김, 해냄출판사, 2007.

4 엔트로피는 한마디로 '무질서해지는 경향'을 말한다. 자연은 무질서한 방향으로 진행하는 경향이 있어 어떤 특정한 상태의 엔트로피를 감소시키는 것은 어

려운 일이다. 집중이나 몰입을 하기 어려운 이유는 의식의 엔트로피가 감소하기 때문이다. 엔트로피 법칙은 9장에서 보다 자세히 설명할 예정이다.

5 '구동력'은 열역학에서 나오는 전문용어로 어떠한 변화를 일으키는 힘이라고 할 수 있다. 엄밀하게는 변화를 일으키는 자유에너지 free energy의 차이 혹은 엔트로피 차이에 온도를 곱한 값이다.

6 이는 저자가 엔트로피 개념을 인간의 심리현상에 적용하기 위하여 '구동력'의 의미를 일반화한 것이다.

7 참고문헌: 김상운, 『아버지도 천재는 아니었다』, 명진출판, 2008.

8 참고문헌: 말콤 글래드웰, 『아웃라이어』, 노정태 옮김, 김영사, 2009.

9, 10 참고문헌: 김상운, 『아버지도 천재는 아니었다』, 명진출판, 2008.

11 참고문헌: 로버트 루트번스타인, 미셸 루트번스타인, 『생각의 탄생』, 박종성 옮김, 에코의서재, 2007.

12 신경세포인 뉴런과 뉴런을 연결하는 접합부로 하나의 뉴런은 수천 개의 시냅스 연결을 만든다. 시냅스에 분비되는 신경전달물질에 의하여 정보의 처리와 전달이 일어나고 감정이 만들어진다. 한마디로 시냅스는 컴퓨터의 역할과 감정을 유발시키는 역할을 한다.

13 참고문헌: 피터 드러커, 『피터 드러커 미래경영』, 이재규 옮김, 청림출판, 2002.

14 장기기억 long-term memory은 단기기억 short-term memory과 구별되는 것으로 영어 단어를 기억하고 친구의 이름을 기억하듯이 경험한 것을 수개월 이상 의식 속에 담아두는 기억을 말한다. 장기기억에는 우리가 의식할 수 있는 '외현기억'과 우리가 의식할 수 없는 '암묵기억'이 있다.

15 작업기억 working memory은 단기기억과 대별되는 개념으로 단기기억이 정보

를 잠시 유지하고 있는 수동적인 개념이라면 작업기억은 의식의 역동성에 초점을 둔 능동적인 개념이다. 미국의 사상가 윌리엄 제임스William James에 따르면 작업기억은 즉각적인 현재 순간이 의식에 포착되는 성분으로서 의식적 주의, 능동적인 정신적 노력이 작용하는 성분이다. 예를 들면 전화번호부에서 어떤 전화번호를 찾아 다이얼을 누를 때까지 기억하거나, 글을 읽거나 말을 듣고 이해하는 일은 단기적인 작업기억에서 이루어진다.

16 참고문헌: 미하이 칙센트미하이, 『창의성의 즐거움』, 노혜숙 옮김, 북로드, 2003.

17 내적 위기감과 내적 중요성은 몰입을 설명하기 위해 저자가 도입한 개념이다.

18 참고문헌: 에릭 캔델, 『기억을 찾아서』, 전대호 옮김, 랜덤하우스, 2009.

19 참고문헌: 박문호, 『뇌, 생각의 출현』, 휴머니스트, 2008.

20 상대방이 하는 행동을 보는 것만으로도 자신이 그 행동을 하는 것처럼 느끼게 하는 신경세포

21 이러한 사실을 봐도 운동할 때 뇌가 중요한 역할을 한다는 것을 알 수 있다. 즉, 뇌가 발달해야 운동을 잘할 수 있는 것이다. 반대로 운동을 하면 뇌가 발달한다.

22, 23 참고문헌: 미하이 칙센트미하이, 『몰입』, 최인수 옮김, 한울림, 2004.

24 참고문헌: 김범진, 『행복한 CEO는 명상을 한다』, 한언, 2007.

25 참고문헌: 조지프 르두, 『시냅스와 자아』, 강봉균 옮김, 소소, 2005.

26, 27 참고문헌: 앨런 홉슨, 『꿈』, 임지원 옮김, 아카넷, 2003.

28 수면 중에서도 꿈을 꾸는 수면이라고 알려진 눈동자가 빠르게 움직이는 렘(REM, rapid eye movement)수면 시 아세틸콜린의 분비가 최대가 된다.

29 K. Louie, M.A. Wilson, Neuron, Vol. 29, (2001) pp. 145-156.

30 U. Wagner, S. Gais, H. Haider, R. Verleger, J. Born, Nature, Vol. 427, No. 22 (2004) pp. 352-355

31 http://www.kormedi.com

32 참고문헌: 무여,『쉬고, 쉬고 또 쉬고』, 오시환 편찬, 새로운 사람들, 2009.

33 참고문헌: 앤드루 뉴버그, 유진 다킬리, 빈스 라우즈,『신은 왜 우리 곁을 떠나지 않는가』, 이충호 옮김, 한울림, 2001.

34 참고문헌: 로버트 루트번스타인 · 미셸 루트번스타인,『생각의 탄생』, 박종성 옮김, 에코의 서재, 2007.

35 참고문헌: 앤드루 뉴버그 외,『신은 왜 우리 곁을 떠나지 않는가』, 이충호 옮김, 한울림, 2001.

36 참고사이트: http://en.wikipedia.org/wiki/Artistic_inspiration

37 참고문헌: 알베르트 아인슈타인,『아인슈타인 혹은 그 광기에 대한 묵상』, 앨리스 칼라프 라이스 편찬, 이여명 · 강애나 옮김, 정신문화사, 1998.

38 참고문헌: 성영신 외,『마음을 움직이는 뇌, 뇌를 움직이는 마음』, 해나무, 2004.

39 참고문헌: 혼다 소이치로,『좋아하는 일에 미쳐라』, 이수진 옮김, 부표, 2006.

40 참고문헌: 신현만,『대한민국 인재사관학교』, 위즈덤하우스, 2006.

41 참고문헌: 전도근,『신화를 만든 정주영 리더십』, 북오션, 2010.

42 참고문헌: 박명재,『손짓하지 않아도 언어는 돌아온다』, 삶과꿈, 2006.

43 참고문헌: 고승덕,『포기하지 않으면 불가능은 없다』, 개미들출판사, 2003.

44 부분적인 엔트로피를 학술적인 용어로 '시스템 system 엔트로피'라고 한다. 시스템 엔트로피와 외부 surrounding 엔트로피를 더한 것이 전체 엔트로피다.

45 이때 물 분자의 액체 상태와 기체 상태의 위치에너지 차이를 '기화열' 혹은

'엔탈피 enthalpy'라고 한다.

46 지구 표면과의 거리에 따른 공기의 확률 분포나 물과 평형을 이루고 있는 수증기의 확률 분포는 볼츠만분포(Boltzmann distribution)를 따른다.

47 참고문헌: 에르빈 슈뢰딩거, 『생명이란 무엇인가』, 서인석 옮김, 한울, 2007.

48 참고문헌: 미하이 칙센트미하이, 『FLOW, 몰입』, 최인수 옮김, 한울림, 2004.

49 참고문헌: 조영탁, 『조영탁의 행복한 경영이야기』, 휴넷, 2004.

50 S.K. Talwar, S. Xu, E.S. Hawley, S.A. Weiss, K.A. Moxon, J.K. Chapin, Nature, vol. 417 (2002) pp.37-38

51 참고문헌: 오오키 고오스케, 『알고 싶었던 뇌의 비밀』, 박희준 옮김, 정신세계사, 1990.

52 시냅스후 수상돌기에 존재하며 해당 신경전달물질과 선택적으로 결합하여 특정한 반응을 한다. 도파민 수용체는 도파민과 선택적으로 결합하여 반응을 일으킨다.

53 참고사이트: 미국 National Institute of Drug Abuse 홈페이지

54 참고문헌: 존 레이티·에릭 헤이거먼, 『운동화 신은 뇌』, 이상헌 옮김, 북섬, 2009.

55 참고문헌: 강성종, 『두뇌의 신비, 자궁에서 무덤까지』, 전파과학사, 1999.

56 참고문헌: 크리스토프 코흐, 『의식의 탐구』, 김미선 옮김, 시그마프레스, 2006.

57 장기기억은 외현기억과 암묵기억으로 나뉘어지는데 외현기억은 전화번호를 기억하는 것과 같이 의식할 수 있는 기억이고 암묵기억은 자전거를 타는 법과 같이 의식할 수는 없으나 실제 행동에는 영향을 미치는 기억이다.

58 Daniel L. Schacter, 『뇌의 기억, 그리고 신념의 형성』, 한국신경인지기능연구

회 옮김, 시그마프레스, 2004.

59 참고문헌: 박문호, 『뇌와 생각의 출현』, 휴머니스트, 2008.

60 참고문헌: 스티븐 코비, 『성공하는 사람들의 7가지 습관』, 김경섭 옮김, 김영사, 2003.

61 참고문헌: 하루야마 시게오, 『뇌내혁명2』, 박해순 옮김, 사람과책, 2002.

62 참고문헌: 존 레이티, 에릭 헤이거먼, 『운동화 신은 뇌』, 이상헌 옮김, 북섬, 2009.

EPILOGUE

능력의 한계를 발휘하고 한계를 넓혀가는 삶

연구소에서 연구만 하다가 2003년 직업이 교수로 바뀌면서 나는 가치관의 혼란을 경험했다. 연구원 시절에 확립한 '몰입을 통해 내 지적 능력을 발휘하고 그 한계를 넓혀가는 삶'을 살겠다는 가치관과 현실적인 상황이 서로 충돌을 일으켰다.

교수가 해야 할 일은 연구 이외에도 강의, 학생 지도, 학사업무, 사회봉사 등 매우 다양했다. 이런저런 일에 쫓기다 보니 연구에 몰입하기가 힘들었다. 나름 시간을 쪼개어 연구를 했지만 예전과 비교하면 연구를 하는 것이 아니라 마치 연구하는 흉내만 내는 것 같았다.

그러던 어느 날 한 가지 문제점을 찾아냈다. 나의 역할은 이제 선수가 아니라 코치로 바뀌었는데, 나는 변함없이 훌륭한 선수의 자리를 고수하려고 했던 것이다. 그때 처음으로 '연구원이 아닌 교수로서 어떻게 살 것인가?'에 대해 고민하기 시작했다. 그 과정에서 연구를 통해 내 지적인 능력을 발휘하고 그 한계를 넓혀가는 것 말고도 삶에서 중요한 것이 있다는 것을 알게 되었다. 그것은 바로 세상에 영향을 미치는 것이었다.

내가 연구를 하는 것도 결국에는 세상에 좋은 영향을 미치기 위한 것이다. 훌륭한 연구는 세상에 지대한 영향을 미친다. 교수로서 할 일은 학생을 잘 가르치고 지도해서 훌륭한 학사, 석사 혹은 박사로 성장하도록 돕는 것이다. 학생들을 잘 교육하고 지도하는 일은 개개인에게 영향을 미치는 일이고, 크게는 사회에 영향을 미친다. 그리고 이러한 영향은 바람직한 방향으로 흘러가면서 그 효과가 클수록 좋다. 이런 의미에서 교수의 할 일은 나를 바꾸는 것이 아니라 남을 바꾸는 것이다. 결국 연구뿐만 아니라 학생들을 가르치고 지도하는 데에도 내 능력의 한계를 발휘하고 이 한계를 넓혀가야 한다는 결론에 도달했다. 그래서 어떠한 가르침이 가장 좋은 것인가에 대해 고민하기 시작했다.

그 결과 강의를 하는 부분에서는 '사고기반학습'이라는 강의방식을 생각해냈고, 학생을 지도하는 부분에서는 '토론식 미팅'이라는 방법을 생각해냈다. 또한 내가 '몰입'이라는 방법을 사용하여 커다란 물고기를 잡았는데, 이 방법을 학생들에게도 가르쳐주면 좋겠다는 생각을 했다. 그러다가 그 대상을 내 지도학생들에게만 국한시키지 않고 일반인들에게까지 확장시키면 좋겠다는 생각이 들었다. 그래서 첫 번째 책 『몰입』을 출간하게 되었다.

『몰입』이 기대 이상으로 독자들에게 큰 호응을 얻으면서 이와 관련해 여기저기서 각종 인터뷰와 강연 요청이 쏟아졌다. 분명히 세상에 좋은 영향을 미치는 것이라 믿었지만, 내 의지와 무관하게 정신 없이 시간을 보내게 됐다. 그러면서 다시 가치관의 혼란을 경험했다.

나는 또다시 '이러한 상황에서 어떻게 살아야 하는가?'에 대해 고민하기 시작했다. 가장 고민스러웠던 부분은 교육, 연구, 그리고 몰입에 관한 활동에 시간과 노력을 어떠한 비율로 배분하느냐는 것이었다. 이 세 가지 중 어느 하나 등한시할 수 없었다. 그래서 얻은 결론이 세 가지 활동에서 모두 내 능력의 한계를 발휘하고 그 한계를 넓혀가는 삶을 살아야 한다는 것이었다. 학기 중에는 강의가 있어서 강한 몰입을 시도하기 힘들지만 방학 때마다 2주간의 기간을 따로 떼어내어 중요한 문제에 대해 몰입을 시도하기로 했다. 결국 어떤 상황에서든 '자신의 능력을 발휘하고 그 한계를 넓혀가는 삶'을 살아야 한다는 사실에는 변함이 없었다.

이 책을 준비하는 데 『몰입』 독자들과 강연에 참석한 청중들의 문의, 피드백이 많은 도움이 되었다. 대단히 바쁜 와중에서 몰입 인터뷰에 응해주시고 이번 책을 준비하는 데 귀중한 조언을 해주신 LG화학의 김반석 부회장님, 자신의 몰입 사례를 소상하게 정리해주신 파란나라의 최중보 대표님, 몰입해서 행시준비를 한 귀중한 사례를 소개해주신 CHA의과학대학교의 박명재 총장님께 특별히 감사 드린다. 그리고 아이디어를 얻는 데 몰입 방법을 적용하고 그 효과를 전해준 IGM컨설팅의 이종훈 박사님과 선잠을 실천하고 그 효과를 알려준 연세대학교의 황종환 씨에게도 고마움을 전하고 싶다. 이외에도 본인의 사례를 익명으로 싣도록 허락해준 지도학생들과 많은 분들께 감사의 마음을 전한다.

뇌과학에 관하여 많은 조언을 해준 전자통신연구원의 박문호 박사님께도 감사를 드린다. 그와의 대화와 그의 강의를 통해 접한 그의 해박한 지식이 많은 도움이 되었다. 특히 그는 내가 필요로 하는 뇌과학 지식을 얻기 위해 적절한 책을 추천해주었는데 그 덕택에 많은 시간을 절약할 수 있었다. 또한 서울대학교 뇌인지과학과의 이상훈 교수님이 소개해준 잠든 상태에서의 뇌과학에 대한 자료가 많은 도움이 되어 감사 드린다. 나의 몰입에 대해 분에 넘치게 높이 평가해주시고, 기회가 있을 때마다 조언을 해주신 서울대학교 문용린 교수님의 격려가 큰 힘이 되었음을 밝힌다.

원고 작성 과정에 도움을 준 김찬수 박사, 이동권 박사, 그리고 이성수 씨에게 감사 드린다. 바쁜 일정에도 불구하고 기꺼이 시간을 내어 읽기 쉽게 문장을 다듬어준 이진연 작가님과 유난히도 길었던 수정작업에 많은 수고를 아끼지 않은 권영선 편집자님께 감사 드린다. 끝으로 본 원고를 준비하는 과정에서 수많은 수정과 조언을 아끼지 않은 아내, 그리고 큰 관심을 갖고 지켜봐준 우리 아이들 수진이, 규현이와 함께 출간의 기쁨을 나누고 싶다.

부록

몰입을 활용한 문제해결 방법론

몰입해서 문제를 해결하려면 슬로우 싱킹 방식으로 편안하고 부담 없이 생각하되 가능한 연속성을 유지해야 한다. 그런데 이것은 몰입의 겉모양에 대한 설명에 불과하다. 구체적인 문제해결을 위해서는 몰입적 사고가 어떻게 진행되는지에 대한 몰입의 속모양에 대해 이해할 필요가 있다.

문제의 상당수는 '왜?'와 '어떻게?'에 관한 것이다. 특히 산업체의 생산 현장과 연구 과정에서 나타나는 문제를 해결하기 위해서는 '왜?'에 관한 답을 먼저 구하고, 그 답에 입각해서 '어떻게?'의 문제를 해결하는 경우가 많다. '왜?'의 문제는 수렴적 사고를 유도하므로 몰입에 유리하다. 나는 경험을 통해 자연현상과 관련된 '왜?'에 관한 문제를 접근하는 방식은 어느 정도 공통점이 있다는 사실을 알게 되었다. 이러한 공통점을 바탕으로 나름대로 정리한 '문제해결 방법론'을 살펴보자.

지피지기 백전불태(知彼知己 百戰不殆)

『손자병법』에 "상대를 알고 나를 알면 백 번 싸워도 위태롭지 않다"는 이야기가 나온다. 이 이야기는 문제를 해결할 때도 그대로 적용된다. 어떤 문제를 해결하려고 할 때 내 상대는 문제가 된다. 따라서 상대인 문제를 잘 이해하고, 나를 잘 이해해야 한다. 문제와 나를 잘 이해하면 문제와의 싸움에서 내가 지는 일은 결코 없다.

문제를 정확히 이해하기 위해서는 먼저 주어진 문제가 무엇이고, 주어진 조건이 무엇인지 파악해야 한다. 연구에서 나타나는 문제나 산업체의 불량 문제를 해결할 때에도 문제의 속성에 대해 이해하는 것이 중요하다. 문제의 속성은 제각각 다르지만 모든 문제가 갖는 공통적인 속성이 하나 있다. 바로 그것들 모두가 자연법칙의 결과라는 것이다.

자연법칙은 속임수를 쓰지 않는다. 이랬다 저랬다 하는 일이 없다. 모든 현상은 자연법칙의 테두리를 벗어날 수 없다는 점에서 나의 상대, 즉 문제는 완전히 포위된 상태라고 할 수 있다. 그래서 자연법칙과 관련된 문제는 완벽한 논리 앞에서는 맥을 못 춘다. 그러나 논리가 허술하면 포위망이 쉽게 뚫린다. 일단 포위망이 뚫리고 나면 아무리 노력해도 소용이 없다. 따라서 완벽한 논리로 포위망을 좁히는 것이 중요하다. 그다음에 내가 할 일은 독 안에 든 쥐를 잡기만 하면 되는 것이다. 이러한 과정에 필요한 것은 자연법칙이 어떻게 진행되는가에 대한 철저한 이해와 완벽한 논리전개능력이다. 문제해결의 달인이 되기 위해서는 이 능력을 끊임없이 갈고닦아야 한다.

문제의 속성을 제대로 파악했다면 이번에는 자신에 대해 이해할 차례다. 나는 어떤가? 나의 속성은 무엇인가? 실험이나 생산공정 중에 나타나는 현상은 자연법칙의 결과지만, 나는 왜 그런지 이해를 못한다. 왜 이해를 못할까? 머리가 나쁘기 때문이다. 즉, 머리가 나쁘다는 것이 나의 속성이다. 내가 문제를 풀지 못하는 이유는 자연법칙이 나에게 속임수를 써서가 아니라 내가 머리가 나쁘기 때문이다.

수많은 문제들과 오랜 시간 씨름한 끝에 하나 둘 해결해나가면서 내가 내린 결론은, 인간의 두뇌는 원시시대부터 지금까지 크게 진화하지 않았다는 것이다. 몇 개월에 걸쳐 생각한 끝에 답을 찾으면 항상 그 답은 콜럼버스의 달걀과 같이 알고 보면 너무나 쉽고 간단하게 느껴진다. 그 쉬운 답을 구하기 위해 내가 얼마나 헤맸는지 누가 알까 봐 창피할 정도다. 문제를 해결할 때마다 느끼는 것은 쉬운 문제를 두고 너무나 바보같이 헤맨다는 것이다. 머리가 나쁘다는 것을 반복적으로 확인하는 것이다.

문명이 고도로 발달된 현대사회를 살다 보면 우리의 두뇌가 이러한 문명에 걸맞게 대단히 우수하다고 착각하기 쉽다. 그러나 이 문명은 누가 혼자 만든 것이 아니고 많은 사람들의 노력이 오랜 기간에 걸쳐 누적된 결과임을 잊어서는 안 된다.

문제를 해결하는 데 머리가 나쁘다는 것은 커다란 약점이기 때문에 보완하고 극복해야 한다. 나쁜 머리를 보완하는 것이 문제해결능력을 키우는 데 가장 중요한 전략이다.

어려운 문제를 풀기 위한 전략

문제해결능력을 키우기 위해 가장 중요한 것은 논리적인 사고훈련을 하는 것이다. 그러나 논리적인 사고훈련을 하는 데에는 시간이 걸리므로 지금 당장 실천할 수 있는 방법을 찾아야 한다. 머리가 나쁘기 때문에 문제의 난이도가 조금만 올라가도 단시간에 해결하지 못할 것이 뻔하다. 이때 내가 실천할 수 있는 방법은 시간이 오래 걸릴 것을 각오하고 포기하지 않고 물고 늘어지는 것이다. 문제가 풀릴 확률은 생각하는 시간에 비례해서 증가한다.

또한 문제해결에 지식이 필요하다면 책이나 자료 혹은 해당 전문가의 협조를 구해야 한다. 그렇게 해도 문제가 복잡하면 해결하기 힘들다. 그래서 가능하면 문제를 단순화시켜서 나쁜 머리로도 쉽게 처리할 수 있도록 만들어야 한다. 문제를 단순화시키는 방법은 여러 가지가 있다. 가장 흔하게 사용하는 방법은 주어진 문제를 한 번에 공략하지 않고 보다 간단하고 쉬운 여러 개의 조각으로 나누는 것이다. 계단이 너무 높으면 올라갈 수 없지만, 높은 계단을 여러 개의 낮은 계단으로 나누면 보다 쉽게 올라갈 수 있는 것과 같은 이치다.

　문제를 단순화시키는 두 번째 방법은 주어진 현상과 본질적으로 동일하면서도 내게 더 친숙한 현상으로 바꾸어 생각하는 것이다. 그 편이 훨씬 더 생각하기가 쉽기 때문이다. 예를 들어 3차원 문제를 2차원으로 바꾸어 생각한다거나 2차원 문제를 1차원으로 줄여서 생각하는 것이다. 또 다른 예로 개수가 여러 개인 입자를 다루는 경우 물리적 의미는 유지하면서 개수를 줄일 수 있는 최소한으로 줄여서 생각하면 단순해진다.

　문제를 단순화시키는 세 번째 방법은 생각해야 할 대상을 줄이는 것이다. 생각해야 할 대상이 많거나 범위가 넓으면 몰입강도가 떨어진다. 따라서 생각해야 할 대상을 줄여 몰입강도를 높이면 나쁜 머리를 효과적으로 쓸 수 있다. 이를 위해서는 선택과 집중을 해야 한다. 선택을 위하여 '무엇이 문제의 핵심인가?'라는 질문을 던지고 그 핵심을 먼저 파악한다. 그다음에는 이 핵심에만 생각을 집중한다. 이렇게 먼저 핵심을 파악한 뒤 이 핵심을 집중 공략하는 방법은 대단히 유용하다.

　문제의 핵심을 찾아 이것만 생각할 때도 처음에는 그 대상이 넓은 경우가 많다. 예를 들어 처음에는 문제의 핵심이 집채만큼 크다. 그러나 계속 생각하다 보면 집채만큼 컸던 것이 방 하나 크기만큼 줄어든다. 계속 생각하면 책상만 한 크기로 줄어들고 더 생각하면 사과만 한 크기로, 점 하나 크기로 작아진다. 생각하는 핵심의 영역이 점 하나 정도로 작아지면 몰입강도가 굉장히 높아져 쉽게 해결할 수 있게 된다. 이처럼 문제의 핵심 대상을 점점 줄여나가는 과정을 나는 문제에 대한 '포위망 좁히기'라고 부른다.

포위망 좁히는 방법

　문제의 핵심을 찾았으면 그다음 단계는 스무고개를 하듯이 이 핵심에 대한 포위망을 체계적으로 좁혀나가는 것인데, 이때는 확실한 정보에서부터 출발해야 한다. 여기서 말하는 확실한 정보는 주어진 현상과 관련된 '사실 fact'이다. '사실'은 현상 그 자체, 그리고 관련된 실험 결과로 이루어져 있다. 이 '사실'을 근거로 해서 자연법칙을 적용해가며 논리적인 전개를 하면서 포위망을 좁혀가면 되는 것이다.

완벽한 논리전개를 위해서 가장 중요한 것은 철저하게 '사실'에만 기반을 두는 것이다. 개인적인 느낌이나 타인의 느낌 혹은 주관적 판단은 철저하게 배제해야 한다.

관련된 사실들을 모두 모았다면 이제 각각의 사실이 무엇을 의미하는지 생각하여 각각의 사실로부터 최대한의 정보를 끄집어내야 한다. 이때 필요한 능력이 사고력이다. 이 능력은 문제해결에서 대단히 중요하고 훈련에 의해 무한히 발달될 수 있다. 그런 다음 각각의 사실로부터 끄집어낸 정보를 토대로 작은 결론을 도출하고 모든 사실이 만족하는, 혹은 작은 결론들이 공통적으로 만족하는 방향으로 포위망을 좁혀가면 된다.

시작할 때의 논리전개는 대단히 신중해야 한다. 첫 단추를 잘못 끼우면 그다음 노력은 모두 물거품이 되듯이 첫 단계에서 틀리면 문제해결에 치명적으로 불리하다. 오랜 기간 미해결로 남아 있는 문제들을 보면 첫 단계에서 논리전개를 잘못한 경우가 많다. 따라서 첫 단계에서 깊은 사고력을 가져야 한다는 사실을 명심하고, 불완전한 판단을 내리지 않도록 주의해야 한다.

특히 다음 세 가지 경우에 실수를 많이 한다. 첫 번째는 문제해결 과정에서 이상한 현상이 발견되었는데도 대수롭지 않게 여길 때다. 불량을 발견해도 "세상에 이상한 현상이 한두 개냐?"라는 식으로 그냥 넘어가는 경우가 많다. 세상에서 자연법칙에 어긋나는 현상은 하나도 없다. 단지 자신이 이해를 못할 뿐이다. 특히 연구나 산업체 불량과 관련해서 이상한 현상을 발견하면 그것에 집중적인 노력을 해야 한다. 이처럼 일반적이지 않은, 특이한 현상은 문제해결에 핵심적인 단서나 정보를 제공하는 경우가 대단히 많다. 따라서 이상한 현상이 발견되면 무심히 넘기지 말고 우선적으로 주목해야 한다. 해석이 안 되거나, 일관성이 없거나, 앞뒤가 잘 맞지 않는 결과를 절대로 그냥 넘겨서는 안 된다.

둘째, 유사한 것을 동일한 것으로 간주하는 실수를 많이 한다. 대충 맞아떨어지기는 해도 명확하게 맞지 않는 것을 맞는 것으로 간주해서는 안 된다. 우리 큰아이는 어릴 때부터 종이조각 퍼즐 맞추기를 아주 잘한 반면 둘째 아이는 거의 한 번도 성공을 못했다. 나는 '어떻게 두 아이가 이렇게 극단적으로 다를까?'라는 의문을 품고 그 차이점을 유심히 관찰해보았다. 퍼즐 조각 중에는 원래 들어갈 위치와 모양이 90퍼센트 가까이 유사한 것들이 있다. 큰아이는 90퍼센트가 유사해도 100퍼센트 맞지 않으면 아니라고 판단하고 다른 조각을 찾았다. 그런데 둘째 아이는 이런 경우에 두 손으로 있는 힘을 다해 그 퍼즐조각을 꾹 눌러서 억지로 맞추었다. 이런 식으로 하니 퍼즐 맞추기가 갈수록 어려워지고 결국에는 불가능해졌던 것이다. 이렇게 유사한 것을 동일한 것으로 판단하고 논리를 전개해나가면 점점 더 어려워지고 아무리 시간을 들여도 결국 답을 구하지 못한다.

셋째, 가설이 몇 개의 결과에는 만족하지만 다른 결과를 만족시키지는 못하는 경우가 있다. 이런 경우 그 가설은 올바른 것이 아니다. 그 가설이 맞다면 관련된 모든 사실과 부합해야 한다. 따라서 완벽하지 않거나 비논리적인 가설이나 결론과 절대로 타협해서는 안 된다.

실제 이러한 문제해결 방법론을 적용해서 해결할 만한 사례를 다음에 소개한다. 실제 산업체 생산현장에서 나타난 원인을 모르는 불량이라든가 연구에서 나타난 '왜?'의 문제로 모두 약한 몰입 혹은 강한 몰입에 의해 해결한 사례들이다.

약한 몰입 사례:

생산현장에서의 불량 문제

⋮

산업체들로부터 생산현장의 고질적인 불량 문제를 해결해달라는 요청을 종종 받는다. 이때 내가 주로 사용하는 방법은 관련 부서 직원들을 모아놓고 주어진 데이터를 바탕으로 차분하게 생각하고 토론하도록 유도하는 것이다. 그런데 산업체를 방문해보면 생산공정에서 발생하는 불량 문제를 해결하기 위해서는 갖은 노력을 다하면서도 정작 확보한 실험 결과를 보면서 차분하게 생각하는 시간은 충분히 갖지 않는다는 것을 알 수 있다.

지금까지 내 경험으로 봤을 때 회사에서 이미 확보한 실험 결과들의 의미를 분석해보면 거의 예외 없이 불량 원인을 찾을 수 있었다. 특히 그동안 원인을 알 수 없었던 불량의 경우 주어진 결과들만 차분히 생각해봐도 원인을 찾을 수 있었다. 이제까지 한 번도 예외가 없었다. 답은 이미 얻은 실험 결과에 숨어 있는 것이다. 그럼에도 불구하고 불량을 해결하지 못하는 이유는 무엇일까?

가장 큰 이유는 문제를 쫓지 않고 문제에 쫓기기 때문이다. 문제를 쫓는다는 것은 무엇이 문제인지, 전적으로 그것에 대한 생각만 하고 토론하는 시간을 갖는 것이다. 그리고 문제에 쫓긴다는 것은 주어진 불량을 언제까지 해결하라는 명령을 받고, 차분하게 생각할 시간을 갖지 않고 열심히 실험만 하는 것이다. 이를 위해 밤늦게까지 남아서 일을 하기도 하고 주말에도 출근해 일을 하기도 한다. 그 문제를 해결하기 위해 나름 최선을 다했다는 것을 보여주어야 하기 때문이다. 그래야 주어진 문제를 해결하지 못해도 면죄부를 받을 수 있는 것이다. 대부분의 산업체에서는 이렇게 강하게 밀어붙이면 대략 불량의 70퍼센트는 해결된다고 한다. 그리고 해결 안 되는 나머지 30퍼센트는 어쩔 수 없는 것으로 간주한다고 한다.

내가 산업체들로부터 해결해달라고 요청받은 문제는 모두 이처럼 강력하게 밀어붙여도 해결되지 않았던 나머지 30퍼센트에 해당하는 것들이었다. 몇 천억을 투자했음에도 불구하고 수율이 너무 낮아서 생산할수록 적자가 커지는 경우도 있었고, 지난 20년 동안 해결하려고 노력했으나 해결하지 못한 경우도 있었다. 또 회사에 한 달간 수십억씩 손해를 끼치는 경우도 있었다. 이처럼 막대한 손실을 끼치는 산업체 불량 문제의 난이도는 과연 얼마나 될까? 확신하건대 고등학교의 수학이나 과학 경시대회 혹은 올림피아드 문제의 수준보다 결코 더 높지 않다.

문제해결을 위한 회의를 할 때 나는 먼저 문제와 관련된 모든 사실을 열거하게 한다. 그러고 나서 그중에 핵심적인 사실 몇 개를 추린다. 그리고 그것에 집중해서 생각하고 토론하도록 유도한다. 이런 과정에서 대부분의 문제들이 해결되는데, 산업체 직원들은 이런 방식의 회의가 생소하고 이전에는 한 번도 시도한 적이 없다고 한다.

산업체에서는 몸을 움직여 눈에 보이는 무언가를 달성해야 한다. 천천히 생각만 하고 있으면 놀고 있는 것으로 간주되는 것이다. 또한 실험이나 일을 하지 않고 모여서 생각하고 토론하는 것을 탁상공론이라 여기고 금기시한다. 문제해결에 필요한 만큼 충분히 오래 생각하는 문화가 우리 사회에 정착되어 있지 않기 때문이다.

내 방식으로 함께 문제를 해결한 산업체의 책임자들을 이후에 몇 번

만날 기회가 있었는데, 문제해결에 함께 참여했던 직원들의 태도가 완전히 달라졌다고 한다. 불량 문제를 스스로 생각해서 해결하는 경험을 몇 차례 하고 나서 생각하면 해결되지 않을 문제가 없다고 믿게 되었다는 것이다. 그래서 문제가 생기면 끝까지 생각의 끈을 놓지 않고 노력해서 내가 방문한 이후에 발생한 수많은 문제들을 스스로 해결했다고 한다.

여기에서는 생산현장에서의 불량 문제 사례 여섯 가지를 소개할 것이다. 독자 스스로 생각해서 해결할 기회를 갖도록 각 사례를 문제화시켰다. 문제해결에 반드시 필요한 핵심적인 내용만 제시했기 때문에 편안한 마음으로 슬로우 싱킹을 하면 문제를 해결하기가 다소 용이할 것이다. 참고로 산업체의 담당자와 상의해서 내용을 공개할 수 있는 범위 내에서만 공개했다. 우선 쉬운 문제부터 살펴보자.

사례 1

A사는 한 공정에 직경 20센티미터 정도의 디스크처럼 생긴 기판 25장을 동시에 처리한다. 25장의 기판이 동시에 여러 공정을 거친 후 최종 단계에서 각 기판으로부터 여러 개의 부품이 생산된다. 그런데 25번째 기판에서 생산되는 부품의 불량률이 다른 부품의 불량률에서 생산되는 기판보다 훨씬 높은 것이 문제다.

이 현상이 의미하는 것이 무엇인지 생각해보고, 이 불량을 야기하는 문제를 해결하려면 어떻게 접근해야 할지 10분 이상 스스로 생각해본 후 자신의 생각과 다음의 설명을 비교해보라.

첫 번째 단계에서 생각할 것은 문제의 핵심이 되는 '사실'을 찾는 것이다. 그렇다면 무엇이 문제의 핵심이 되는 사실일까? 그것은 바로 25번째 기판의 불량률이 높다는 것이다.

두 번째 단계에서는 '왜 25번째 기판에서 불량률이 높을까?'에 대해 생각해보자. 그 이유는 25번째 기판의 조건이 어떤 공정에서 다른 기판의 조건과 달라졌기 때문이다. 따라서 25번째 기판의 조건이 달라질 수 있는 공정을 찾으면 된다. 이것은 틀림없이 확실한 결론이다. 이를 염두에 두고 각 공정을 점검하면 문제를 해결할 수 있다. 불량을 야기하는 원인은 이제 독 안에 든 쥐나 다름없는 것이다.

문제를 푸는 데 이 결론에 대한 확신을 갖는 것이 대단히 중요하다. 확신은 노력이나 끈기로 이어진다. 문제를 풀 수 있다는 확신이 없으면 결코 노력이나 끈기를 만들어낼 수 없다. 해당 산업체에서 이 문제를 해결하지 못했던 가장 큰 이유는 바로 그런 확신이 부족했기 때문이다. 이런 불량을 야기할 만한 가능성에 대해 확신을 가졌다면 그것을 찾으려는 노력을 하지 않았을 리가 없다.

25번째 기판은 각 공정에서 제일 마지막에 놓이기 때문에 각 공정마다 다른 기판과 약간씩 조건이 달라질 수 있다. 이 점을 고려하면서 각 공정을 들여다보면 된다. 이것이 바로 포위망을 좁혀가는 방법이다.

각 공정을 들여다보면서 의심 가는 부분이 있으면 체크를 해둔다. 처음부터 너무 자세하게 검사할 필요는 없다. 경험에 의하면 그렇게 하는 것이 오히려 비효율적이다. 처음에는 대강만 살펴봐도 된다. 그러다 전체 공정을 모두 검토했는데 문제가 발견되지 않으면 다시 처음부터 점검하되, 이번에는 조금 더 자세히 살펴보면 된다. 이렇게 하는 것이 더 효율적인 이유는 대강 체크하는 과정에서 문제가 발견될 때도 많기 때문이다.

이번 경우가 그랬다. 각 공정을 대략적으로 검토하는 중에 결정적으로 의심 가는 공정이 발견되었다. 그것은 바로 세척 공정이었다.

원래 이 공정의 세척 장비는 50장의 기판을 1센티미터 정도의 간격으로 나란히 배열해놓고, 이 기판과 평행하게 세척용액이 흐르게 되어 있었다. 50장의 레코드 판을 대략 1센티미터 정도 간격으로 평행하게 배열할 수 있게 만든 장치라고 생각하면 된다. 그런데 생산량이 적어서 25장만 세척을 한 것이다. 그러다 보니 25번째 기판의 오른쪽은 다른 기판과 1센티미터 간격으로 평행하게 놓여 있지만, 왼쪽은 옆에 기판이 없는 빈 상태가 되었다. 반면 다른 모든 기판은 양쪽에 다른 기판이 있고, 첫 번째 기판의 한쪽은 세척 장비의 벽면이었다. 결국 25번째 기판만 한쪽이 비어 있어서 세척용액이 흘러가는 조건이 달라지는 것이었다. 이 달라진 세척 조건이 25번째 기판의 불량을 야기시켰을 가능성이 높았다.

이렇게 결정적으로 의심 가는 공정이 발견되면 그다음 단계는 이를 간단히 확인하고 해결할 방법을 생각하는 것이다.

독자 스스로 생각해보고 다음의 설명과 비교해보자.

해결 방법은 25번째 기판 옆에 기판과 같은 크기와 모양을 가진 디스크 모양의 판을 설치해서 25번째 기판도 다른 기판과 같은 상황에서 세척이 되도록 하는 것이다. 이러한 것을 '더미*dummy*'라고 한다. 이렇게 해서 불량의 원인을 확인하는 동시에 25번째 기판의 높은 불량률을 완전히 해결할 수 있었다.

조금만 차분하게 생각하면 해결할 수 있는 쉬운 문제를 회사에서는 너무나 정신 없이 바쁘게 움직이기 때문에 생각할 여유가 없는 것이다. 실험 결과나 기술적인 문제보다 바로 이런 상황이야말로 문제해결을 가로막는 가장 큰 걸림돌이 된다. 주어진 사실에 기반해서 확실한 결론을 내리고 논리적으로 접근하면서 포위망을 좁혀가면 게임을 하듯이 재미있게 문제를 풀 수 있다.

| 사례 2 |

A사의 한 연구원이 대기압을 측정하는 압력계를 국산화하기 위한 연구를 하고 있었다. 그 연구원은 외국산 압력계를 하나 구입해서 외관을 자세히 관찰한 뒤 적어도 외관상으로는 똑같은 모양으로 제작했다. 이 압력계의 재료는 노란색의 구리와 아연의 합금인 황동이었고, 모양은 양 손바닥을 둥그렇게 하여 약간 구부린 상태에서 서로 붙여놓은 것같이 대칭으로 되어 있고 양 옆으로 약간 볼록했다. 그리고 대기압이 올라가면 볼록한 부분이 약간 들어가고, 대기압이 낮아지면 볼록한 부분이 더욱 볼록해졌다. 이처럼 볼록한 정도의 변화로부터 압력의 변화를 측정하게 되어 있었다.

이 연구원이 제작한 압력계는 겉으로 보기에는 외국산과 똑같은데 작동에 문제가 있었다. 일정한 온도에서는 대기압의 변화가 잘 측정되는데 온도가 달라지면 측정값과 실제 대기압 값이 완전히 달라지는 것이었다. 반면 외국산은 온도가 바뀌어도 정확한 대기압 값을 측정했다.

무엇이 문제일까? 독자 스스로 적어도 10분 이상 생각해보라.

10분 정도 생각했는데도 답을 찾지 못했다면 먼저 문제의 핵심을 찾도록 한다. 무엇이 문제의 핵심일까? 바로 외국산 압력계는 온도가 달라져도 대기압을 정확하게 측정하는데, 이 연구원이 만든 것은 온도가 달라지면 압력 값이 달라진다는 것이다. 그러면 온도에 따라 압력 값이 달라지는 이유는 무엇이고, 어떻게 하면 온도가 변해도 압력 값이 달라지지 않을까?

이 핵심적인 문제에 생각을 집중해서 10분 정도 더 생각해보라.

10분 정도 더 생각했는데도 답을 찾지 못한 독자를 위해 중요한 힌트를 하나 더 추가한다. 온도에 따라 압력이 달라지는 이유는 압력계 내부의 공기 때문이다. 온도가 올라가면 압력계 내부의 공기가 팽창하고, 온도가 내려가면 수축한다. 그리고 공기의 부피는 대략적으로 온도의 변화에 비례해서 변화한다. 바람이 약간 빠진 축구공을 약간 데우면 부풀어올라서 팽팽해지는 것과 같은 원리다.

겨울철 이른 아침에 테니스 공을 자동차 트렁크 같은 곳에 보관했다가 꺼내면 온도가 낮아 공기가 수축했기 때문에 잘 튕기지 않는다. 그래서 테니스를 치는 사람들은 겨울에 테니스 공을 실내에 보관한다.

그러면 외국산 압력계는 어떻게 이 문제를 해결했을까? 독자 스스로 생각을 해보라.

대부분의 독자들이 지금쯤은 답을 찾았으리라 생각한다. 바로 압력계 내부를 진공으로 만들면 된다. 이런 사실을 확인하기 위해 외국산 압력계를 자세히 관찰해보니 직경 2밀리미터 정도 되는 관이 하나 나와 있었는데, 끝이 납으로 밀봉되어 있었다. 이 납을 바늘로 찌르니 진공 속으로 대기의 공기가 빨려 들어가는 소리가 들렸다. 내부가 진공 상태라는 것이 확인된 것이다. 내부에 공기가 들어가자 압력계가 볼록하게 부풀어 올랐다. 그 외국산 압력계의 내부 구조를 엑스레이로 확인해보니 내부에는 스프링이 있었다. 진공으로 만들면 외부의 압력을 버틸 수 없어서 볼록한 모양을 유지할 수 없기 때문에 이를 스프링으로 지탱한 것이었다.

| 사례 3 |

A사의 한 공정에서는 국수를 만들 때 밀가루 반죽을 납작하게 만드는 롤*roll* 같은 장비로 폭 50센티미터 정도에, 두께 1밀리미터 이하인 기다란 판을 빠른 속도로 이동시키고 있었다. 이동되고 있는 판은 높은 온도를 유지하고 있었는데, 냉각수가 들어 있는 냉각 탱크 속을 통과하면서 냉각이 되었다.

냉각 탱크의 내부는 냉각수가 가득 차 있었지만 냉각되는 속도를 증가시키기 위하여 판이 냉각 탱크로 들어가면 판 양쪽에서 추가로 냉각수가 빠른 속도로 분사되었다. 목욕탕 욕조 안에서 수중 안마를 위해 물줄기를 뿜어내는 상황과 같다고 생각하면 된다. 그런데 이렇게 냉각되는 과정에서 불균일한 냉각이 일어나서 판 표면에 얼룩이 생겼다. 이 얼룩은 그 부분의 냉각 속도가 상대적으로 낮아서 생긴 것으로 보이는데, 이 얼룩이 바로 제품의 불량이었다. 참고로 이 공정 바로 전 단계에서는 어떤 물질을 이 판에 코팅시키는 공정이 있었다.

담당자 한 명이 공정의 개요를 설명하면서 내게 불량이 발생한 판의 일부를 보여주었다. 얼룩이 생긴 부분을 보니 거의 정확하게 판 양쪽으로 대칭이었다. 즉, 한쪽에 'A' 모양의 얼룩이 나타나면 판의 반대쪽에도 같은 위치에 'A' 모양의 얼룩이 나타난 것이다.

이 문제의 핵심은 얼룩의 모양이 판 양쪽으로 대칭이라는 사실이다. 이것은 약간 특이한 현상이다. 이 사실에 집중해서 생각하면 답은 나오게 되어 있다. 회사에서 이 문제를 해결하지 못한 이유는 이 특이한 사실에 주목하지 않았기 때문이다.

이 상황에서 독자 스스로 생각해서 불량의 원인을 추정하거나 단서를 찾아보기 바란다.

얼룩의 모양이 대칭이라는 사실은 무엇을 의미하는가? 냉각수의 흐름이 양쪽에서 정확하게 대칭으로 잘못될 확률은 거의 무시해도 될 정도로 낮다. 즉, 냉각의 불균일 때문에 불량이 생기긴 했지만 그것이 냉각수의 흐름이 잘못되어서 발생한 것은 아니라는 것이다. 그러나 담당자들은 냉각 시 발생하는 불량을 냉각 탱크에 있는 냉각수의 흐름이 균일하지 않기 때문이라고 생각하고, 그것에 집중해서 노력을 했던 것이다. 올바른 선택을 하고 집중을 해야 하는데 엉뚱한 선택을 하고 노력을 했으니 문제를 해결할 수가 없었다.

그렇다면 불량의 원인은 어디에서 오는가? 이 대목에서 필요한 지식이 하나 있는데, 이 판은 물보다 열전도율이 훨씬 높다는 사실이다.

얼룩의 모양이 대칭이라는 사실은 불균일 냉각을 야기한 원인이 바로 판 자체에 기인한다는 것을 의미한다. 그 얼룩을 따라 판에서 냉각 속도가 느려졌고, 그것이 다른 면의 냉각 속도도 더디게 해서 다른 면에도 똑같은 모양의 얼룩이 생긴 것이다. 왜냐하면 판 양쪽에 대칭인 얼룩을 만들 수 있는 다른 가능성은 없기 때문이다. 이렇게 생각하면 냉각수의 흐름과 상관없이 판 자체에 냉각의 불균일을 초래하는 원인이 있다는 것을 알 수 있다. 자연스럽게 관심의 대상이 냉각수에서 판으로 옮겨진다. 이렇게 접근하는 것이 불량의 원인을 논리적으로 포위하고 그 포위망을 좁히는 것이다. 그다음 단계에서는 이와 같이 판 내부의 냉각 속도를 다르게 만든 요인이 어떻게 생겼는지 파악하면 된다.

이 단계도 독자 스스로 생각해보면 좋을 것이다.

중요한 힌트를 제시하자면 이 공정 전 단계에서 이 판에 코팅을 한다는 것이다. 만약 이 공정 전 단계의 코팅층이 치밀하지 않고 미세한 구멍이 있는 다공질성이면 냉각수로 냉각할 때 이 구멍들에 공기가 갇혀서 빠져나오지 못한다. 그런데 공기는 냉각 속도가 느리기 때문에 그 부분의 냉각이 느려진다. 이렇게 되면 다공질성 코팅이 된 부분 판 양쪽이 모두 냉각이 안 되고 양쪽으로 대칭을 이룬 얼룩이 생긴다. 따라서 이 문제를 해결하려면 전 단계에서 코팅층을 치밀하게 해야 한다.

담당자들은 코팅층에 다공질성 부분이 생긴다는 것을 전혀 생각하지 못했는데 얼룩이 생긴 부분을, 현미경을 사용하여 고배율로 관찰해본 결과 확인할 수 있었다. 이 같은 문제해결 과정을 통해 불균일 냉각에 의한 불량 문제를 해결했을 뿐만 아니라 이 다공질성 코팅층이 야기하는 또 다른 불량도 해결할 수 있었다.

| 사례 4 |

A사가 가장 골머리를 앓고 있는 문제는 부품의 품질검사 과정에서는 나타나지 않던 불량이 소비자가 사용하면서 나타나는 소위 '진행성 불량'이라고 하는 것이다. A사가 부품을 대만에 있는 B사에 수출하면 B사는 완제품을 제조하고, B사가 제조한 완제품은 다시 외국으로 수출되는 방식으로 일이 진행된다. 그런데 외국에서 B사의 제품을 구매한 소비자가 그것을 사용하다가 불량이 나타나는 것이 문제다. 이렇게 되면 소비자는 판매상에게 클레임을 걸고, 판매상은 B사에 클레임을 걸고, B사는 모든 책임을 A사에 떠넘기게 된다. 이 과정에서 생기는 모든 피해액은 A사가 변상해야 한다. 뿐만 아니라 B사는 더 이상 A사의 부품을 구입하려고 하지도 않는다. 결과적으로 A사는 막대한 피해를 보게 될 뿐만 아니라 부품을 더 이상 팔 수 없게 된다. 이 회사의 최고경영자도 이 불량이 해결되지 않는 한 최고경영자 자리를 지키고 싶은 생각이 없다고 할 정도로 악명 높은 불량이었다.

부품에도 문제가 없고 완제품에도 문제가 없는데 왜 소비자가 사용하면서 불량이 발생할까? 제품을 소비자가 사용할 때 어떠한 변화가 일어나는지에 주목해보니 이 제품이 소비자에 의하여 사용될 때 온도가 대략 100도 안팎으로 올라갔다. 즉, 온도가 100도 정도에서 장시간 유지하면 이 불량이 발생하는 것이다.

이 부품에는 유기물질인 고분자가 있는데, 진행성 불량은 이 고분자에서 무엇인가 변화가 일어나 발생하는 것이다. 언뜻 보면 아무런 단서도 잡을 수 없을 것 같지만, 천천히 생각해보면 중요한 단서를 찾을 수 있다. 그리고 그 단서를 기반으로 집중적으로 생각하면 포위망을 좁힐 수 있다. 이러한 접근 방법은 스무고개 문제를 풀 때 포위망을 좁혀서 문제를 푸는 원리와 비슷하다.

이러한 진행성 불량의 특징으로부터 어떻게 주어진 문제의 포위망을 좁힐 수 있는지 10분 이상 생각해보라.

단서를 찾기 어렵다면 주어진 불량의 양상에서 핵심이 무엇인지 한번 생각해보자. 여기서 핵심은 불량이 품질검사 단계에서 나타나지 않고 소비자가 사용을 하면서 발생한다는 것이다. 그리고 소비자가 그 제품을 사용할 때 섭씨 100도 안팎으로 온도가 올라간다는 것이다.

이러한 상황에서 불량이 발생한다는 사실이 무엇을 의미하는지 10분 이상을 차분하게 생각해보라.

소비자가 사용하는 동안에 불량이 야기되는 '진행성 불량'에는 시간이 관여되어 있다. 즉, 불량이 시간의 흐름에 영향을 받는 것이다. 그리고 소비자가 사용할 때 온도가 높으므로 온도와도 연관성이 있는 것이다. 그렇다면 이것은 무엇을 의미할까?

시간과 온도에 의존한다는 것은 어떠한 반응이 일어난다는 것을 뜻한다. 즉, 부품 속의 유기물과 불량을 야기하는 미지의 물질이 100도 정도에서 장시간 유지되면서 서로 반응하는 것이다. 이처럼 진행성 불량이 부품 안의 유기물과 반응을 한 결과라고 결론을 지으면 생각하는 대상의 폭이 확연하게 줄어들게 된다. 여기서 포위망을 좀더 좁혀보자.

이 미지의 물질은 어떤 성질을 가질까? 이 문제에 대해서도 10분 정도 생각해보라.

이 미지의 물질은 100도 정도에서 장시간 노출되면 유기물과 반응하는 특성을 가지고 있다. 이는 무엇을 의미하는가? 이 핵심적인 사실은 불량을 야기하는 혼입물질의 정체에 대해 중요한 단서를 준다.

이 미지의 물질은 금속일까, 세라믹일까, 아니면 유기물일까? 분명 금속이나 세라믹은 아니다. 왜냐하면 금속과 세라믹은 결합력이 강해서 100도 정도에서 유기물과 절대로 반응하지 않기 때문이다. 그렇다면 이 미지의 물질은 또 다른 유기물이라는 결론이 나온다. 이런 간단한 생각을 통해 불량을 야기하는 것이 유기물질이라는 것을 추정할 수 있다. 포위망이 한층 더 좁혀진 것이다.

범인이 유기물질로 한정되면 문제는 절반 이상 풀린 셈이다. 포위망을 좁혔으니 이제 범인을 잡는 것은 시간 문제다. 이 정도로 포위망을 좁혔으니 다음 단계에서는 이런 불량을 초래한 공정을 찾으면 된다. 즉, 공정 중에서 유기물질이 혼입될 가능성 있는 공정을 집중적으로 조사하면 된다.

알고 보니 진행성 불량을 야기하는 공정은 두 가지가 있었다. 그 두 가지 공정 A와 공정 B를 하나하나 검사하면서 유기물질이 들어갈 수 있는 가능성을 찾아냈다. 그 결과 두 공정에서 원치 않던 유기물질이 들어가는 원인을 모두 찾아낼 수 있었다.

공정 A에서는 어떤 유기물과 접촉하는 공정이 있었는데 여기에서 문제가 발생했다. 그래서 이 유기물을 교체하니까 문제가 해결되었다. 공정 B에서 문제를 일으킨 원인은 다음 사례에서 소개할 예정이다. 이로써 이 회사를 어려움에 몰아넣었던 진행성 불량은, 이곳 연구원들 말을 빌리자면 "완전히 전설 속으로 사라졌다."

사례 5

회사에서 가장 골치 아파했던 공정 A에서의 진행성 불량이 논리적인 생각으로 해결되자, 이 과정을 지켜보던 K 대리가 공정 B에서 발생하는 진행성 불량을 자신이 한번 해결해보겠다고 나섰다. K 대리는 이전에 공정 B를 담당했었기 때문에 이 불량에 대해 잘 알고 있었다.

그는 불량과 관련된 사실을 모두 열거한 뒤 곰곰이 생각해본 결과 기판에 일련번호를 기입하는 데 사용되는 매직펜의 잉크가 원인이 될 수 있다는 결론을 내렸다. 그래서 매직펜을 새로 구입해 잉크를 관찰했다. 그러나 예상했던 물질은 발견되지 않았다. 매직펜을 제외하고 불량 문제를 찾으려고 하니 도저히 찾을 수가 없었다.

결국 관련 직원들이 모두 모여 이 문제를 분석하기 시작했다. 나도 참여해서 토론을 이끌었다. 이 문제는 직원들이 함께 모여 주어진 데이터를 보고 차분하게 생각하고 토론하여 해결했던 불량 문제 중 가장 어려웠고 가장 오랜 시간이 걸렸다.

이 문제를 해결하려면 불량과 관련된 여러 가지 사실들을 열거하고, 각 사실이 의미하는 바를 끄집어내서 이들 모두를 만족하는 답을 찾아야 했다.

다음에 열거하는 11가지 사실을 읽고 독자 스스로 생각해서 각 사실이 의미하는 바를 생각해보라. 그리고 그 의미들을 종합해서 결론을 추정해보라.

이 사례는 어려운 문제를 해결할 때 어떤 방식으로 생각하고 접근해야 하는지를 보여주는 좋은 예가 될 것이다.

1. 이 물질은 부품의 유기물 속에 존재하는데 온도가 올라가면 사라졌다가 온도가 낮아지면 다시 나타난다.
2. 이 물질의 크기는 수 미크론 *micron*(1미크론=1미터의 100만 분의 1)이다.
3. 이 물질의 90퍼센트 정도가 기판의 미세한 균열에서 발견된다.
4. 이 물질의 형상이 모두 불규칙하기보다는 비교적 일정하고 구형에 가깝다.
5. 매직펜을 기판에 긋고 관찰하면 이 물질이 비교적 많이 관찰된다.
6. 새 매직펜을 사용해서 관찰한 결과 이 물질이 관찰되지 않았다.
7. 매직펜을 사용하지 않은 경우 불량률이 36퍼센트에서 18퍼센트로 감소했다.
8. 매직펜 제조사의 한 직원이 이 물질을 알고 있는 듯이 말했다. 이 물질은 반드시 들어가야 하고 큰 매직펜에는 이러한 물질이 없다고 말했다.
9. 매직펜 제조사의 간부직원은 이러한 물질을 넣지 않는다고 했다.
10. 상판보다는 하판에서 많이 발생하는데, 매직펜으로 쓰는 일련번호는 하판에 기입한다.
11. 부엌에서 사용하는 플라스틱 랩*wrap*으로 관련된 공정 장비를 누른 뒤 관찰하면 이 물질이 관찰된다.

이와 같이 열거된 각 사실이 의미하는 바를 적으면 다음과 같다. 이 중에 특별히 중요한 사실은 굵은 글씨로 표시했다.

1. 이 물질은 부품의 유기물 속에 존재하는데 온도가 올라가면 사라졌다가 온도가 낮아지면 다시 나타난다.
   → 무기물이 아니고 유기물이다.

2. 이 물질의 크기는 수 미크론이다.
   → 현미경 등을 사용하지 않은 맨 눈으로는 식별이 잘 안 되는 크기다. 육안으로는 보이지 않으므로 주의해야 한다.

3. 이 물질의 90퍼센트 정도가 기판의 미세한 균열에서 발견된다.
   → 일련번호가 적힌 잉크를 티슈를 사용해서 문질러 닦는 과정에, 균열에 고착된 것으로 보인다.

4. 이 물질의 형상이 모두 불규칙하기보다는 비교적 일정하고 구형에 가깝다.
   → 몇몇 직원들이 이 물질이 기판끼리 접촉하면서 생긴 미세파편이라고 믿고 있었는데, 이러한 사실은 기판의 접촉 등에 의해 생성된 미세파편이 아니라는 것을 의미한다. 왜냐하면 기판의 접촉에 의해 생긴 미세파편이라면 모양이 불규칙해야 하기 때문이다. 반면 잉크에 첨가된 물질이라면 일정한 형상을 가질 수 있다.

5. 매직펜을 기판에 긋고 관찰하면 이 물질이 비교적 많이 관찰된다.
   → 이 데이터에 신뢰성이 있다고 하면 대단히 중요한 결과이고, 이 물질이 매직펜에서 나오거나, 아니면 매직펜이 이 물질을 옮기는 것으로 판단된다.

6. 새 매직펜을 사용해서 관찰한 결과 이 물질이 관찰되지 않았다.
   → 5번과 같이 생각하면 이 물질의 생성은 매직펜에서 기인한 것이 아니라 매직펜이 이 물질을 옮기는 것으로 보인다. 그러나 새 매직펜과 사용을 충분히 한 매직펜의

자체적인 차이가 있을 수 있으므로 결론은 신중히 내려야 한다.

7. 매직펜을 사용하지 않은 경우 불량률이 36퍼센트에서 18퍼센트로 감소했다.
   → 이 데이터가 신뢰할 만하다고 하면 5번과 일치한다. 즉, 이 물질이 매직펜에서 나오거나, 아니면 매직펜이 이 물질을 옮긴다는 것을 나타낸다.

8. 매직펜 제조사의 한 직원이 이 물질을 알고 있는 듯이 말했다. 이 물질은 반드시 들어가야 하고 큰 매직펜에는 이러한 물질이 없다고 말했다.
   → 직원의 말은 자연법칙이 아니라 사람이 한 이야기이기 때문에 완전히 신뢰할 수는 없지만, 5번과 7번과 관련하여 중요한 이야기일 수 있다.

9. 매직펜 제조사의 간부직원은 이러한 물질을 넣지 않는다고 했다.
   → 8번과 양립하지 않는다. 따라서 두 직원 중 한 사람의 이야기는 틀린 것이다.

10. 상판보다는 하판에서 많이 발생하는데, 매직펜으로 쓰는 일련번호는 하판에 기입한다.
    → 이 결과는 두 가지의 해석이 가능하다. 하나는 하판이 스크래치가 많기 때문에 이 물질을 상판보다 많이 고착시킨다는 것이고, 다른 하나는 이 물질이 매직펜으로부터 나오기 때문이라는 것이다.

11. 부엌에서 사용하는 플라스틱 랩으로 관련된 공정 장비를 누른 뒤 관찰하면 이 물질이 관찰된다.
    → 이 물질이 관련된 공정 장비 여러 곳에 오염되어 있다는 것을 나타낸다.

이런 사실을 모두 고려하여 독자 스스로 결론을 끄집어내보라.

이 모든 이야기를 종합해보면 불량이 매직펜과 관련 있다는 사실은 너무나 명확하다. 그 물질이 매직펜의 잉크에 포함되어 있다고 한다면 6번과 9번을 제외하고는 모든 것을 만족시킨다. 그런데 9번은 사람의 이야기이므로 신뢰성이 높지 않다. 특히 다른 사람의 이야기와 다르다. 따라서 6번까지 만족시키는 조건을 찾아야 한다.

가능성은 두 가지가 있다. 한 가지 가능성은 매직펜을 새로 구입해서 테스트할 때는 이 물질이 나오지 않지만, 어느 정도 사용하면 나온다는 것이다. 두 번째 가능성은 매직펜이 이 물질을 옮기는 역할을 한다는 것이다. 그렇다면 이 물질은 다른 곳에 있고 매직펜이 그곳에 자주 왔다갔다하면서 이 물질을 옮겨야 하는데 그럴 가능성은 극히 낮다. 따라서 첫 번째 가능성이 높은 것이다.

참고로 여기에서 8번과 9번 항목은 자연법칙이나 객관적 데이터가 아닌 사람의 이야기이므로 적당히 참고만 해야지 절대적으로 믿어서는 안 된다. 더욱이 같은 회사의 두 직원이 서로 다른 이야기를 하고 있다. 결국 담당 직원의 이야기가 맞는 것이고, 간부직원은 이 회사의 불량에 대한 책임이 혹시 자신의 회사 제품으로 전가되지 않을까 걱정해서 책임 회피성 발언을 한 것이었다.

사람들은 자신과 이해관계가 있으면 수시로 거짓말을 하기 때문에 산업체 문제를 해결할 때 사람들의 말은 신뢰성이 떨어진다. 이 모든 것을 종합해볼 때 매직펜에서 물질이 나올 확률이 가장 높다. 그런데 담당자는 매직펜을 새로 구입해서 검사해봤지만 이 물질이 발견되지 않았다고 했다.

이런 상황에서 어떻게 해야 하는가?

직원들과 앞에서 열거한 11가지의 결과를 놓고 함께 토론한 결과 매직펜의 잉크를 다시 검사하기로 했다. 그리고 매직펜의 잉크가 원인이라는 것이 확인되었다. 그전에 매직펜의 잉크에서 이 물질이 관찰되지 않았던 이유는 관찰을 하기 위해서는 잉크에 용매를 첨가하는데 이 과정에서 실수를 했기 때문이었다. 결국 6번은 진실이 아닌 것이다. 여기에서 문제가 어려워진 이유는 6번이 진실이 아닌데 진실이라고 간주하고 논리를 폈기 때문이다.

이 경우는 회사에서 조사를 하다가 포위망을 좁히는 과정에서 범인이 빠져나간 것과 같다. 가장 의심이 되는 용의자를 조사한 끝에 범인이 아니라고 판단한 것이다. 이렇게 되면 문제를 해결하기가 어려워진다. 그럼에도 불구하고 포기하지 않고 냉철하게 분석한 결과 포위망을 빠져나간 범인을 다시 찾을 수 있었던 것이다. 이처럼 사실에 근거를 두는 논리적 접근의 힘은 굉장히 강력하다.

사례 6

이번 문제는 주어진 상황에서 생각해야 되는 핵심이 한 가지가 아니라 여러 가지다. 이 핵심들을 하나하나 잘 파악해서 문제를 해결해야 하므로 상대적으로 어렵다. 그러나 주어진 상황을 잘 파악하고 논리적으로 생각하면 독자들도 충분히 해결할 수 있을 것이다.

A사의 어떤 공정에서 10퍼센트의 불량이 발생하고 있었다. 10퍼센트의 불량은 다른 공정에서의 불량률보다 상대적으로 낮아 크게 문제 삼지 않고 있었다. 그러다가 약 7개월 전 이 공정에서의 불량률이 20퍼센트로 증가하면서 상황이 조금 심각해졌다. 근래에 들어서는 이 공정의 불량률이 90퍼센트로 증가했다. 그러자 완전히 비상이 걸렸다.

이러한 상황에서 문제를 해결하려면 어떻게 접근해야 하는가? 현재까지 주어진 정보로부터 문제의 핵심이 무엇이고, 담당자들에게 무엇을 중점적으로 물어보아야 할지 독자 스스로 생각해보기 바란다.

이 문제에서 핵심은 불량이 10퍼센트에서 20퍼센트로 증가할 때 무엇이 바뀌었는지, 불량이 20퍼센트에서 90퍼센트로 증가할 때 무엇이 바뀌었는지를 파악하는 것이다. 그리고 이것도 틀림없이 자연법칙의 결과라는 점을 염두에 두어야 한다. 무엇인가가 바뀌었기 때문에 이런 변화가 나타난 것이고, 바뀐 것이 무엇인지 찾는 것이 급선무다. 이 부분에 집중해서 조사해야 한다.

이 공정은 어떤 물질을 용액에 첨가해서 그 용액을 바르는 공정이었다. 마치 페인트 가루를 용액에 풀어서 페인트 액처럼 만든다고 생각하면 된다. 그리고 등사하듯이 페인트 액을 롤러에 묻혀서 바른다. 그런데 작업데이터를 조사해보니, 이 공정의 불량이 10퍼센트에서 20퍼센트로 증가한 시점과 페인트 가루처럼 첨가하는 물질의 종류가 B에서 C로 바뀐 시점이 거의 일치했다.

한편 물질 B는 지난 몇 년 동안 사용해오던 물질이다. 그리고 물질 C는 대략 7개월 전부터 새로 사용된 재료로, 이 공정의 불량률을 20퍼센트로 올리긴 하지만 다른 공정에서의 불량률을 감소시켰다. 결국 C를 사용하는 것이 더 유리해서 계속 사용하고 있었다. 그러다가 물질의 종류를 C에서 D로 바꾸어야 할 일이 생겼다. 물질 D는 외국에서 들여온 것으로 새로운 부품을 개발하려면 반드시 사용해봐야 하는 것이었다. 그런데 물질이 C에서 D로 바뀔 즈음에 불량이 20퍼센트에서 90퍼센트로 증가한 것이다.

A사는 불량률이 90퍼센트로 급등하자 다시 원래의 물질인 B와 C로 교체했다. 그런데도 불량률은 좀처럼 감소하지 않았다. 참고로 이 제품은

1미크론 정도의 작은 이물질이 혼입되어도 불량이 발생했다. 이물질은 미량 존재할 때는 눈에 보이지 않지만, 조금만 혼입되어도 불량을 야기하므로 대단히 민감한 공정이다. 눈에 보이지 않는 것이 문제를 야기할 때는 생각을 해서 찾아내야 하므로 불량의 원인을 찾아내기가 어렵다.

이 공정이 끝나면 그 과정에서 사용했던 롤러 같은 도구 일체를 세척하고 말린다. 이때 세척하는 공정은 표준화되어 있다고 한다. 특정한 용매를 사용해서 30분간 세척하는 것이 표준화된 방법이다. 이 세척 공정의 최적조건은 물질 B를 사용해서 생산할 때 만들어진 것으로, 많은 노력을 기울여서 수많은 시행착오를 거친 끝에 확립된 것이라고 한다.

토론 중에 세척에 문제가 없느냐는 질문이 나왔다. 담당자들은, 세척은 자신들이 충분히 노력해서 완전히 해결한 표준화된 방법이라고 자신 있게 대답했다.

이런 상황에서 어떻게 접근하겠는가?

담당자들이 세척에는 문제가 없다고 너무 자신 있게 대답해서 모두들 세척에 대해서는 더 이상 문제 삼지 못할 정도였지만, 이것은 어디까지나 자연법칙의 결과가 아닌 담당자들의 의견이었다. 사람은 불완전하므로 오해나 착각과 같은 실수를 할 수 있다는 것을 항상 명심해야 한다.

앞에서 언급한 것과 같이 이 문제의 핵심으로부터 이 불량은 용액에 풀어서 바르는 물질의 종류가 B에서 C, 그리고 C에서 D로 달라진 것과 관련이 있다는 것을 추측할 수 있다. 그렇다면 이들 물질이 어떻게 영향을 준 것인가? 그리고 왜 불량을 야기하던 물질 D를 다시 원래의 물질 B나 C로 바꾸어도 불량이 좀처럼 감소하지 않은 것인가?

이것이 무엇을 의미하는지 한번 생각해보라.

이 문제는 약간 어려울 수 있지만, 여기까지의 정보를 잘 분석하면 원인을 추론할 수 있다. 이 문제를 해결하려면 이 모든 상황을 만족스럽게 설명하는 시나리오를 생각해내야 한다.

먼저 비교적 확실한 결론으로부터 출발해야 하는데, 그것은 물질의 종류가 달라져 불량이 생겼다는 것이다. 이것만은 확실하다. 모든 논리의 전개는 여기서 출발해야 한다. 이 회사의 연구원들이 밤을 새고, 주말도 없이 온갖 시도를 다했는데도 해결하지 못했던 이유는 이 문제의 핵심에 집중해서 생각을 했어야 했는데 그러지 못했기 때문이다.

확실한 결론에 기반을 두고 그다음 상황을 추정해야 한다. 그다음 단계에서 문제의 핵심은 '그러면 왜 물질 D를 불량률이 상대적으로 낮은 물질 B와 물질 C로 다시 바꿨는데도 불량률이 감소하지 않는가?'이다. 이 물음에 생각을 집중해야 한다.

이때 집중적으로 생각해야 할 문제의 핵심이 추가로 생긴다. 이들 물질의 크기가 눈에 보이지 않을 만큼 아주 작고 미량이어도 공정에 혼입되면 불량을 만든다는 것이다. 그런데 사람들은 눈에 보이지 않으면 존재하지 않는다고 생각하는 경향이 있다. 이것이 많은 사람들이 범하는 실수다. 연구원들 또한 이런 실수를 할 가능성이 크다. 도구들을 세척한 후에 잔류물들이 눈에 보이지 않으니 실제로 존재하지 않는다고 믿는 것이다.

또 다른 핵심은 연구원들이 표준화된 세척 공정과 관련하여 커다란 논리의 오류를 범하고 있다는 것이다.

독자들이 이 논리의 오류를 스스로 생각해서 찾아보면 좋을 것이다.

현재 표준화된 세척 공정은 물질 B를 염두에 두고 여러 조건을 시도해서 얻은 결과다. 많은 노력을 기울여서 확립한 조건이기는 하지만, 분명한 것은 물질 B를 세척하는 것으로 표준화된 조건이지 물질 C나 물질 D

를 위한 조건이 아니라는 것이다. 여기에서 논리의 오류와 비약이 발생했다. 연구원들은 자신들이 많은 노력 끝에 결정한 세척 조건이므로 여기에는 절대 문제가 없다고 생각했다. 이러한 논리의 오류가 포위망을 엉성하게 만들고, 불량을 야기하는 원인을 포위망 밖으로 빠져나가도록 만드는 것이다.

이런 문제의 핵심들을 종합해서 불량 원인에 대한 가능성을 독자 스스로 만들어보라.

토론 끝에 문제의 핵심들을 종합해서 정리하니 다음과 같은 가능성이 도출되었다.

종전에 표준화된 세척 공정은 물질 B를 제거하기에 적합한 것이다. 물질이 C로 바뀌었을 때는 용매의 종류나 세척시간 등 최적 조건이 달라질 수 있다. 그리고 물질 D를 사용할 때의 세척 조건 역시 달라질 수 있는데, 그 점을 간과한 채 종전의 물질 B를 제거하기 위해 표준화된 세척 공정을 계속 사용했던 것이다. 이들 미세한 잔류물들은 눈으로 식별되지 않았기 때문에 연구원들 모두 세척이 되었다고 믿은 것이다. 그런데 물질 C와 물질 D가 종전의 세척 방법으로는 완전히 제거되지 않아 도구들을 오염시켰다. 이 미세한 잔류물들이 모든 도구를 오염시켰던 것이다. 그래서 다시 물질 B로 바꾸어도 이 잔류물들이 혼입되었던 것이고, 이 때문에 불량률이 낮았던 물질 B로 다시 바꾸어도 불량률이 크게 감소하지 않은 것이다.

이 시나리오는 정확하게 들어맞았다. 연구원들이 이를 확인하기 위해서 일정한 두께의 물질 B, C, D를 표준화된 방법으로 세척해본 결과 물질 B는 제거되었지만 물질 C는 일정량이 제거되지 않았고, 물질 D는 거의 제거되지 않았다. 따라서 물질 C와 물질 D를 제거하려면 각각에 맞는 완전히 다른 세척 방법을 사용해야 된다는 것이 판명되었다.

종전에 물질 B를 사용할 때의 불량률 10퍼센트도 물질 B가 세척 과정에 전부 제거되지 않고 미량이 잔류해 있다가 도구들을 오염시켰기 때문에 생긴 것이었다. 이 오염 물질들이 너무 미세해서 눈으로는 판별할 수 없었지만 불량을 야기할 뿐 아니라 제품의 질까지 떨어뜨리고 있었다. 즉, 많은 경우 품질 검사에서 불량으로까지 분류되지 않았지만 합격한 제품들도 불량에 가까울 정도로 품질이 나빴다. 이 세척 문제를 해결하면서 이것과 관련된 불량을 완전히 해결했을 뿐만 아니라 제품의 품질도 월등히 향상되었다. 문제해결 과정에서 예기치 않았던 소득까지 올리게 된 것이다.

이와 같은 해결책이 제시되었을 때의 상황은 아주 극적이었다. 차분히 주어진 사실에 기반해 논리적으로 접근하여 도출한 시나리오가 실험으로 정확하게 확인되자 참여한 모든 직원들이 쾌재를 불렀다. 이 경험을 통해 참여자들은 몰입적 사고의 위력을 명백히 확인했고, 왜 '열심히 일하기Work Hard'보다 '열심히 생각하기Think Hard'가 중요한지 몸소 체험했다.

국내에서 손꼽히는 한 법률회사의 최고경영자는 젊은 변호사들이 고객으로부터 답이 보이지 않는 어려운 문제를 의뢰받고 어찌할 바를 몰라 쩔쩔매고 있으면 그 문제만 생각하면서 '면벽 3일'을 하라고 지시한다고 한다. 3일 동안 벽만 바라보고 그 문제를 어떻게 해결해야 할지에 대한 생각만 하라는 것이다. 이는 그의 경험에서 우러나온 이야기일 것이다.

이런 몰입적 사고 방식을 산업체에서 아무리 밀어붙여도 해결되지 않은 30퍼센트의 문제들에 대해 우선적으로 적용해보자. 독방에서 면벽 3일, 혹은 더 오랜 시간을 차분하게 오로지 그 문제만을 생각하는 것이다. 어차피 노력해도 해결하지 못한 문제이므로 밑져야 본전이라 생각하고 시도해보길 권한다. 혹은 해당 직원들이 모여서 주어진 문제를 해결하기 위한 토론을 하는 것도 좋은 방법이다. 해결이 안 되면 주기적으로 미팅을 갖고 문제가 해결될 때까지 오로지 주어진 문제해결을 목표로 토론하는 것이다. 그럼 아마도 상당수의 문제가 해결될 것이고, 몰입적 사고의 힘이 얼마나 큰지 실감하게 될 거라고 확신한다.

열심히 노력해도 불량의 원인을 찾지 못한 대부분의 경우 생각을 충분히 하지 않았기 때문에 방향을 잘못 잡고 엉뚱한 곳에 노력을 기울이고 있었다. 그 불량을 야기한 원인과는 거리가 먼 곳에서 노력을 하니 아무리 노력을 해도 소용없는 것이었다. 아무리 노력해도 문제가 해결되지 않는 경우에는 주기적으로 문제의 원점으로 다시 돌아가 출발점의 방향이 올바른지 점검할 필요가 있다. 아무리 어려운 문제도 대개는 몇 발자국만 논리적으로 접근하면서 포위망을 좁혀가면 답이 나온다.

강한 몰입 사례:
연구에서 나타나는 문제

︙

몰입 강연을 할 때면 많은 사람들이 "도대체 그렇게 몰입해서 무엇을 해결했느냐?"라는 질문을 많이 한다. 강한 몰입을 하려면 많은 희생이 따르는데 과연 그렇게 할 가치가 있는가에 대해서도 궁금해하는 것 같다. 이를 위하여 내가 몰입 상태에서 해결한 대표적인 문제들을 그 배경과 함께 소개하고자 한다.

최대한 쉽고 단순화하려고 했으나 전문용어가 나올 뿐 아니라 전문지식이 필요한 부분이 있어서 독자들에게 다소 어렵게 느껴질 것이다. 그러나 이러한 사례를 통해 몰입이 어떠한 방식으로 적용되는지, 그리고 난제를 해결하는 데 몰입이 얼마나 위력을 발휘하는지 알 수 있을 것이다.

일부 전문지식이 필요치 않은 부분에서는 앞서 소개한 문제해결 방법론을 적용할 수 있도록 적절한 질문을 넣었다. 이 질문에 대하여 독자 나름대로 생각을 하면 좋을 것이다. 그리고 어렵다고 알려진 문제들도 차분하고 논리적으로 생각하면 해결된다는 사실을 확인할 수 있을 것이다. 독자들이 상대적으로 쉽다고 느껴질 문제를 먼저 소개한다.

사례 1. 단분산 나노입자의 형성 원리

나노입자의 크기가 각기 다른 것을 '다분산*polydisperse* 나노입자'라 하고, 나노입자의 크기가 모두 똑같은 것을 '단분산*monodisperse* 나노입자'라고 한다. 단분산 나노입자는 크기가 똑같은 구슬이 모여 있는 것을 생각하면 되는데, 단지 크기가 수 나노미터[1]로 아주 작다고 보면 된다. 대체로 크기의 편차가 5퍼센트 이내이면 단분산이라고 한다.

단분산 나노입자는 여러 가지로 유용해서 많은 연구자들이 이를 제조하기 위해서 오랫동안 노력을 해왔다. 예전에는 다분산 나노입자를 먼저 만든 후 이로부터 크기를 선별하여 일정한 크기만 갖는 나노입자를 만들었는데 이는 대단히 어려운 작업이었다. 그러다 2000년 초에 국내의 H 교수가 크기 선별이라고 하는 번거로운 추가 공정 없이 직접 단분산 Fe 나노입자를 만드는 방법을 개발하는 데 성공했다. 이는 대단히 획기적인 성과여서 2001년 미국의 세계적인 과학잡지 〈사이언스〉의 편집자가 이 내용을 '편집자의 선택*editor's choice*'의 주제로 소개할 정도였다.

그 당시 H 교수와 나는 자주 테니스를 치곤 했는데, 어느 날 그는 내게 단분산 나노입자가 형성되는 원리를 밝혀달라고 요청을 했다. 나는 그의 명성을 익히 알고 있던 터라 흔쾌히 동의했다. 그는 내가 만난 그 어떤 사람보다 더 자신의 연구에 열정을 갖고 있었고, 모든 것을 독단적으로 해결하기보다는 여러 전문가들과 긴밀한 협력을 통해 진행하고 있었다. 아마도 입자성장에 관한 연구를 오랫동안 수행해온 나와의 협력이 단분산 나노입자의 생성 원리를 밝히는 데 도움이 될 것이라고 판단했던 것 같다.

나는 H 교수와 몇 번의 미팅을 통하여 상세한 내용을 파악한 뒤 문제의 핵심을 찾았다. 그리고 몰입에 들어갔고 일주일 정도 지난 후 이 문제

---

1 1nm(나노미터)는 10^{-9}m이다.

를 해결했다. 해결하고 나니 너무나 간단한 문제였다. 늘 그랬듯이 이 문제 역시 콜럼버스의 달걀과 같았다.

단분산 나노입자가 형성되는 원리는 대단히 중요하지만, 그것을 밝히는 것은 굉장히 간단한 문제이므로 독자들도 나름대로 문제 풀기를 시도해보는 것이 좋을 것이다. 이 문제를 논리적으로 접근하기 위해서 몇 가지 힌트를 줄 것이다. 먼저 문제를 이해하자.

Fe-올레이트라고 하는 Fe를 포함하고 있는 염*salt*을 용액에 넣는다. 온도를 서서히 올리기 시작하면 Fe-올레이트가 분해되기 시작하고, Fe-올레이트로부터 생성된 Fe 원자가 용액으로부터 석출되어 Fe 입자가 생성되기 시작한다. 용액에는 계면활성제 등이 있어 생성된 Fe 입자가 서로 달라붙지 않게 된다.

여기에서 '사실'에 해당하는 것은 주어진 조건에서 10나노미터 정도 크기의 단분산 나노입자가 형성된다는 것이다. 그리고 이것은 자연법칙에 따른 결과다. 이 문제를 다루기 위해서는 핵생성*nucleation*과 성장*growth*이라는 개념에 대한 지식이 필요하다.

예를 들어 주어진 온도에서 포화된 소금용액의 온도를 낮추면 소금이 과포화가 되어 석출된다. 이렇게 석출된 것을 석출물이라고 하는데, 석출물이 처음으로 생성되는 단계가 '핵생성'이다. 소금은 분자식이 NaCl이고 나트륨*Na*과 염소*Cl*로 이루어져 있는데, 핵생성된 소금에 나트륨과 염소가 계속 달라붙어서 커지는 것이 '성장'이다. 이렇게 석출되어 성장한 소금 알갱이들의 크기가 달라지면 다분산이라 하고, 크기가 모두 같으면 단분산이라 한다. 이러한 상황에서 단분산이 되려면 어떠한 조건을 만족해야 하는지 찾는 것이 문제다.

석출된 입자들이 서로 엉겨서 달라붙으면 단분산 입자가 될 수 없다. 그래서 계면활성제가 필요한 것이다. 계면활성제는 이들이 엉겨 붙지 않게 하는 역할을 한다.

먼저 문제의 핵심을 찾아 생각의 대상을 줄여야 한다. 이를 위해서는 관련된 현상이 무엇인지 파악해야 한다. 이 과정에서 일어나는 현상은 용액에서 Fe 원자가 석출되면서 입자가 자라는 것이다. 즉, 핵생성과 성장이라는 두 가지 현상밖에 없다. 따라서 단분산을 만드는 범인은 핵생성과 성장 둘 중의 하나다. 이제 집중적으로 생각해야 할 대상을 핵생성과 성장이라는 범위로 좁힐 수 있다. 여기까지만 생각해도 문제의 본질에 상당히 가깝게 접근한 것이다.

그다음 단계에서는 핵생성이 단분산을 야기한 것인지, 성장이 단분산을 야기한 것인지, 아니면 두 가지 현상이 협력해서 단분산을 야기한 것인지를 구별해서 좁혀나가면 된다. 처음에 복잡해 보였던 문제가 상당히 단순해졌다는 것을 알 수 있다. 한편 핵생성과 성장 모두 자연법칙이고 철저하게 자연법칙을 따른다는 것을 고려하면 이 문제의 답은 독 안에 든 쥐나 마찬가지다.

이제부터 독 안에 든 쥐를 잡아보자. 한 가지 가능성으로 모든 입자의 핵생성이 동시에 일어나는 경우를 생각해볼 수 있다. 즉, 어느 한 시점에서 동시에 핵생성이 일어나는 것이다. 그러면 결국 똑같은 크기의 소금 덩어리가 얻어질 것이다. 그러나 이 가능성은 자연법칙에 어긋난다. 확률적으로 핵생성이 한 시점에서 동시에 일어나기는 대단히 어렵고, 미세하게라도 시간 차이가 날 수밖에 없다. 또한 미세한 시간 차이만 나도 핵생성된 입자의 크기는 확연하게 달라진다. 실제 실험을 통해서도 핵생성은 동시에 일어나지 않는다는 사실이 확인되었다. 즉, 핵생성 당시에 관찰한 입자들의 크기가 서로 다르다는 것이 확인된 것이다.

또 다른 가능성으로 성장하면서 크기가 같아지는 경우를 생각해볼 수 있다. 즉, 핵생성이 될 때는 입자들의 크기가 다르지만 성장하면서 크기가 점점 같아질 가능성이 있다. 과연 그것이 사실일까? 이것이 독자들이 스스로 생각해볼 문제다.

초기에 크기가 달랐던 입자들이 성장하면서 같아질 수 있는지 생각해보라.

난이도 조절을 위해서 단계별 힌트를 제시했다. 힌트의 도움 없이 스스로 생각하는 것이 가장 높은 수준이 된다. 여기에서 힌트는 수준이 높은 문제를 수준이 낮은 여러 개의 문제로 잘게 나누는 역할을 한다.

첫 번째 힌트

먼저 문제를 최대한 단순화시킨다. 여러 개의 입자를 염두에 두다 보면 생각하기가 어렵다. 나쁜 머리로도 복잡한 문제를 풀 수 있으려면 문제의 본질은 유지하되 생각하기 쉬운 형태로 바꾸어야 한다. 여기서는 생각할 입자의 개수를 최소한으로 줄이면 문제가 단순해진다.

입자들의 분포가 다분산인지 단분산인지 구별하면서 줄일 수 있는 최소 입자의 개수는 몇 개일까?

입자의 수를 두 개까지 줄일 수 있다. 두 개의 입자 정도면 비교적 쉽게 생각할 수 있다. 크기가 다른 두 개의 구형 입자를 생각해보자. 예를 들어 하나의 입자는 직경이 1나노미터고, 다른 입자는 직경이 5나노미터라고 가정하고 이 두 구형 입자의 크기가 성장하면서 점점 같아질 수 있는지 생각해본다.

두 번째 힌트

문제를 더 단순화시키기 위해서 성장 속도가 같다고 가정한다. 즉, 일정 시간이 지나서 작은 입자가 1나노미터 성장하면 큰 입자도 1나노미터 성장한다고 가정한다. 참고로 이러한 성장 조건은 표면 반응이 성장을 지배할 때 만족된다.

세 번째 힌트
두 입자의 크기가 다분산의 방향으로 가는지, 단분산의 방향으로 가는지를 구별하려면 어떻게 해야 할까?

시간에 따른 두 입자의 크기 비율 $ratio$로 구별하면 된다. 이 두 입자의 크기의 비가 1에 가까워질수록 크기가 같아지는 것이다. 이 비율이 1.05 이하가 되면 크기의 차이가 5퍼센트 미만이 되어 단분산이 된다.

네 번째 힌트
직경 1나노미터인 입자와 5나노미터인 입자의 크기 비율은 5÷1=5이다.

이들이 각각 1나노미터씩 성장했다면 크기의 비율은 얼마인가?

이들이 각각 1나노미터씩 성장했다면 작은 입자의 직경은 2나노미터가 되고, 큰 입자의 직경은 6나노미터가 되어 크기의 비율은 6÷2=3이 된다.

또 이 비율이 1.05 이하가 되려면 얼만큼 성장하면 되는가?

최종 답안
이 두 입자가 처음 상태에서 99나노미터 더 성장했다고 한다면 작은 입자는 100나노미터가 되고, 큰 입자는 104나노미터가 된다. 그러면 크기의 비율은 104÷100=1.04가 되어 1.05보다 작아져 크기가 같다고 할 수 있고, 단분산 입자가 된다. 이것을 그림으로 나타내면 〈그림 1〉과 같다.

여기서 크기의 차이는 시간이 흘러도 4나노미터로 같다. 그러나 크기의 비율은 성장하면서 1에 가까워진다. 즉, 성장하면서 점점 단분산이 되

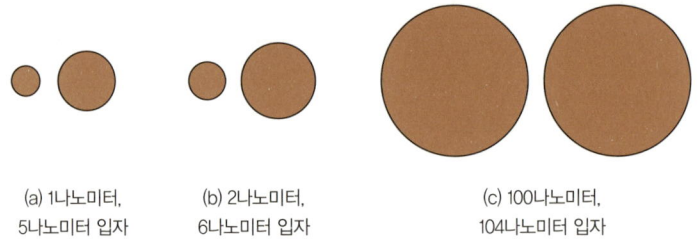

(a) 1나노미터, 5나노미터 입자   (b) 2나노미터, 6나노미터 입자   (c) 100나노미터, 104나노미터 입자

| 그림 1 | 같은 속도로 성장하는 두 입자의 크기 비교

는 경향을 갖는다. 이것이 단분산 입자가 되는 기본 원리다. 일단 이러한 원리를 찾으면 게임은 끝난 것이다. 독자들이 전문지식 없이 해결할 수 있는 단계는 여기까지다.

논의의 완성을 위해서 전문지식이 필요한 부분을 추가로 설명한다. 추가적인 논의를 통해 연구를 하려면 생각을 많이 해야 하고, 또 논리적으로 생각하는 것이 매우 중요하다는 사실이 독자들에게 전달되었으면 하는 바람이다. 도전적인 독자들을 위해 생각할 부분이 나오면 적절한 질문도 추가했다.

사실 나머지 과정은 전문지식만 있으면 어떤 연구자라도 해결할 수 있을 정도로 쉽다. 여기에서는 문제를 단순화하기 위해 두 개의 입자만 고려했다. 현실적인 상황을 고려하면 수많은 입자의 거동을 보면 된다. 이는 전혀 어려운 일이 아니다. 컴퓨터를 이용하면 수많은 입자의 성장 거동을 쉽게 계산할 수 있기 때문이다.

〈그림 2〉는 많은 수의 입자가 성장하는 모습을 컴퓨터로 계산한 것이다. 시간이 경과하면서 입자들의 크기가 점점 더 같아지는 현상을 보여준다.

문제는 여기서 끝나지 않는다. 위의 그림에서 1500초가 경과한 후의 입자는 단분산이 되지만, 그 크기가 수백 나노미터가 된다. 그런데 단분산 입자를 합성한 H 교수가 얻은 입자는 10나노미터 혹은 그 이하다. 지

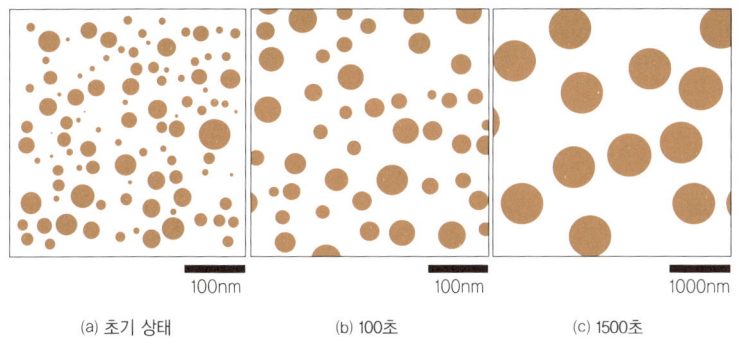

(a) 초기 상태   (b) 100초   (c) 1500초

| 그림 2 | 각 입자의 성장속도가 같은 경우
입자들이 성장하는 양상을 보여주는 컴퓨터 시뮬레이션

금까지 소개한 방법에 따르면 수백 나노미터가 되어야만 단분산이 되는데, 실험적인 '사실'은 10나노미터도 채 안 되는 크기에서 단분산이 되는 것이다. 이는 곧 현재의 모델이 실험적인 '사실'과 부합되지 않는다는 것을 의미한다. 단분산이 되는 것은 맞지만, 단분산이 되는 크기는 설명하지 못하고 있는 것이다. 따라서 현재의 모델에 무엇인가 문제가 있다.

이 문제는 어디에서 발생되는가?

이 문제를 해결하려면 약간의 전문지식이 필요하다. 항상 문제를 풀기 위해서는 처음 출발시점의 가정을 주목해야 한다. 여기서는 문제를 단순화하기 위해 각 입자의 성장 속도가 같다고 가정했다. 이는 표면반응 *surface reaction*이 성장을 지배할 경우에 성립한다. 그런데 만약 확산 *diffusion*이 성장을 지배한다고 하면 각 입자의 성장 속도는 같지 않고 반지름에 반비례한다. 이것을 식으로 표현하면 다음과 같다.

$$v \propto \frac{1}{r}$$

이 식에서 v는 입자의 성장 속도이고, r은 입자의 반경이다. 이 식을 이용해서 계산하면 〈그림 3〉과 같은 결과가 나온다. 10나노미터 이하에서 단분산 나노입자가 만들어지는 것이다.

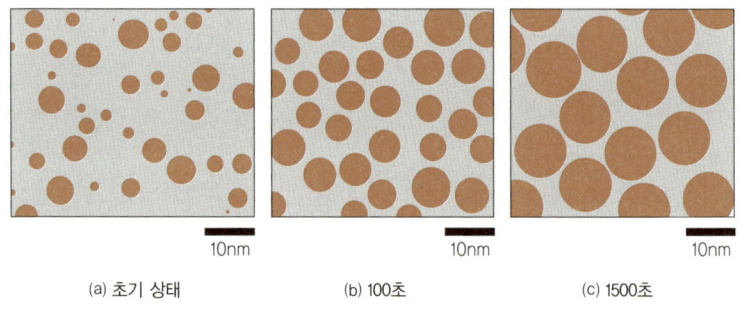

(a) 초기 상태   (b) 100초   (c) 1500초

| 그림 3 | 각 입자의 성장속도가 반지름에 반비례할 경우 입자들이 성장하는 양상을 보여주는 컴퓨터 시뮬레이션

결국 단분산 나노입자가 형성되는 원리는 성장에 의한 것이다. 이러한 분석으로부터 H 교수가 합성한 단분산 나노입자는 확산지배*diffusion-control*에 의해 성장이 이루어졌다는 사실을 유추할 수 있다. 그렇다면 이제 문제가 완전히 해결되었을까? 아니다. 여전히 생각해야 할 문제가 남아 있다.

어떤 문제가 남았을까?

여기에서 구한 답을 정리하면 초기 핵생성시 다분산이라도 이들이 성장을 하면 단분산이 된다는 것이다. 그러면 누구나 단분산 입자를 만들 수 있어야 한다. 단분산 입자를 만드는 것이 전혀 어렵지 않아야 하는 것이다. 따라서 다음과 같은 의문이 남는다.

그렇다면 왜 다른 사람들이 사용한 방식에서는 다분산이 되고, H 교수가 사용한 방식에서만 단분산이 될까?

이 문제의 핵심을 찾기 위해 '사실'인 결과로부터 유추를 해보자. 입자는 핵생성과 성장이라는 과정을 밟는다. 그런데 여기에서 구한 답에 의하면 입자들이 초기에는 다분산이라도 성장을 하면서 단분산이 된다. 문제의 핵심은 '그런데 왜 다른 사람들이 만들면 성장을 하면서도 단분산이 되지 않고 다분산이 되는가?' 하는 것이다.

앞에서 구한 답에 의하면 어떠한 경우라도 입자들이 성장을 하면서 단분산이 되어야 더 정상인 것처럼 보인다. 그 이유는 다른 사람들이 만들 때는 입자들이 성장을 하면서 새로운 입자들이 계속해서 핵생성을 하기 때문이다. 즉, 초기에 핵생성된 입자들은 성장을 하면서 단분산이 되지만, 나중에 계속 새로운 입자가 핵생성을 해서 아주 작은 입자들이 계속해서 형성된다. 따라서 단분산 나노입자가 만들어지려면 필요조건이 있다는 것을 알 수 있다. 초기에만 핵생성이 일어나고 성장 중에는 핵생성이 추가로 일어나지 말아야 하는 것이다. 이 점에서 단분산 나노입자를 합성한 H 교수의 합성 방법이 특별한 것이다.

보통은 성장을 하면서 핵생성도 같이 일어난다. 그래서 단분산 나노입자가 형성되지 않는다. 그런데 H 교수가 택한 방법은 성장 중에 핵생성이 일어나지 않는 특징을 갖고 있다. 이것이 무엇을 의미하는지 살펴보는 것도 생각하기에 좋은 문제다.

핵생성이 일어나려면 과포화도가 일정 크기 이상이 되어야 한다. 따라서 핵생성이 일어나지 않고 성장만 일어나려면 과포화도가 일정 크기 이하로 계속 유지되어야 한다.

여기에서 과포화도는 Fe-올레이트 염의 분해에 의해 만들어진다. Fe-올레이트의 분해가 한꺼번에 일어나면 과포화도가 커져 Fe의 핵생성이 일어날 것이다. 그런데 무슨 이유에서인지 성장 중에는 핵생성이 일어나지 않을 만큼 과포화도가 낮게 유지되는 것이다. 그러면서도 성장은 계속 일어난다. 이것은 실험적인 '사실'이 말해주는 것이다.

어떻게 이런 일이 가능할까?

이를 만족시키는 가장 설득력 있는 시나리오를 생각해내야 한다. 자신이 Fe-올레이트이고 Fe 원자라고 상상하고, 이런 상황에서 어떻게 해야 추가적인 핵생성을 야기하지 않고 계속 성장만을 야기할 수 있을지 생각해야 한다.

다음과 같은 시나리오를 생각할 수 있다.

Fe-올레이트가 분해되어야 Fe 원자가 용액으로 유리된다. Fe-올레이트가 한꺼번에 분해되면 Fe 원자가 다량 생성되어 핵생성이 일어난다. 그런데 추가 핵생성이 일어나지 않는다는 것은 Fe-올레이트가 아주 천천히 분해된다는 것을 뜻한다. Fe-올레이트가 아주 천천히 분해되면 Fe 나노입자가 성장하지 말아야 한다. 그런데 Fe 나노입자는 비교적 빠른 속도로 성장을 한다.

그렇다면 어떠한 상황에서 이것이 가능할까?

이러한 일이 일어나기 위해서는 Fe-올레이트의 분해 장소가 Fe 입자 표면으로 한정되어 있으면 된다. 즉, 다른 곳에서는 분해가 되지 않는다.

따라서 과포화도는 올라가지 않는다. 그 결과 추가 핵생성이 일어나지 않는다. Fe 입자 표면에서만 분해가 일어나 Fe를 표면에 공급하여 성장을 유발시킨다. 그래서 성장은 일어나되 추가 핵생성은 일어나지 않는 것이다. 이것이 가능하려면 생성된 Fe 나노입자의 표면이 Fe-올레이트를 분해하는 촉매작용을 해야 한다. 이것은 증명되지 않았기 때문에 하나의 가설이다. 그러나 이러한 가설을 세우지 않으면 단분산 나노입자의 생성을 설명하기 어렵다.

이 가설이 맞는다고 하면 생성된 물질의 표면은 그 물질이 추가로 생성되는 분해반응을 촉진시킨다고 볼 수 있다. 이러한 경우를 '자가촉매반응*self-catalytic reaction*'이라고 한다. 따라서 이 가설이 맞을 경우 자가촉매반응의 성질을 가진 물질을 사용하면 단분산 나노입자를 쉽게 만들 수 있다는 결론이 나온다.

내가 단분산 생성원리가 이와 같다고 설명하자 H 교수는 이런 원리로 단분산 나노입자가 형성된다면 대량생산을 할 수 있을 것 같다고 했다. 그의 아이디어는 적중해 Fe 나노입자의 대량생산에 성공했다. 이 결과는 2004년 영국의 권위 있는 과학잡지 〈네이처머티리얼즈*Nature Materials*〉에 발표되기도 했다.[2] 그리고 이 내용은 2004년 11월 29일자 국내 주요 일간지뿐 아니라 CNN 뉴스에 소개가 될 정도로 커다란 주목을 받았다.

| 사례 2. 저압 다이아몬드 생성 원리 |

다이아몬드와 흑연은 모두 탄소로 이루어져 있다.[3] 다이아몬드는 높은 압력에서 안정하고 흑연은 낮은 압력에서 안정하다. 따라서 인조 다이아

---

[2] Park et al. Nature Mater. "Ultra-Large-Scale Synthesis of Monodisperse Nanocrystals" vol. 3 (2004) 891-895.

[3] 다이아몬드와 흑연처럼 같은 원소로 되어 있지만 구조가 다른 물질을 '동소체'라고 한다.

몬드를 만들기 위해서는 수만 기압 이상으로 압력을 올려주어야 한다. 그런데 1980년 초 구소련에서 화학증착 chemical vapor deposition에 의해 상압보다 낮은 압력에서 다이아몬드를 만드는 데 성공했다.

그 당시 이 결과는 굉장히 믿기 어려웠는데 그 이유는, 다이아몬드는 수만 기압 이상이 되어야 안정하기 때문이었다. 그런데 낮은 압력에서 다이아몬드가 만들어지는 것은 사실이다. 자연법칙은 거짓이 없으므로 틀림없이 낮은 압력에서 다이아몬드가 만들어질 수 있는 원리가 존재할 것이다. 그렇다면 다음의 질문에 대하여 생각해보자.

왜 저압에서는 흑연이 더 안정한데 흑연보다 덜 안정한 다이아몬드가 생성될 수 있는가?

이 질문에 대하여 답하는 것은 그다지 어렵지 않아서 독자들도 잘 생각하면 답을 얻을 수 있다. 그러나 관련된 전문가들도 해결 못한 문제라고 생각하고 지레 겁을 먹으면 해결을 못한다. 분명한 것은 이 역시 자연현상이므로 틀림없이 자연법칙의 테두리 안에서 답을 찾을 수 있다는 것이다.

흑연이나 다이아몬드를 화학증착으로 만들 때 사용하는 가스는 메탄가스 CH_4이다. 메탄가스가 분해되면 탄소 C와 수소가스 H_2가 생성되는데, 이때 탄소가 흑연이나 다이아몬드를 만드는 것이다. 따라서 메탄가스에서 유리된 탄소, 흑연, 다이아몬드의 상대적 안정도를 보면 흑연이 가장 안정하고, 그다음이 다이아몬드, 그리고 그다음이 메탄가스에서 유리된 탄소다. 문제는 메탄가스에서 유리된 탄소가 왜 안정한 흑연을 생성하지 않고 덜 안정한 다이아몬드를 생성하느냐 하는 것이다.

앞에서 언급했듯이 문제를 단순화하기 위해서 주어진 현상과 본질적으로 동일하면서도 내게 친숙한 현상으로 바꾸어 생각하면 좋다. 따라서 다음의 질문에 대해 생각해보자.

우리에게 친숙한 것으로 불안정한 상태에서 가장 안정한 상태로 가지 않고 준안정 상태로 가는 경우가 있는가?

이러한 예를 찾아보면 대단히 많다. 예를 들어 스키장에서 가장 높은 위치를 A라 하자. 어떤 중간 위치를 B라고 하고 가장 낮은 위치를 C라고 하자. 그런데 정상인 A에서 중간 위치 B로 가는 경로와 가장 낮은 위치 C로 가는 경로가 서로 다르다고 하자. 내가 정상에서 저절로 미끄러져 내려간다고 할 때 나는 B로 갈 수도 있고 C로 갈수도 있다. 이것을 결정하는 요소가 무엇인가? 이때 나는 가장 낮은 위치인 C로만 갈까? 경험에 의하면 그렇지 않다. 중간 위치인 B로 갈 수도 있다.

어떤 경우에 이런 일이 일어나는가?

정상 위치 A에서 저절로 미끄러질 때 중간 위치 B로 가는 경로에는 턱이 없고, 가장 낮은 위치 C로 가는 경로에는 높은 턱이 있다면 나는 턱이 없는 중간 위치로 미끄러질 것이다. 다시 말해 자연현상은 가장 안정한 방향으로만 가려고 하지 않고, 턱 혹은 장벽이 낮은 곳으로 가려고 한다. 그렇다면 문제가 한결 쉬워졌다.

저압에서 준안정적인 다이아몬드가 생성되려면 어떠한 조건이 만족되어야 하는가?

만약 메탄가스로부터 유리된 탄소가 다이아몬드로 바뀌는 경로의 장벽의 크기가 흑연으로 바뀌는 장벽의 크기보다 작으면 다이아몬드가 생성될 수 있다. 이것을 그림으로 나타내면 〈그림 4〉와 같다.

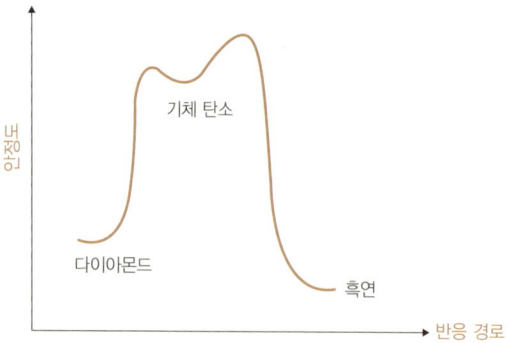

| 그림 4 | 탄소가 기체 상태에서 다이아몬드로 변화할 때의 장벽 높이가 흑연으로 변화할 때의 장벽 높이보다 낮다면 준안정한 다이아몬드가 생길 수 있음을 보여주는 도표

〈그림 4〉에서 세로축은 안정도를 나타내고 가로축은 반응경로를 나타낸다. 메탄가스로부터 유리된 기체 상태의 탄소가 가장 불안전하므로 세로축에서 가장 높은 값을 갖는다. 그리고 흑연이 안정하므로 가장 낮은 값을 갖고, 다이아몬드는 준안정하므로 기체와 흑연 중간에 놓여 있다. 〈그림 4〉에서는 기체 상태에서 흑연으로 가는 장벽이 기체 상태에서 다이아몬드로 가는 장벽보다 더 크다. 이런 경우 준안정한 다이아몬드가 만들어질 것이다. 이것으로 게임은 끝난 것이다.

이때의 장벽은 핵생성에 대한 장벽이다. 핵생성의 장벽을 계산하는 것은 전문지식만 있으면 누구나 할 수 있는 단순한 일이다. 이를 계산함으로써 다이아몬드가 생성되는 장벽이 흑연이 생성되는 장벽보다 낮을 수 있음을 확인할 수 있다.[4]

이것을 생각해내기까지는 몰입한 상태에서 몇 개월이 걸렸다. 이 간단

---

[4] Hwang et al., "Thermodynamics and Kinetics for Nucleation of Diamond in the Chemical Vapor Deposition Process", Diamond and Related Materials, vol. 1 (1992) 191-194.

한 사실을 알아내는 데 몇 개월 동안이나 자나 깨나 생각해야 했다는 것을 보면 내가 바보같이 느껴진다. 이 간단한 사실을 그 당시 저압 다이아몬드를 연구하던 전 세계의 수천 명의 과학자들이 몰랐던 것이다. 여기까지가 비교적 전문지식 없이도 접근할 수 있는 단계다.

원자 수소 가설

저압 다이아몬드를 연구하던 수천 명의 연구자들이 이렇게 간단한 원리를 몰랐다는 사실이 이상하게 느껴질 수 있는데, 여기에는 특별한 이유가 있다. 그것은 이들 대부분이 저압 다이아몬드 합성 방법을 처음으로 발견한 러시아 과학자들이 제안한 '원자 수소 가설*atomic hydrogen hypothesis*'을 믿고 있었기 때문이다. 이 가설은 '원자 수소는 다이아몬드보다 흑연을 훨씬 더 빠른 속도로 식각*etching*시키므로 원자 수소가 있으면 안정한 흑연이 식각되고 준안정한 다이아몬드가 증착*deposition*된다'는 것이다.

그런데 이 가설은 명백히 엔트로피 법칙을 위반하는 이야기여서 몰입해서 연구할 당시 '원자 수소 가설'에 관한 논문을 처음 읽었을 때 웃음이 나올 정도였다. 엔트로피 법칙에 대하여 생각하는 것이 한동안 나의 취미였기 때문에 나름대로 엔트로피 법칙에 대해서는 누구 못지 않게 잘 알고 있다고 믿고 있었다.

엔트로피 법칙에 의하면 준안정한 다이아몬드가 증착되면 안정한 흑연도 증착되어야 한다. 혹은 안정한 흑연이 식각되면 당연히 준안정한 다이아몬드도 식각되어야 한다. 어떠한 경우에도 안정된 흑연이 식각되고 동시에 다이아몬드가 증착될 수는 없다.

한편 러시아 과학자들이 이같이 무리한 가설을 주장하게 된 배경에도 명백한 이유가 있다. 그것은 실험 결과가 이 가설을 뒷받침해주는 것처럼 보이기 때문이다. 즉, 원자 수소가 발생될 수 있는 조건에서는 흑연이 식각되고 다이아몬드가 증착되는 현상이 관찰되기 때문이다. 따라서 '원자 수소 가설'은 실험적 사실에 기반을 두고 저압 다이아몬드의 생성 원리를 설명하려 한 것이다.

여기서 아주 흥미로운 일이 벌어진다. 흑연이 식각되고 다이아몬드가 증착되는 것은 실험적인 사실이다. 그런데 이 사실은 엔트로피 법칙에 위배된다. 이런 상황에서 어떻게 해야 할까? 실험 결과를 믿을까, 아니면 우주의 불변의 법칙인 엔트로피 법칙을 믿을까? 실험 결과를 믿으면 엔트로피 법칙이 위배되고, 엔트로피 법칙을 적용하면 실험 결과가 설명되지 않는다. 이때 어느 것이 옳다고 믿어야 하나?

이런 상황에서 과감하게 엔트로피 법칙은 위배될 수 없으므로 실험결과의 해석에 무언가 문제가 있다고 이야기할 만큼 엔트로피 법칙에 대하여 자신 있게 이해하고 있는 연구자는 그리 많지 않다. 그리고 이 현상에 엔트로피 법칙을 적용하는 것은 복잡하고 귀찮은 생각을 해야 하지만 실험결과를 이해하기는 훨씬 더 쉽다. 그래서 저압 다이아몬드를 연구하는 대부분의 연구자들은 '원자 수소 가설'을 믿는 것이다.

그런데 당시 펜실베니아 주립대학의 교수였던 야브로*Yabrough* 박사와 같은 극소수의 몇몇 연구자들은 이 현상에 의문을 제기하고 이 현상을 가리켜 '열역학적 패러독스*Thermodynamic Paradox*'[5]라고 불렀다. 안정한 흑연이 식각되고 동시에 준안정한 다이아몬드가 증착되는 현상이 엔트로피 법칙에 위배되는 이유는 다이아몬드가 원자로 증착된다고 가정했기 때문이다. 이 현상을 열역학적인 패러독스 없이 설명하려면 다이아몬드가 원자로 증착되는 것이 아니라 하전된 나노입자로 증착되어야 한다는 것이 다음에 소개할 '하전된 나노입자 이론'이다.

---

5   W.A. Yabrough, "Vapor-Phase-Deposited Diamond - Problems and Potential", J. Am. Ceram. Soc., vol. 75 (1992) 3179-3200.

사례 3. 하전된 나노입자 이론

〈그림 4〉와 같이 저압에서 다이아몬드가 형성된다는 것은 충분히 이해할 수 있는데, 문제는 여기서 끝나지 않는다. 실험을 하면 이상한 현상이 일어난다. 화학증착을 할 때 기판$substrate$이라는 것을 사용하여 이 기판 위에 다이아몬드를 증착시킨다. 그런데 실리콘 기판을 사용하면 다이아몬드가 얻어지는데 철Fe 기판을 사용하면 얼기설기한 다공질의 검댕이 얻어지고 팔라디움Pd 기판을 사용하면 탄소나노튜브가 얻어진다. 이것을 전자현미경 사진으로 관찰하면 〈그림5〉와 같다.

똑같은 조건인데 재료의 종류에 따라 다이아몬드가 생성되기도 하고, 검댕이 생성되기도 하고 탄소나노튜브가 생성되기도 한다는 것은 대단히 이상한 것이다. 적어도 교과서에 나와 있는 결정성장 이론으로는 설명이 되지 않는다. 몰입을 하려면 문제의 핵심을 찾아서 그것에 생각을 집중해야 하는데, 나는 '왜 철Fe 위에서 다공질성의 검댕이 생성되는가?'를 문제의 핵심으로 선택했다. 이러한 선택이 대단히 중요하다. 어디에 생각과 노력을 집중해야 할지 그 대상을 올바로 선택하는 것이 문제해결에 결정적이기 때문이다.

그러면 왜 검댕의 형성을 문제의 핵심으로 선택했는가? 이것이 가장 이상하기 때문이다. 손으로 쉽게 문질러지는 다공질성의 검댕이 형성된다는 것은 상식적으로 이해가 가지 않는다. 이렇게 상식적으로 이해할 수 없는 것이 문제의 핵심이 된다. 여기에는 무엇인가 내가 모르는 중요한 사실이 숨어 있다. 그리고 이 미스터리를 밝히면 다이아몬드와 탄소나노튜브의 생성 원리도 쉽게 밝힐 수 있다.

이 문제는 앞의 문제보다 훨씬 더 어려웠다. 이 문제를 해결하기 위하여 1년 이상을 몰입했다. 이렇게 힘이 들었던 이유는 상상도 할 수 없는 일이 일어났기 때문이다. 〈그림 5-(a)〉의 실리콘 위의 다이아몬드는 전형

 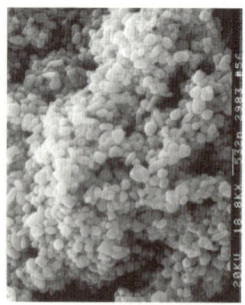 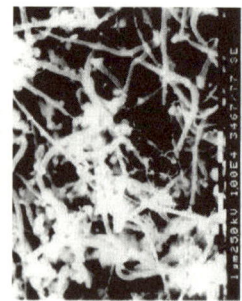

(a) 실리콘 위의 다이아몬드　　(b) 철 위의 검댕　　(c) 팔라디움 위의 탄소나노튜브

| 그림 5 | 열 필라멘트 방법으로 다이아몬드를 증착하는 동일한 조건에서 실리콘 위에서는 다이아몬드가 만들어지고, 철 위에서는 검댕이 만들어지고, 팔라디움 위에서는 탄소나노튜브가 만들어짐을 보여주는 전자현미경 사진

적으로 원자에 의한 결정성장의 모양을 보여준다. 그런데 〈그림 5-(b)〉에서 철 기판 위의 검댕은 원자에 의한 결정성장의 모양이 결코 아니다. 이는 클러스터나 나노입자가 허공에 생성되어 떨어져 형성된 얼기설기한 구조다. 문제는 왜 똑같은 환경에서 기판에 따라 이런 극단적인 차이가 나느냐 하는 것이다.

이 문제를 본격적으로 다루기 위해서는 나의 결정성장에 대한 지식이 부족해 보였다. 그래서 결정성장에 대해 걸음마를 배우듯이 처음부터 철저히 공부해서 확실하게 이해를 했다. 그러고 나서 확신하게 된 것은 원자나 분자에 의하여 〈그림 5-(b)〉의 철 기판 위의 검댕과 같은 구조가 생기는 경우는 없다는 것이었다. 따라서 명백히 검댕은 허공에 생성된 나노입자가 내려앉아 만들어진 것이라는 결론이 나왔다. 이 이야기는 허공에 나노입자가 존재한다는 것을 의미한다. 그런데 문제는 왜 바로 옆의 실리콘 기판 위에는 나노입자가 내려앉지 않고 원자나 분자들만 내려오냐, 어떻게 자연법칙이 이럴 수가 있느냐 하는 것이었다.

이 과정에 기적과 같은 진전이 많이 있었는데 구체적인 과정은 생략하고 결론만 이야기하면 다음과 같다. 허공에 떠 있는 나노입자는 전하를 띠고 있는데, 전하를 띤 나노입자는 실리콘 기판 위에서는 자가조립*self-assembly*을 해서 치밀한 구조를 만들고 철 기판 위에서는 얼기설기한 다공질의 검댕을 만들어야 모든 현상들이 모순 없이 설명된다. 여기에서 1년 이상 몰입을 해도 답을 구하지 못하고 헤맨 이유는 모든 사람들이 믿고 있듯이 나도 다이아몬드가 탄소 원자 단위로 성장한다는 것을 철저히 믿었기 때문이었다.

다이아몬드가 원자 단위로 성장하지 않고 하전된 나노입자로 성장한다는 것은 기존에 확립된 결정성장 이론과는 완전히 다른 새로운 패러다임이다. 저압 다이아몬드를 연구하는 사람들로서는 도저히 받아들일 수 없는 것이었다.

나는 몇 달 동안 엄청난 발견을 했다는 흥분 속에서 보냈다. 빨리 세상에 이 사실을 알리고 싶었다. 그런데 문제가 생겼다. '하전된 나노입자이론'을 믿을 만한 사람이 아무도 없다는 것이었다. 박막이 원자나 분자로 성장하는 것을 믿고 있는 사람들에게 '하전된 나노입자 이론'은 황당하기 그지없는 이야기였다.

나름대로 최대한 논리적으로 논문을 써서 제출했지만, 계속 거절당했다. 그렇게 몇 년 동안 거절당하자 사태가 점점 심각해졌다. 이렇게 중요한 사실을 밝혔는데 아무도 믿지 않고 발표할 기회도 주어지지 않는 상황이 된 것이다. 그래서 이 난관을 어떻게 극복할지에 몰입했고 기발한 아이디어가 하나 생각났다.

이것이 앞에서 언급한 '원자 수소 가설'의 근거가 되었던 안정한 흑연이 식각되면서 동시에 다이아몬드가 증착되는 현상이다. 이 현상을 엔트로피 법칙으로 분석하면, 다이아몬드가 원자 단위로 증착되면 엔트로피 법칙을 위반하게 된다. 하전된 나노입자로 증착이 되어야 엔트로피 법칙에 모순됨이 없이 설명할 수 있는 것이다.

이 내용을 자세히 정리하여 '저압 다이아몬드 합성에서 다이아몬드 증착과 흑연의 동시 식각의 패러독스에 대한 열역학적 접근'이라는 제목으로 결정성장 분야의 권위 있는 국제학술지인 〈Journal of Crystal Growth〉에 투고했다. 심사위원이 어떻게 반응할지 궁금했다. 이에 대한 심사위원의 답변을 원문 그대로 소개한다.

> Referee's comments (please indicate also any mandatory missing information):
> This paper contains a highly original, but also highly risky hypothesis on the CVD growth of diamond. The model is internally consistent, but I am not sure whether nanometer sized diamond particles are really formed during the gas phase growth of diamond. Because of its "beauty" and also that this kind of argumentation can be useful to other crystal growth systems, the work is worth to be published. Experiments have to decide whether the hypothetical diamond particles indeed occur in the gas phase. I hope that this paper opens a lively discussion on CVD diamond growth.

| 그림 6 | 하전된 나노입자에 의하여 다이아몬드가 증착되어야 엔트로피 법칙에 위배되지 않고 다이아몬드 증착을 설명할 수 있다는 논문에 대한 심사위원의 심사평

이 내용을 우리 말로 옮기면 다음과 같다.

이 논문은 화학증착에 의한 다이아몬드 성장에 있어서 대단히 독창적이면서도 대단히 위험한 가설을 내포하고 있다. 이 모델은 자체적으로는 일관성이 있다. 그러나 나는 나노미터 크기의 다이아몬드 입자가 정말로 허공에 생성되는지 확신하지 못하겠다. 이 모델의 '아름다움' 때문에, 그리고 이런 종류의 주장이 다른 결정성장 시스템에 유용할 수 있기 때문에 이 논문은 발표될 가치가 있다. 실험을 통하여 가상의 다이아몬드 입자가 정말로 허공에 존재하는지 밝혀야 할 것이다. 이 논문이 화학증착에 의한 다이아몬드 성장에 관하여 활발한 토론의 장을 열기를 희망한다.

심사평에서 대단히 위험한 가설을 내포하고 있다는 것은 다이아몬드가 하전된 나노입자에 의하여 증착된다는 것은 종래의 원자 단위로 결정 성장을 설명하는 패러다임으로는 상상도 할 수 없는 이야기이기 때문이다. 그럼에도 불구하고 이 가설이 아름답다고 이야기한 이유는 본 논문의 주장이 엔트로피 법칙을 위배하는 것으로 보이는 실험적 사실을 패러독스 없이 설명하는 유일한 이론이기 때문이다. 이로써 이 이론을 발견한 지 4년이 지난 1996년에야 비로소 하전된 나노입자 모델에 관한 세 편의 논문[6, 7, 8]을 발표할 수 있었다. 그리고 이 결과는 그 당시 한국과학재단에서 지정한 우수연구센터인 계면공학센터의 대표 업적으로 선정되어 1997년 4월 30일자 〈매일경제〉에 소개되었다.

이론적으로 예측한 허공에 생성된 하전된 나노입자를 실험적으로 확인하려는 시도를 해서 몇 년간의 노력 끝에 성공적으로 음으로 하전된 다이아몬드 나노입자가 허공에 존재한다는 사실을 확인했다.[9, 10, 11]

다이아몬드가 '하전된 나노입자'로 자란다면 다른 화학증착은 어떨까? 예를 들어 반도체, 디스플레이, 박막형 태양전지 분야에서 많이 증착하는 실리콘, LED 분야에서 많이 증착하는 갈륨나이트라이드*GaN*, 이외에 화

---

6   N.M. Hwang and J.H. Hahn and D.Y. Yoon, "Chemical Potential of Carbon in the Low Pressure Synthesis of Diamond", J. Crystal Growth, vol. 160, (1996) 87-97.

7   N.M. Hwang and D.Y. Yoon, "Thermodynamic Approach to Paradox of Diamond Formation with Simultaneous Graphite Etching in the Low Pressure Synthesis of Diamond", J. Crystal Growth, vol. 160 (1996) 98-103.

8   N.M. Hwang, J.H. Hahn and D.Y. Yoon, "Charged Cluster Model in the Low Pressure Synthesis of Diamond", J. Crystal Growth, vol. 162 (1996) 55-68.

9   I.D. Jeon, C.J. Park, D.Y. Kim, and N.M. Hwang, "Experimental Confirmation of Charged Carbon Clusters in the Hot Filament Diamond Reactor", J. Crystal Growth, vol. 213 (2000) 79-82

10   I.D. Jeon, C.J. Park, D.Y. Kim and N.M. Hwang, "Effect of Methane Concentration on Size of Charged Clusters in the Hot Filament Diamond CVD Process", J. Crystal Growth, 223 (2001) 6-14.

11   H.S. Ahn, H.M. Park, D.Y. Kim and N.M. Hwang, "Observation of Carbon Clusters of a few Nanometers in the Oxyacetylene Diamond CVD Process", J. Crystal Growth, 234 (2002) 399-403.

학증착 방법으로 만드는 각종 박막, 탄소나노튜브, 각종 나노선 nanowires 들도 원자나 분자로 성장하는 것이 아니고 하전된 나노입자에 의하여 만들어질까? '하전된 나노입자 이론'에 의하면 이제까지 원자나 분자에 의하여 증착된다고 믿었던 화학증착에 의한 박막, 나노선, 나노튜브 및 기타 나노구조물 대부분이 하전된 나노입자에 의하여 만들어진다는 것이다.

2003년에 〈International Materials Review〉 논문의 부편집자로 있던 미시간텍 대학의 이종길 교수가 이 논문에 초청 리뷰논문을 쓰도록 제안했다. 이 기회를 이용하여 그동안의 핵심적인 연구 결과를 정리한 리뷰논문을 2004년에 발표했다.[12] 또한 최근 국제학회에서 발표를 했는데, 〈Journal of Physics D: Applied Physics〉의 부편집자로 있는 호주 시드니에 있는 정부연구소인 CSIRO의 토니 머피 Tony Murphy 박사가 초청 리뷰논문을 쓰도록 제안했다. 2010년까지 얻은 결과의 핵심적인 내용을 정리해 총 38페이지에 걸친 방대한 리뷰논문을 발표했다.[13] 이 리뷰논문에서 '원자 수소 가설'이 왜 엔트로피 법칙에 위배되는지, 그리고 흑연이 식각되고 다이아몬드가 증착되는 현상을 엔트로피 법칙에 위배되지 않고 설명하려면 왜 다이아몬드가 하전된 나노입자로 증착되어야 하는지에 대하여 상세히 설명했다. 현재까지 '하전된 나노입자 이론'과 관련하여 60여 편의 논문을 국제학술지에 발표했다. 이 연구는 지난 5년 동안 국가지정연구실 프로그램에 의한 지원으로 많은 진전이 이루어졌다.

현재 이 내용은 방대해져서 대학원생들에게 '반도체 특론'이라는 과목으로 한 학기 과정으로 강의를 하고 있다. 아무도 가보지 않은 곳에 스스로 길을 만들어 가고 있었는데 그것이 어느새 한 학기 분량의 강의 내용

---

12 N.M. Hwang, D.Y. Kim, "Charged Clusters in Thin Film Growth," Int. Mater. Rev. 49 (3-4) (2004) 171-190.
13 N.M. Hwang and D.K. Lee, "Charged Nanoparticles in Thin Film and Nanostructure Growth by Chemical Vapour Deposition" J. Phys. D: Appl. Phys. 43 (2010) 483001 (Topical Review)

이 되었다. 새로운 길을 만들어간다는 것은 결코 쉬운 일이 아니다. 특히 기존의 패러다임과 달라서 저항이 많을 때는 더욱 그렇다.

아직도 박막을 연구하는 대부분의 연구자들은 이 이론을 전혀 모르고 있거나 알고 있더라도 이 이론에 대하여 지극히 부정적이다. 그것은 원자나 분자에 의하여 박막이 성장한다는 것에 대한 강한 신념을 갖고 있기 때문이다. 이 내용을 연구할 때 나 역시 원자나 분자에 의하여 박막이 성장한다는 신념을 갖고 있었기 때문에 답을 찾기가 어려웠다. 그래서 1년 이상을 몰입을 한 후에야 비로소 '하전된 나노입자 이론'을 완성했던 것이다.

이 이론은 결정성장의 새로운 패러다임이라는 점에서 기초학문에 대한 파급효과도 크지만 산업적 파급효과도 크다. 이론적으로, 기술적으로, 그리고 응용의 관점에서도 해야 할 일이 많고 갈 길도 멀다. 이 분야로 이제까지 6명의 박사와 10명 이상의 석사를 배출했고 현재 우리 연구실 석·박사 과정의 10명 정도가 이 주제와 관련하여 학위논문을 쓰고 있다.

다이아몬드가 하전된 나노입자에 의하여 만들어진다는 사실을 1년 반의 몰입 끝에 알아낼 당시 내 머리에 처음으로 떠오른 생각은 '이제 죽어도 여한이 없다!'였다. 그야말로 기적과 같은 아이디어가 떠올라 매일 감격을 하고, 그 아이디어들이 1년 반 동안 쌓여서 하나의 작품으로 완성되니 그것을 내가 했다는 사실이 도무지 믿어지지 않았다. 몰입을 하지 않고는 평생을 해도 얻을 수 없는 결과였다. 이런 식으로 연구를 하면 세상에 해결 못할 문제가 없겠다 싶었다. 몰입을 통하여 두뇌를 최대로 가동시키고 또 이 상태를 한없이 유지하는 법을 터득했기 때문이었다. 그래서 다시 도전할 난제를 찾았고 그것이 내가 대학원 시절부터 알고 있던 세라믹스 시스템에서의 '비정상 입자성장'이라는 현상이었다.

사례 4. 세라믹스의 비정상 입자 성장

세라믹스의 비정상 입자성장은 어떤 특정한 입자가 다른 입자보다 월등하게 크게 성장하는 현상이다. 이 현상이 일어나면 재료의 성질이 현저하게 저하된다. 그 때문에 학자들은 그 원인을 이해하기 위해 많은 노력을 해왔으나 1950년대 이 현상이 알려진 이후부터 그때까지 규명되지 않은 채 남아 있었고, 이는 세라믹스 분야에서 미해결로 남아 있는 가장 중요한 문제 중 하나였다.

비정상 입자성장은 미량 혹은 다량의 액상 *liquid phase*과 고상 *solid phase*이 혼합되어 있을 때 나타난다. 액상 속에 있는 고상 입자가 성장할 때 정상 입자성장을 하거나 비정상 입자성장을 한다. 이때 중요한 특징이 있는데, 입자의 모양이 둥근 것은 예외 없이 정상 입자성장을 하고, 비정상 입자성장을 하는 입자들은 예외 없이 모두 각이 진 형태를 띠고 있다는 것이었다. 다음 그림은 이것을 도식적으로 나타낸 것이다.

〈그림 7〉에서 색칠된 부분은 액상이고, 하얀 부분이 고상 입자다. 〈그림 7-(a)〉는 둥근 모양을 한 입자가 정상 입자성장을 하고 있고, 〈그림 7-(b)〉는 입자가 각진 모양을 하고 있는데 입자 하나가 유별나게 크게 성

 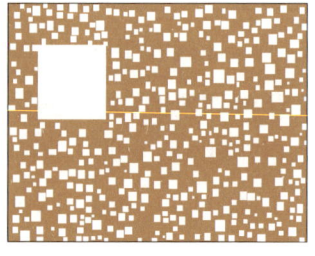

(a) 정상 입자성장을 하는 둥근 입자   (b) 비정상 입자성장을 하는 각진 입자

| 그림 7 |

장한 비정상 입자성장을 한 모습을 보여준다.

나는 이러한 현상을 보면서 입자 모양의 차이가 바로 문제의 핵심이고, 따라서 이 핵심에 몰입하면 된다고 생각했다. 그래서 각진 입자와 둥근 입자의 차이에 대해 집중적으로 생각했다. 핵심에 대한 생각을 몇 주일 지속하면 현미경으로 확대한 것처럼 섬세한 사항까지 자세히 파악된다. 그래서 그전에는 보이지 않았던 것들이 보이기 시작한다. 그러면서 생각해야 할 핵심의 범위가 점점 좁아진다. 그리고 이 부분이 다시 확대된다.

이러한 것은 몰입할 때마다 경험하는 일이다. 이는 관련된 시냅스의 수가 많아지고 활성화되기 때문이다. 내 지적 능력은 변함이 없고 일정한데 이것을 좁은 범위인 핵심에 국한시켜 집중하고 그 집중을 장시간 지속함으로써 단위 면적당 쏟아붓는 나의 지적 능력은 상상도 할 수 없을 만큼 커지는 것이다. 결국 그 핵심에 대해서는 천재적인 지력을 발휘하게 된다. 보통의 머리를 가진 사람도 극히 제한된 부분에서는 천재성을 발휘할 수 있는 것이다. 그래서 핵심을 찾아서 이런 식으로 끈질기게 물고 늘어지면 해결되지 않을 문제가 없다. 대부분의 사람들은 이러한 변화가 일어난다는 사실을 모른다. 경험해보지 않았기 때문이다. 그리고 중요한 것은 부족한 관련 지식은 관련된 전문서적이나 논문을 읽음으로써 보충해야 한다. 저압 다이아몬드 연구를 하면서 결정성장에 관하여 걸음마를 배우듯이 철저하게 공부한 것이 큰 도움이 되었다.

몇 개월간의 몰입 끝에 중요한 사실을 알게 되었다. 그것은 둥근 입자와 각진 입자의 표면 구조가 본질적으로 다르다는 것이었다. 〈그림 8〉은 둥근 입자의 표면과 각진 입자의 표면을 원자 크기 수준에서 비교한 것이다. 정사각형 하나가 원자 하나를 나타낸다. 둥근 입자의 표면에서의 원자배열은 〈그림 8-(a)〉와 같이 무질서해서 원자 크기의 수준에서 거칠지만, 각진 입자의 경우는 〈그림 8-(b)〉와 같이 원자 크기의 수준에서 편평하다.

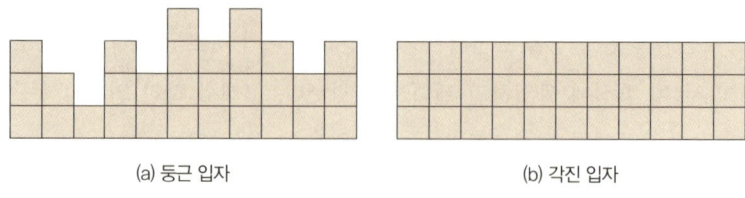

(a) 둥근 입자　　　　　　(b) 각진 입자

| 그림 8 | 고체 표면에서의 원자 배열

　둥근 입자의 표면구조는 원자 수준에서 거칠어서 원자가 아무 장소나 달라붙을 수 있다. 그러면 정상 입자성장을 한다. 그러나 각진 입자의 표면구조는 원자 수준에서 편평하고, 이런 경우 원자들이 달라붙지 못해서 2차원 핵생성으로 자라게 된다. 그런데 2차원 핵생성으로 자라게 되면 비정상 입자성장을 설명할 수 있다. 이것이 세라믹스 시스템에서 비정상 입자성장을 설명하는 '2차원 핵생성 이론'이다.

　'2차원 핵생성 이론'으로 '비정상 입자성장'을 접근하여 이와 관련된 수많은 현상들을 성공적으로 설명할 수 있었다. 다행히 이 분야는 국내에서도 세계적인 석학들이 많았는데 내가 대학원 시절 연구했던 내용과 관련이 있어 대부분 내가 잘 알고 있는 사람들이었다. 그분들은 이 이론에 큰 관심을 보였다. 이 분야의 세계적인 석학인 국내의 K 교수와 함께 공동연구를 수행했다. 그 결과 수십 편의 논문을 함께 발표할 수 있었다. 계면구조에 따라 정상 입자성장과 비정상 입자성장이 달라진다는 '2차원 핵생성 이론'이 2006년, 마침내 미국 세라믹학회지에 '특집논문'으로 선정되었다.[14]

　'특집논문'이란 특정 분야에서 탁월한 업적을 이룬 연구자가 해당 분

14　W. Jo, D.Y. Kim and N.M. Hwang, "Effect of Interface Structure on the Microstructural Evolution of Ceramics", J. Am. Ceram. Soc. 89 [8] (2006) 2369-2380. (Feature Article)

야를 총정리하는 일종의 초청논문이다. 특집논문이 실리면 보통 해당 연구 분야는 새 학문 영역으로 인정받게 된다. 이 내용은 2006년 9월 5일자 〈국민일보〉와 〈세계일보〉에 소개되었다. 이 연구결과가 몰입 중에 얻은 결과 중에서 국제적으로 인정을 받은 유일한 결과다. 이는 연구를 같이 수행한 K 교수의 국제적 명성에 힘입은 바 크다.

사례 5. 금속의 이차재결정

몰입해서 세라믹스의 비정상 입자성장 문제를 해결한 다음 나는 또다시 문제를 찾기 시작했다. 그래서 찾은 것이 1935년 미국에서 고스*Goss*라는 사람에 의해 발견되어 해결이 안 된 금속의 이차재결정 현상이다. 이 현상도 금속 분야에서 미해결로 남아 있는 문제 중 가장 유명한 문제에 속한다.

이차재결정이란 비교적 균일한 입자크기 분포를 갖는 〈그림 9-(a)〉의 일차재결정 조직에서 〈그림 9-(b)〉와 같이 어느 입자가 대단히 큰 입자

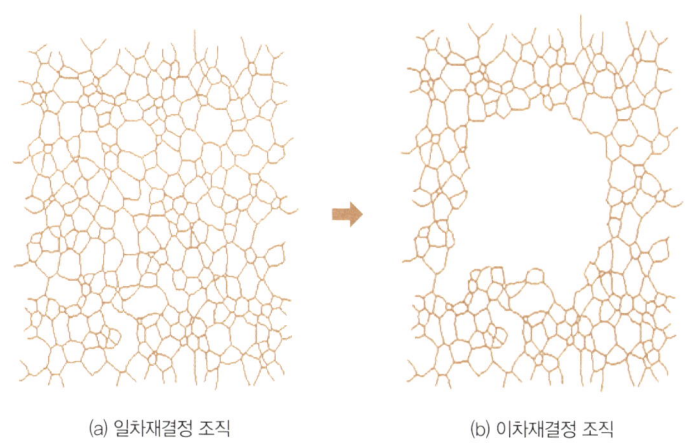

(a) 일차재결정 조직   (b) 이차재결정 조직

| 그림 9 | 일차재결정 조직과 이차재결정 조직의 모식도

로 바뀌는 현상이다. 이 문제는 생각의 첫발을 내딛기가 대단히 어렵다. 왜냐하면 3차원 구조에서 수많은 입자가 접촉한 상태에서 입자 사이의 경계인 입계가 이동하는 것을 상상해야 하는데, 이는 우리가 가진 지식의 한계를 넘기 때문이다. 따라서 이 복잡한 문제를 다루려면 단순화시켜야 한다. 일단 3차원은 복잡하니 2차원으로 생각한다. 3차원에서 2차원으로 바뀌어도 굉장히 단순해진다. 그다음은 많은 입자를 생각하지 말고, 두 개의 입자만 생각한다. 두 개 입자 중에서 한 입자가 성장하고 다른 입자가 소멸한다고 보는 것이다.

〈그림 10〉에서 A 입자가 성장하려면 입계 C가 위로 이동해야 한다. 사람들은 A가 이차재결정을 일으켜서 큰 입자로 성장하려면 입계 C가 빠른 속도로 위로 이동해야 한다고 생각했다. 이를 위해서는 입계 C의 이동도 *mobility*가 빨라야 한다고 생각했다. 그런데 〈그림 10〉을 자세히 보면 중요한 사실을 알 수 있다. 〈그림 10〉에서 입계는 삼중점이라고 하는 지점인 T와 P에 걸려 있다. 만약 입계 C가 삼중점 T와 P를 벗어나서 각각 T′과 P′으로 이동한다면 입계 C가 입계 C′가 되어 입계의 길이가 더 길어진다. 입계의 길이가 늘어나는 것은 에너지가 증가한다는 것이므로 엔트로피 법칙에 위배된다. 결국 이러한 일은 절대로 일어날 수 없다. 나는 이 점

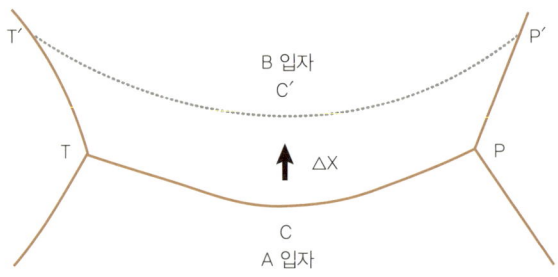

| 그림 10 | A 입자와 B 입자가 접촉하고 있고, A 입자가 성장하는 상황

에 주목했다.

  삼중점에 걸려 있는 입계는 삼중점과 함께 이동을 해야지 삼중점을 벗어날 수가 없었다. 따라서 입계가 높은 이동도를 갖고 있어도 삼중점이 늦게 이동하면 아무 소용이 없었다.

  입계가 삼중점과 함께 이동한다는 것은 한 사람이 다른 사람들과 손을 잡고 뛰는 상황과 비슷하다. 따라서 아무리 빨리 달릴 수 있는 사람이라도 다른 사람과 손을 잡고 달리는 한 느린 속도가 될 수밖에 없다. 삼중점이 빨리 이동하는 것이 중요하지 입계의 이동도가 높은 것이 중요하지는 않은 것이다. 그래서 어떤 상황에서 삼중점이 빨리 움직일 수 있는가가 이차재결정을 설명할 수 있는 핵심이라고 판단했다.

  이것이 이차재결정을 설명하기 위한 핵심적인 문제라는 것을 인식하기까지는 몰입 상태에서 몇 주일이 걸렸다. 그리고 이 문제에 몰입했다. 그런데 삼중점이 빨리 움직이는 조건을 도저히 찾지 못하고 있었다. 그렇게 몇 달간 몰입한 끝에 마침내 삼중점이 빨리 움직이는 조건을 찾았다. 그것 역시 상상도 할 수 없는 방식이었다. 그것은 '고상적심*solid-state wetting*'이 일어나면 가능하다는 것이다. 이제까지 액상적심*liquid-state wetting*은 잘 알려져 있었지만 '고상적심'이라는 개념은 존재하지 않았다. 그런데 액상적심이 일어나는 것은 단지 계면에너지 차이 때문에 일어나는 것인데, 고상에서도 계면에너지가 차이가 날 수 있기 때문에 고상적심이 가능하다는 것이었다.

  〈그림 11〉을 보면 입자 A, B, C가 서로 접촉되어 있다. 입자 C가 빨리 성장한다고 하자. 이때 입자 A와 C 사이 입계의 에너지를 γ_{AC} 라고 하고, 입자 B와 C 사이 입계의 에너지를 γ_{BC}, 입자 A와 B 사이 입계의 에너지를 γ_{AB}라고 하자. 만약 γ_{AC}와 γ_{BC}의 합이 γ_{AB}보다 작다면, 즉 $\gamma_{AC} + \gamma_{BC} < \gamma_{AB}$의 부등호가 성립한다면 입계 AB는 입계 AC와 BC에 의하여 대체될 것이다. 그렇게 함으로써 전체 에너지가 감소하기 때문이다. 이것이 고상적심

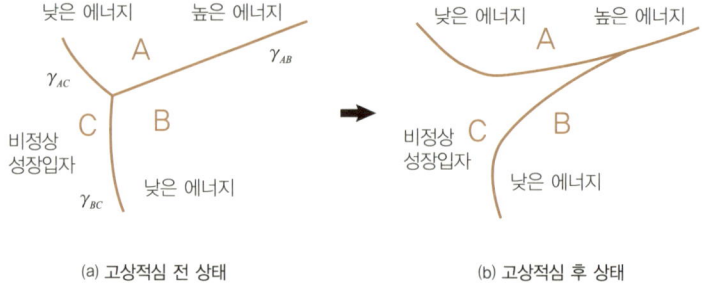

| 그림 11 | 고상적심에 의하여 삼중점이 빠른 속도로 이동함을 보여주는 도식적인 그림

이다. 이러한 고상적심이 일어나면 입자 A, B, C가 만나는 삼중점이 빠른 속도로 이동한다. 이것이 금속의 이차재결정 현상을 설명하는 '고상적심 solid-state wetting 이론'이다.

특히 금속의 이차재결정 현상은 변압기 코어 재료로 사용되는 실리콘 전기강판에서 응용이 된다. 전기강판은 철강 중에서 가장 부가가치가 높아 각국이 보다 값싸고 효율이 높은 전기강판을 개발하기 위해 많은 노력을 기울이고 있다. 고부가가치 전기강판을 생산하는 제철회사가 세계에서 몇 안 되는데 국내에서는 포스코에서 고부가가치 전기강판을 생산하고 있다. 이 연구는 포스코의 지원을 받아 포스코의 전기강판 그룹과 활발한 공동연구를 수행하면서 10여 편의 논문을 국제학술지에 게재했다. 최근에는 지도학생이 이 이론에서 예측한 이차재결정을 일으키는 입자 내부에 에너지가 아주 낮은 입계 sub-boundary가 존재한다는 것을 실험으로 증명하여 2010년 국제학회지에 발표했다.[15] 이 연구 주제로 2명의 박

---

15   H.K. Park, S.D. Kim, S.C. Park, J.T. Park and N.M. Hwang, "Sub-boundaries in abnormally growing Goss grains in Fe－3% Si steel", Scripta Mater. 62 (2010) 376-378

사와 2명의 석사를 배출했고, 현재 5명의 석·박사과정이 이 연구를 수행하고 있다.

기존 연구자들은 이차재결정이 일어나는 이유가 빠른 성장을 하는 입자의 입계가 높은 이동도를 갖기 때문이라는 신념을 갖고 있기 때문에 역시 고상적심 이론에 대한 저항이 크다. 특히 평생을 이 분야에서 연구한 사람일수록 이 이론에 대해 부정적이다. 이러한 저항을 줄이기 위해 최근에는 이 분야의 세계적인 석학들과 공동연구를 하기 시작했다. 그중 한 사람은 현재 미국 예시바 *Yeshiva* 대학의 학장인 슬로로비치 *Srolovitz* 교수이고[16] 다른 사람은 미국 카네기멜론 *Carnegie Mellon* 대학의 롤렛 *Rollett* 교수다.[17]

이처럼 몇 개월 혹은 몇 년을 몰입해서 난제들을 해결할 수 있었는데, 이것을 남들에게 이해시키기 위하여 10배 이상의 시간이 걸리고 있다. 몰입해서 나를 바꾸기는 쉽지만 남을 바꾸기는 지극히 어렵다. 또 몰입해서 지적인 능력을 고양시킬 수 있더라도 그 능력이 발휘될 수 있는 종류의 일이 있고 그렇지 않은 종류의 일이 있다. 이것을 가려내야 몰입의 위력을 보다 효율적으로 활용할 수 있다. 경험에 의하면 산업체에서 원인을 모르는 불량 문제라든가 연구 분야에서 현상을 이해하지 못하고 남아 있는 문제가 몰입에 의하여 해결할 수 있는 좋은 사례다.

---

16 K.J. Ko, P.R. Cha, D. Srolovitz, N.M. Hwang, "Abnormal grain growth induced by sub-boundary-enhanced solid-state wetting: Analysis by phase-field model simulations", Acta Mater. 57 (2009) 838-845

17 K.J. Ko, A.D. Rollett, N.M. Hwang, "Abnormal grain growth of Goss grains in Fe – 3% Si steel driven by sub-boundary-enhanced solid-state wetting: Analysis by Monte Carlo simulation", Acta Mater. 58 (2010) 4414-4423

생각하는 문화의 정착

여기에서 소개한 문제들은 예전의 방식으로 연구를 했다면 아마 평생을 해도 해결하지 못했을 것이다. 의도적인 노력으로 몰입이 가능하고, 또 그 상태를 원하는 만큼 지속할 수 있다는 사실을 경험하면서 비로소 두뇌 활용법을 알게 되었고, 그것에 힘입어 나의 전공 분야에서 수십 년 동안 해결되지 않은 문제들에 도전하고 결국 해결할 수 있었다.

몰입을 하기 전에는 서양사람들이 우수한 것은 타고난 것처럼 생각했었다. 내가 대학과 대학원 시절에 배운 거의 모든 내용은 거의 모두 서양사람들에 의하여 완성된 것이기 때문이다. 훌륭한 이론들을 정립한 이들은 우리와는 근본적으로 다른 두뇌를 갖고 있는 것처럼 보였다. 대학원 시절에 우리 분야에서 세계적인 석학들이 만든 이론들을 공부할 때 나는 그 이론을 제대로 이해조차 못하였다. 그러면서 무능한 나 자신을 탓했다. '누구는 이렇게 훌륭한 이론을 만들기도 하는데 나는 그것을 이해도 못하나!' 이러한 열등감이 의식의 깊숙한 곳에 자리 잡고 있었던지 국제학회에서 서양사람들을 만나면 나도 모르게 주눅이 들었다. 그런데 몰입을 해서 연구를 하니, 다시 말해 몇 달이고 몇 년이고 그것에 미쳐서 연구를 하니 이들이 수십 년 동안 해결하지 못한 문제들을 내가 해결할 수 있었다. 그리고 많은 것을 느꼈다.

내가 해결한 내용을 국제학회에서 발표를 하니, 상당수의 사람들이 그 내용을 이해하지 못했다. 그들을 이해시키려고 많은 논문을 발표하고 개인적으로 만나 토론도 해보았지만, 그래도 이해를 못하는 사람들이 많았다. 어떤 때는 하도 답답하게 느껴져 속으로 이런 생각이 들기도 했다. '누구는 이런 이론을 만들기도 하는데 당신들은 이해도 못하나!' 이제 서양사람들을 만나면 열등감이 생기기보다는 오히려 답답하게 느껴질 때가 많다.

우리 사회에 생각하는 문화가 정착되어야 한다. 답이 보이지 않는 문제라도 포기하지 않고 끈질기게 생각해서 해결하는 습관이 당연한 것으로 자리 잡아야 한다. 머리가 남보다 나쁘다고 해서 몸으로 때워 경쟁하려는 패러다임은 잘못된 것이다. 내가 남보다 머리가 나쁘면 남보다 더 많이 생각해서 앞서가려고 노력해야 한다.

선진국 사람들이 우리보다 앞서 가는 이유는 매사에 생각을 더 많이 하기 때문이다. 이는 이들이 어릴 때부터 생각하는 교육을 받아서 가능한 것이다. 우리가 비록 어릴 때부터 생각하는 교육을 받지는 못했지만 지금부터라도 선진국 사람들보다 10배, 100배 더 많이 생각하면 이들보다 훨씬 더 수준 높은 아이디어를 얻을 수 있고 이들을 앞서갈 수 있다. 우리가 선진국보다 뒤처진다고 해서 이를 몸으로 때워서, 다시 말해 더 많이 일해서 경쟁하려는 패러다임은 잘못된 것이다. 선진국 사람들보다 훨씬 더 많이 생각해 생각에서 앞서가려고 노력하는 자세가 올바르다. 뿐만 아니라 앞으로 우리나라를 이끌어나갈 어린 세대가 논리적이고 창의적으로 생각할 수 있도록 교육하는 것이 바람직하다. 그리하여 우리 사회의 각 분야에서 생각하는 문화가 정착되어야 한다.

인생의 완성도를 높이는 자기 혁명
몰입, 두 번째 이야기

1판 1쇄 발행 2011년 5월 6일
1판 38쇄 발행 2023년 12월 14일

지은이 황농문

발행인 양원석
편집장 김건희
영업마케팅 조아라, 이지원, 한혜원

펴낸 곳 ㈜알에이치코리아
주소 서울시 금천구 가산디지털2로 53, 20층 (가산동, 한라시그마밸리)
편집문의 02-6443-8902   **도서문의** 02-6443-8800
홈페이지 http://rhk.co.kr
등록 2004년 1월 15일 제2-3726호

ISBN 978-89-255-4296-6 (03320)
   978-89-255-5010-7 (set)

※ 이 책은 ㈜알에이치코리아가 저작권자와의 계약에 따라 발행한 것이므로
   본사의 서면 허락 없이는 어떠한 형태나 수단으로도 이 책의 내용을 이용하지 못합니다.
※ 잘못된 책은 구입하신 서점에서 바꾸어 드립니다.
※ 책값은 뒤표지에 있습니다.